ライブラリ スタンダード心理学＝4

スタンダード
[学習心理学]

青山征彦・茂呂雄二 編
Masahiko Aoyama　Yuji Moro

サイエンス社

「ライブラリ スタンダード心理学」刊行にあたって

　科学的な心理学は，ドイツの心理学者ヴィルヘルム・ヴントが心理学実験室を開設した1879年に始まると言われる。130余年の時を経て，心理学は多様に発展してきた。数多の理論が提唱され，神経科学をはじめとする他の学問領域とのクロスオーバーが進み，社会問題の解決にも徐々に寄与するようになってきた。しかし，多様化するに従って，研究領域は細分化され，心理学という学問の全体像をつかむことが難しくなりつつある。心理学の近年の啓発書は，個々の研究のおもしろい調査結果や意外な実験結果の紹介に紙数を割くことが多く，初学者にとっては全体像をつかむことがよりいっそう難しくなっている。いわば魚影の美しさに目をとられ，大海原を俯瞰することができなくなった迷子船のように。

　本ライブラリは，初学者が心理学の基本的な枠組みを理解し，最新の知見を学ぶために編まれた。今後10年以上にわたり心理学研究の標準となりうる知見を体系立てて紹介する。また，初学者でも，独習が可能なようにわかりやすい文章で記述している。たとえば，心理の専門職を目指して偏りなく学ぼうとする方や，福祉職，教育職や臨床職を目指して通信教育で学ぶ方にとっては，本ライブラリはよい教材になるであろう。

　なお，本ライブラリの執筆者には，筑波大学心理学域（元心理学系）の教員および卒業生・修了生を多く迎えている。同大学は，丁寧で細やかな教育で高い評価を受けることがある。本ライブラリにも，執筆者のそうした教育姿勢が反映されているであろう。

　本ライブラリ執筆者による細やかな水先案内で，読者の方々が心理学という美しい大海原を迷わずに航海されることを。

2012年10月

監修者　松井　豊

目 次

第Ⅰ部　学習の基礎　　1

第1章　人間の学習　　2

- **1.1**　人間の学習をとらえるには …………………2
- **1.2**　創造活動としての学習 ………………………10
- **1.3**　遊びとパフォーマンスを通した学習 ………16
- **1.4**　ま と め ………………………………………21

第2章　学習と身体──潜在学習のプロセス　　22

- **2.1**　学習科学と潜在学習
  ──生涯を通して重要となる潜在学習 …………23
- **2.2**　認知心理学・神経心理学・認知神経科学などの研究で
  解明されてきた潜在学習の特徴 …………………27
- **2.3**　ま と め ………………………………………40

第3章　学習と社会　　42

- **3.1**　学習における社会の役割 ……………………42
- **3.2**　参加としての学習 ……………………………49
- **3.3**　社会をつくることとしての学習 ……………54
- **3.4**　お わ り に ……………………………………59

第Ⅱ部　日常生活の学習　　　　　　　　　　　61

第4章　仕事場の学習　　　　　　　　　　　62

- 4.1　はじめに ……………………………………………62
- 4.2　仕事場での学習についての理論 ……………………63
- 4.3　仕事場の学習の特徴 ………………………………71
- 4.4　むすびにかえて——仕事場の学習とは何か ………79

第5章　越境論へ，そして分散ネットワーク型学習論へ　　　——社会的交換の一次モードと二次モード　　　　81

- 5.1　発達の垂直次元と水平次元 …………………………82
- 5.2　越境の実践 ……………………………………………86
- 5.3　越境から分散ネットワークへ ………………………90
- 5.4　工場労働モデルとネットワークモデル ……………91
- 5.5　分散ネットワークの諸理論 …………………………95
- 5.6　分散ネットワークのフィールド研究 ………………101
- 5.7　未来のネットワークの創造へ ………………………103

第Ⅲ部　学校における学習　　　　　　　　　　109

第6章　理科の学習　　　　　　　　　　　110

- 6.1　理科の学習においてことばを「理解」するとは？ ……110
- 6.2　「分かったつもり」の問題 …………………………112
- 6.3　ヴィゴツキー理論とことばの理解 …………………113
- 6.4　生徒の理解を促進する理科教育とは ………………118

第 7 章　道徳の学習　　130

- 7.1　道徳性の発達 …………………………………………131
- 7.2　道徳性研究の新しい流れ ……………………………139
- 7.3　社会文化的アプローチによる道徳性研究の紹介 ……142
- 7.4　おわりに ………………………………………………143

第Ⅳ部　学習の支援　　145

第 8 章　総合学習の支援　　146

- 8.1　総合学習とは …………………………………………147
- 8.2　総合的な学習の時間のカリキュラム ………………150
- 8.3　総合的な学習の時間における学び …………………156
- 8.4　総合的な学習の時間の評価 …………………………158
- 8.5　総合的な学習の時間の推進 …………………………162
- 8.6　おわりに──総合学習の支援 ………………………168

第 9 章　メディア・リテラシーと心理学　　169

- 9.1　メディア・リテラシーとは何か ……………………169
- 9.2　テレビ研究と心理学 …………………………………171
- 9.3　テレビ理解 ……………………………………………177
- 9.4　テレビの見方を支援してきたシステム ……………181
- 9.5　おわりに ………………………………………………188

第 10 章　学習と「なること」　　189

- 10.1　学習とアイデンティティ ……………………………189
- 10.2　いろいろなアイデンティティの形成 ………………193
- 10.3　アイデンティティ形成の観点における学習環境のデザイン　203

| コラム①　組織の学習 | 207 |
| コラム②　行為の誤帰属と学習 | 209 |

引用文献 …………………………………………213
人名索引 …………………………………………230
事項索引 …………………………………………233
執筆者紹介 ………………………………………236

第Ⅰ部
学習の基礎

人間の学習

本章では，人間の学習を考えるための基礎について解説する。章題の「人間の学習」とは何を意味しているのかつかみにくいと感じる読者がいるかもしれないが，それには理由がある。多くの心理学のテキストで解説されているのは，人間というよりも動物の学習に関する知見から得られたものがほとんどである。人間の学習を取り上げることは，じつは心理学の研究では，それほど多くないし，歴史的にいえば最近のことである。

人間の学習は，動物の研究からは理解できない特徴をもっている。そのことを十分にわきまえないと，人間の学習を支援したり，人間が創造的に振る舞うことのできる学習環境を作ることはできない。本章では，①人間の学習を理解するには行動ではなく活動を視点にすることが必要なこと，②人間の学習ができあいの知識の取り込みだけではなく生活（あるいは生）の在り方を新しくする創造過程であること，③人間の学習の可能性が最大限に拡張されるのが遊び環境であり，それを支援するために遊びの場でのパフォーマンスが必要なことを述べる。

1.1 人間の学習をとらえるには

1.1.1 方法論ということば

人間の学習が動物の学習と違う特別なものであることに，最初に注目したのは，ヴィゴツキー（Vygotsky, L. S.; 1896–1934）というロシアの心理学者である。ヴィゴツキーは，人間の学習を理解するためには，動物の学習とは違う特別なアプローチが必要だと考えた。ヴィゴツキーは，それを**方法論（メソドロジー）**とよんだ（ヴィゴツキー，2001）。

普通，方法論というと，実験法とか観察法，質問紙法などの，研究のやり方や解析のテクニックを意味することが多いが，ヴィゴツキーはまったく違

うことを方法論といっている。つまり研究のやり方よりも，もっと基本的な人間のとらえ方や人間が生きる社会の在り方に対する洞察，いわば人間哲学を意味している。

　ところで，理論をどういうふうに用意するかを，理論の理論という意味で，メタ理論という場合がある。メタとは，ある対象をさらに抽象的に高度な視点から見るという意味である。たとえば，「こころが痛む」というときと「『こころ』は3文字だ」というときでは，話者の視点が相当違っている。後者のような言い方はメタ言語といわれ，より抽象度の高い視点から行う理論化がメタ理論である。ヴィゴツキーのいう方法論は，人間とは何かを常にメタ的に考えつつ，人間の心理や学習にアプローチすべきだというものである。

　人間の心理を研究する場合には，通常の自然科学の方法論では間に合わない（Newman & Holzman, 2014）。人間科学という別の方法論が必要になるのである。

1.1.2　自然科学の方法論

　自然科学の研究対象は，たとえば天体の動きのように，不変不動とみなすことができるし，私たちの心の営みからはなれて，まったく関係なく生起していると考えてもよい。星の動きは，私たちの生活活動が影響を与えると考えなくてもよい。人間は知恵を蓄えて，賢くなることで，天体等の研究対象の秘密を発見できるという前提で，自然科学は成り立っている。

　自然科学の方法論，つまり自然科学のメタ理論の一番の特徴は，この距離の作り方にある。しかし，心の営みは，そのような自然の研究対象と同じようにみなすことはできない。なぜなら，人間の生活社会や，歴史と文化が変化するにつれて，心の営みも変化してしまうからだ。

　たとえば，現在，少なくとも先進国では，子どもは大人とは違う独特の心の営みをもった存在であり，子ども期は成長の途中段階，準備段階であるから，保護され守られなければならず，学校という特殊な場所に集めて学習を支援しなければならないという考え方が一般的に共有されていて，子どもを

労働力とすることは子どもの福祉や倫理という面から禁じるべきとされている。

しかし，歴史家のアリエス（Ariés, P., 1960）によれば，中世ヨーロッパには子どもという考え方はなく，一定期間，家庭や学校で保護されるというよりも，働けるようになれば世間へ出て働くことが普通であったという。

心の科学である発達心理学や幼児心理学の研究対象は，歴史的に普遍というよりもつねに変化してきた。いま私たちが普通と思っている子ども観も，近代化の過程で作られた社会編成の中で当然視されるようになっただけのものである。それは，いまも変化し続けているのである。

研究対象に対して，自然科学のような距離をとれないということは，心理学の活動自身が，普通の人々の心のとらえ方に影響するということを意味する。天体の研究では，いくら地球で星々のことを話題にしたり議論したとしても，それが星々の動きや新星爆発に影響することはない。しかし，心の営みに関する科学的な議論は，簡単に人々の心の営みに影響してしまう。

たとえば，子どもの発達に関する科学的な議論は，一般向けの育児書や家庭教育に関する指南書を通じて，人々の語り方の中に，人々の毎日の子育て実践に影響を及ぼしている。

影響を及ぼすどころか，人々の心の営みのとらえ方を制約したり，縛ったりする場合も大いにある。

1.1.3　3種類の学習

ところで人間の学習は複合的である。一部は動物と重なる，生物学的で生理学的な適応の部分もあると同時に，人間独自の社会文化歴史的な活動に応じて変化してきた部分もある。人間の学習は，人間の性質の異なるものが，合体していると考える必要がある。人間活動の歴史的な変化を考えると，人間の学習は，3種類に分けてとらえることが必要になる。3種類というのは，①潜在学習，②学校制度での学習，③日常学習である。

潜在学習とは，つまり「意図しない学び」である。覚えようとか，記憶し

なくてはならないといった意識的な努力なしで，学習してしまうものを潜在学習という。たとえば「単純接触効果」とよばれる現象がある。これは，ただ見たり聞いたりしているだけで，その事物を好ましく思ったり，自分にとって心地よいと感じるようになる現象である。これも学習の一つであり，意図しない学びの一例である。この潜在学習が，次の2つの学習を支えている。

第2の学習のタイプは，<u>学校制度での学習</u>，つまり「制度的意識的学び」である。これは学校の学びが典型となる。学校のように，学びのための特別な空間が用意され，カリキュラムによって時間管理が行われ，学習の達成がテストによって測定されるという，特別に仕立てられた環境と制度の中で学ぶことである。

学校教育制度が充実した社会で生きる私たちにとって，普通，学校の学びはあまりにも当然のものとなってしまっている。学習は学校での学習と同じ意味であるかのように思われているかもしれない。

しかし歴史的にみれば，学校で学習することは近代の産物であり，私たち人間の長い歴史の中のたかだか200年から300年というきわめて新しい学びの在り方にすぎない。ホモ・サピエンスの出現から，短く見積もっても10万年におよぶ人間の歴史からいえば，国民国家という近代の社会編成の在り方とともに普及した，きわめて新しく特殊な学び方である。

人間の数万年におよぶ歴史には，学校に依存することなく，絶え間なく進められてきた学びがある。

これが，第3の学習のタイプである「<u>日常学習</u>」である。これは学校以外の，「非制度的学び」である。このタイプには，学校型の学習以外の「日常の学び」や「仕事場の学び」が含まれる。たとえば家事を担う主婦の学習もこの例となる。家族をケアする主婦は，家事をより良いものにし，家計を安定させ，家庭を健やかにしようと努力する。買い物での商品の選択では，経済的でより良いものを購買するための工夫，つまり問題解決学習を日々実践しているといえる。このための工夫やコツは，学校のような制度で教えられるというよりも，インフォーマルな主婦同士のネットワークで共有され，さ

らに良いものへと改善が重ねられる。

　人間の学習を理解するには，これら3種類の学びの相互関係を理解する必要がある。いくら人間が動物だといっても，すべてを第1のタイプで説明できるわけではない。

　今の社会では学校の学習で成功することが重視されているといっても，学校の学びに人間の学習をすべて還元できるわけではない。学校の学びは，いわば規格化された知識やスキルを学習し，仕事の場に出て行く労働者を効率的に育成するのには向いているが，知識生産を重視する21世紀型の労働には向いておらず，学校に変わる学びの在り方を創造する必要性も指摘されている（Sawyer, 2014）。

　人間の学習の理解には，人間の社会や文化の歴史に関する視点を重視しながら，上述の3種類の学習の関係に目を配る必要がある。

1.1.4　活動という視点

　人間の社会や文化の歴史に関する視点に目配りするには，活動から人間の学習を理解する必要がある。活動は，学習の心理学において，これまで優勢な見方であった行動の概念に挑戦する見方である。

　行動は，学習が持続する行動の変化と定義されるように動物の学習を理解するには都合のよい見方であった。学習者の都合とはおかまいなしに決められた目的に向かって，行動を適応させ変容することが，動物をもとにした学習のとらえ方であった。

　このとらえ方は，まさに動物実験のラボの風景そのものである。スキナー箱とよばれる，ネズミやハトの学習実験装置では，被験体の動物が，目指す行動を見せると，餌が報酬として与えられ，その行動が強化される。たとえば，ハトが少しでも左回りに首を動かせば，餌が与えられ，左回り行動が強化される。やがて，そのハトはクルクルと左回りするようになるという。行動の視点からすると，事前に設定された目標への適応過程が学習とされる。

　しかし，最近の人間の歴史をみれば明らかなように，適応だけでは人間の

現状打破を目指す問題解決学習を見逃すことになる。たとえば人種差別である。人種差別は黒人の大統領を生んだアメリカでさえも，60年前には残念ながら社会的に容認されていた。行動適応の観点からいえば，どんなにひどいものであっても，このような社会的な制度に適応することが重要視されることになる。

ところで，暗殺される年に，アメリカ心理学会で講演したキング牧師（King, M. L. Jr.）は，適応を議論していた心理学会の参加者に向けて，社会には決して適応してはならないものがあること，それを実現するために心理学会に対抗して，国際創造的不適応推進協会を作るべきだと主張したという。

　今日は，心理学を専門とする皆さんから重要なことばを頂戴しました。それは不適応ということばです。破壊的な不適応は撲滅すべしと宣言することは確かによいことでしょう。しかし，そういいながらも，私は，この社会には，この世界には，決して適応してはならないものがあると，確信しています。もし私たちが，善き意志をもつならば，適応してはならない何かがあるのです。私たちは，絶対に人種差別と人種による隔離に適応してはならない。私たちは絶対に宗教に基づく憎悪に適応してはならない。私たちは，多数が犠牲となって少数に富を独占させるような経済制度に，絶対に適応してはならない。私たちは，絶対に，軍国主義の狂気と，身体的暴力という自滅的破壊力に適応してはならない。つまり，私たちの世界は，国際創造的不適応推進協会というような，新しい組織を必要としているといってもいいでしょう。

（King, 1967）

行動は，人々の行動特性の平均値を重要視して，その平均への適応を心理学的な支援のもっとも重要なものと想定する。しかし平均と適応ではこれまでの惰性的な制度を超えた新しい価値創造は不可能である。

活動とは，この行動の概念を批判し，チャレンジする概念である。人間は，

その長い歴史の中で，自ら新しい活動を創造して，自分の限界を突破して，新しい生の在り方を作り出してきた。それは個人的な行動で行ってきたのではなく，共同で，グループで，アンサンブルで，コミュニティで，新しい環境を作り出してきたのである。活動という考え方は，この共同的な創造に着目するアプローチである。

1.1.5 人間の学習の社会性

活動を視点とすることは，グループで，アンサンブルで，コミュニティで，環境づくりをすることに着目するアプローチとなる。つまり学習を社会的な過程ととらえるアプローチなのである。

学習は人々の成長と変化であるが，この成長と変化は，他の人々と共同で作業することが条件となって出現する。このことは，<u>学習の社会性</u>といわれる。他の人々と共同作業する中で自分が変わっていく。このように，学習は，そもそも社会的なプロセスであり，社会を離れては出現しない成長と変化なのである。それは，人間という種がそもそも社会的な動物であることを背景にしている。

次の4歳の女の子と父親のエピソードを読んでみてほしい。

4歳の女の子がいます。朝から持ち歩いていたはずのおもちゃをなくして泣いています。父親は，「今日はどこで遊んだの」と聞きながら，なくした場所を見つけるために娘の1日の記憶をたぐろうとしています。あれこれの質問の途中，「そうだ，お母さんと買い物に出た車の中だ」，娘はそう言うと急いでおもちゃを取りに走り出します。

このエピソードは，なくしたおもちゃを探そうとする父娘の問題解決活動を描いている。1日の娘の行動や行き先を共同で想起することで，問題を解決しようとしている。これは，記憶の心理学に沿っていえば，メタ記憶的スキルの学習に関連するエピソードである。記憶を管理するためのメタ記憶的

スキルはいろいろとあるが，1日の行動を想起するスキルを父親と一緒に学習している場面ともいえる。

この事例では，最後には問題が解決され，おもちゃをどこでなくしたのか想起できそうである。ここで考えてみてほしいのは，誰が思い出したのかということである。娘であろうか。娘はおもちゃをなくして泣きながら父親に訴えていたから，娘が単独では想起できない。では父親だろうか。父親は，おもちゃを持ち歩いたわけではなく，そもそも遺失したという経験をしていないから，父親でもない。思い出したのは，どちらか1人ではなく，2人だという必要がある。あるいは，チームであり，グループであり，アンサンブルだといわなければならない。

上の事例では，父親があれこれと質問している。最初におもちゃを持って行ったのはどこか，帰ってきたとき持っていたか，次に出かけたのはどこか。そのときはちゃんと持って帰ってきたか。このようなやりとりを通して，それぞれ単独では思い出せないことを，2人のチームで思い出したのである。2人のチーム，グループ，アンサンブルが，1人ではできない想起を可能にしたのである。

この事例は想起あるいはメタ記憶の事例ともいえるが，メタ記憶の認知的過程が，そもそも1人の頭の中では不可能であるということを示している。誰かに見守ってもらいながら，誰かに助けてもらいながらでないと不可能である。つまり，誰か（父親）が一緒になって探してくれる社会的な環境が必須である。この社会環境の中でないと，そもそも認知過程は不可能なのである。

この学習の社会性は，ただ幼児や初心者の学習者にだけ当てはまるのではない。オフィスや工場における大人たちの学びも同じことである。仕事場は，そもそもチームとしてグループとして，新しい製品や技術を創造する学習環境である（上野，1999）。そして，重要なのは，教室での学習においても，学習の社会性になによりも注意を払うべきだということである。教室は，過度に個人に照明を当てるために，学習の社会性が忘れられてしまう傾向があ

るからである。

1.2　創造活動としての学習
1.2.1　学習活動の典型としての子どものことば

　人間の学習の典型例は何だろうか。教室で，退屈しているけれども，必死に机にかじりついている児童の姿だろうか。それとも，通学の電車の中で，英単語を暗記する生徒の姿だろうか。先述のヴィゴツキーによれば，母親や家族と一緒にことばを学ぶ赤ちゃんの活動が，人間の学習の典型的な姿なのである。

　1歳未満の赤ちゃんが母親と遊ぶ場面を想像してみよう。子どもが，何か声を発する。多くの場合に，はじめての単語である初語は1歳の誕生日あたりに出現するといわれるから，この発声は明確なことばにはならない。しかし，たとえば「バアバア」というような発声でも，母親は赤ちゃんが何か言いたいのだなと思い「どうしたの？」と問いかけ「おなかがすいたのね」「おしめがぬれたのね」と答えることで，新しい家族コミュニケーションが成立する。

　この赤ちゃんは，1人ではコミュニケーションできない。しかし，母親との共同活動では，非常に簡単にコミュニケーションが成立する。何か適当なカタコトを言う。それに対して，母親が応えることでコミュニケーションが成立していく。

　母親は，赤ちゃんに日本語とは何か，あるいは日本語文法とはどういうものかという知識を獲得させようとしているのではない。また，赤ちゃんもそのような知識を獲得しようとしているわけでもない。母親とのやりとりを通して，空腹を満たし不快を避けるという，まさに生きるという活動を実践しているのだ。この活動こそがすべての学びの基礎だといえる。とにかく母親の助けを借りながら，日本語が話せなくても，生きるための活動に踊り込んで，ことばを実践して生きてしまうのである。ここには練習と本番とか基礎

と応用というような区別はない。練習と本番が一体となったものが活動であり、いきなり本番に踊り込んで、それが練習にもなっている。ことばの実践活動そのものが赤ちゃんの言語学習である。

　この学習活動は、学校と違って、失敗というものがそもそもない。赤ちゃんが何をどのように発声しようが、母親や周囲の家族は、それを確かに日本語であるという確信をもって受け止める。赤ちゃんからの提案（オファー）を意味あるものに仕立て上げるのだ。それはいわゆる、即興的な演劇的なやりとりに似ている。赤ちゃんは、母親や家族が作る、安心安全な環境の中で、失敗とは無縁な環境の中で、ことばの使い手になっていくのである。

1.2.2　発達と学習

　このような活動という考え方を採用することで、発達と学習の関係の見方も多いに変わってくる。発達と学習が互いに切り離すことのできない、一体のものとみることができるようになる。

　ところで、従来の発達と学習の関係は、①学習が発達を左右する、逆に②発達が学習を左右するという2種類の主な見方が提案されてきた。この見方は、活動の見方とは違って、発達と学習の関係を、いったん切り離した上で、発達と学習のどちらか一方が他方に作用するというような見方をとる。

　①は、要素的な行動パターンの獲得と蓄積が発達だとする行動主義的な学習観である。たとえば、タイピングを反復練習することで、自動的に文章入力ができるようになることが発達だとするような考え方である。一方、②は、遺伝的、生得的にすでに決められた発達の道筋と順序性があり、学習はその順序性の範囲の中でのみ可能だとする、生物学的な制約に基づく考え方である。結局、従来の学習と発達に関する考え方は、2つを切り離して、行動の蓄積としての学習がすべてとするか、それとは逆にすでに決定されている発達の順序がすべてとするかのどちらか一方でしかない。

　前述のヴィゴツキーは、学習と発達が緊密に結びついた、弁証法を提案する。赤ちゃんと母親と家族は、一緒になって、赤ちゃんの発声が意味ある環

境を作り出す。これが学習活動であり，それはとりもなおさず，まだことばを知らない赤ちゃんが発話するという，いままでやったことのない有意味な活動を可能にするという意味で，発達である。いうまでもなく，家族も赤ちゃんの発話をリソースにして，親になったり，祖父母になったりするといういままでやったことのない有意味な活動が可能になる。つまり互いに発達する。

1.2.3 発達の最近接領域

　このように，赤ちゃんと母親そして家族が行う環境づくりの活動を，ヴィゴツキーは，発達の最近接領域とよんだ。この発達の最近接領域は，赤ちゃんが大人のことばを創造的に模倣する環境になる。親や家族の助けを受けながら，赤ちゃんが自分の限界を突破するし，大人たちも赤ちゃんという新しい家族のメンバーを得て，それまでにはない互いの関係性や相互のケア関係を結び直すことができる。そのような，新しい活動を開拓する活動環境が，発達の最近接領域である。

　模倣と聞くと，オウムが人間のことばを真似する場面を思い浮かべるように，機械的で創造性の欠如した，文字通りの猿真似のような場面を思い浮かべることが多いだろう。しかし，人間の模倣はそうではない。言語発達研究が明らかにしたところによれば，幼児は，何でもかんでも模倣することはない。幼児の言語発達における模倣は，非常に選択的である。難しすぎることばは模倣しないし，しかし同時に簡単すぎることばも模倣しない。じつは，幼児は自分にとって，少しだけ困難な，少しだけチャレンジングなことばを模倣するのである。

　たとえば，幼児は，両親が行う文字を書く活動を模倣する。まだ文字の書き方は知らないのだが，殴り書きや丸や渦巻きを紙の上に書いては，「お手紙書いたから，読んで」と親や家族のところに持ってくる。これは，プレテラシーとよばれる，読み書き活動への接近の時期にみられる幼児の活動である（茂呂，1988）。プレテラシーも，母語の発達プロセスと同じように，

発達の最近接領域の中で成長する。どんなにデタラメな"文字のようなもの"を書いたとしても，家族は，「これは字ではないよ。正しい字を書きなさい。あいうえおを練習しなさい」などとは言わない。「手紙を書いたの？ありがとう。お母さん，大好きですって書いてくれたの？」と子どもの書いた"手紙"に大喜びしながら，読み書きの世界に入ってこようとする子どもを大歓迎して，さらに読み書きや文字に興味をもつように促し導くのである。

このほかにも，ダンスをしたり，歌を歌ったり，料理をしたりなど，人間の基本的な活動が，この発達の最近接領域を子どもと大人が一緒になって作り出すプロセスで学ばれるのである。

1.2.4　在ることと成ること

発達の最近接領域では，ある意味では，子どもができないことが，できるようになる。現在の子どもの姿，つまり在り方とすれば，まだ単語を話すことも，文字を書くこともできない。しかし，周囲の大人と一緒になって発達の最近接領域を作り上げるときには，単語を正しく言えるし，正しい文字を書いていることに成るのである。

人間の学習の特徴をとらえるためには，在ることと成ることが同居しているという人間存在そのものの特性を理解する必要がある。私たち人間は，在るだけではなく，成りつつある存在だという人間の特性があり，この特性をもとにして人間の学習は進行するのである。

私たちは，それぞれに，個性的な在り方をしている。肌の色や言語等の民族の出自や性的な指向性（セクシャリティ）において，それぞれ違った在り方をしている。時に，この在り方は，制約や限界として，私たちを縛りつけたりもする。しかし，それと同時に，これらの制約や限界を突破して，違う在り方に成ることもできる。

赤ちゃんは，まだことばを話すことができないという在り方をしているが，家族や周囲の大人と一緒に活動する中で，"一人前に話せる"人にも成れるのである。いまだ単語すら話せないという人という制約や限界を簡単に飛び

越えて，家族のメンバーとして世話を受けたり，愛情を一身に受け止めたりする存在と成れるのである。

このような発達の最近接領域の働きは，赤ちゃんや幼児にだけみられるものではない。学校に上がった子どもや青年や大人にも，通用するのである。学校とは根本的に異なる，発達的で支援的な環境を作り上げることができれば，大人にも高齢者にも適用可能な考え方である。

発達の最近接領域で赤ちゃんが話せる人に成ることは，非常に創造的なプロセスである。創造性というと，天才科学者や天才エンジニアの発明を思い浮かべることが多いが，片言の赤ちゃんが家族の中で話すことも，創造的活動である。この創造的な学習は，適切な環境づくりさえ可能ならば，学齢期の子どもたちにも，大人や高齢者にも通じることなのである。

1.2.5 発達のステージ

発達段階という心理学の概念がある。もとは発達のステージ（developmental stage）という英語から来ている。ステージを辞書で引くと，階段という意味もあれば，演劇の舞台という意味もある。この2つの英語の意味を対比すると，面白いことが分かってくる。

ところで，多くの学校の教師は，「発達段階に即したカリキュラム作り」とか「発達段階の特徴をふまえた成長の在り方」といった言い方で，どのような教授行動がよいかを語ることが多い。これは，階段の意味でステージを解釈したものであり，その背景には発達心理学が流通させてきた発達段階の概念がある。年齢の区分に従って，何らかの行動の特徴のまとまりがあり，これを階段状にとらえたのが，発達段階という考え方である。

しかし，発達段階という考え方には，大いに問題が残る。確かに生まれたばかりの赤ちゃんは，話すことはできないし，歩くこともできない。年齢段階に応じた，行動特徴があることは否定できない。

しかし，このように発達段階を考えるとき，注意したいのは，「何かができない」ことをみようとしてしまう点である。4歳児には物理の概念は理解

できない，小学校の低学年児童には形式的な論理推論はできない，というように，何かができないことに焦点が合わせられるのである．

これは言い換えれば，子どもの今の在り方だけが注目されてしまい，子どもが誰に成ろうとしているのか，どんな人物に成りつつあるのかに目がいかないのである．

発達のステージ，つまり発達の舞台と言い直したら，どうなるだろうか．舞台の上で，俳優が自分ではない人物を演じること，つまり誰かに成ること，成りつつあることにスポットライトが当たるのである．在ることの場合には，できるかできないかに照明が当たったが，ステージに子どもを立たせれば，子ども自身ではない人物に成り，子どものおかれた状況の制約とは無縁の別の状況を作り出すことができる．

子どもの知的な概念の発達段階を測定する方法に，ピアジェの保存課題がある．保存とは，重要な知的概念の一つで，物質は見かけを変えても，質量は変化せず，保存されるという概念である．

具体的な検査方法をいえば，同じ大きさの，同じ形のコップに入れられた2つの液体の1つを，別の細長いコップに入れて，液体の高さを変形させた後，子どもに2つのうちどちらが多いかを問うという課題である．まだ直感的な思考段階にいる子どもたちは，見かけに判断を左右され，細長いコップのほうが多い，なぜなら高いから，と答えるが，学齢期を過ぎた子どもたちは，同じと答える場合が多いという（茂呂，1999）．

この課題は，大いに議論をよび，課題の出し方を工夫したさまざまな追試が行われた．その中に，移す前のコップの1つのふちが割れているので，危ないからお母さんが背の高い容器に移した，という場面つまりステージを追加する課題があった．この場合には，同じと答え正解に達する子どもが増えるという．これは，ステージの力を示す実例である．抽象的な，誰が何のためにコップを変えるのかわからないテスト場面ではなく，ジュースを飲むときに，ひびの入ったコップでは危ないからという家族のケアを受ける子どもという舞台の上では，子どもたちは，何が本質で何が見かけ上の変形にすぎ

ないのか，それを容易に見破ることができるのである。

1.3 遊びとパフォーマンスを通した学習
1.3.1 遊　　び

　発達のステージつまり発達の舞台で行われるのは，俳優のような演技であり，パフォーマンスである。いつもの通りのいつもの行動をするのではなく，あえて，ことさら，わざとするのがパフォーマンスである。

　これは言い換えれば，遊びの場面である。たとえば，ごっこ遊びの中で，子どもたちは容易に戦隊もののヒーローに成り，お城に住むお姫様に成る。自分たちでステージをこしらえ，実際の自分自身とは違う存在に成ってみて，そのステージの上でのパフォーマンスを楽しむのである。

　学校に上がる前の幼児にとって，遊びは最高の発達の最近接領域だと述べるヴィゴツキーは，ある幼児姉妹が，"姉妹ごっこ"をする事例をあげている。

　いつもは仲の悪い姉妹で，妹のことなどほったらかしで，母親にしかられることの多い姉が，姉妹ごっこの中では，姉はかいがいしく妹の面倒をみる人物を演じることができる。ごっこ遊びの中で，姉はいつもの自分よりも成長した姿を見せることができる。

　ホルツマン（Holzman, L., 2009/2014）は，ヴィゴツキーを引用しながら，遊びの中で普段とは違う活動の姿を見せることを「頭一つの背伸び」とよんでいる。姉妹ごっこをする姉は，いつもの自分の制約や限界を突破して，姉妹ごっこという遊びのステージで，頭一つ背伸びした，発達した姿を見せることができるのである。

　遊びは素晴らしいポテンシャリティをもった活動である。姉妹ごっこは，誰からも強制されたわけではない。自発的に，姉妹ごっこのステージをつくり上げて，このステージで，普段とは違うパフォーマンスを見せるのである。

1.3.2　遊びの変質

　遊びは，大きな可能性をもっているのだが，子どもたちは小学校に入るころから遊びから次第に離れていってしまう。教室では，遊びは許されない。遊びとは異なる時間である勉強の時間が用意され，勉強中には遊びは許されなくなる。子どもたちの生活時間は，遊びと勉強に分断されてしまう。遊びは勉強と違う，遊びはいけないものだ。勉強することは立派なことだとほめられるが，遊びはくだらない価値のないものとして禁止や叱責の対象となってくる。

　つまり，学齢期の子どもたちは，制約あるいは限界を背負うことになるのだ。それは，学習についての制約あるいは限界である。それまで，ことばを学習したり，文字の世界に参入したりするときに，非常に有効だった，遊びという方法を手放してしまうことで生まれる制約である。学校的な学習である勉強のほうが，良いものであるとの考え方になじむことで生じる限界でもある。

　遊びと学びが分離していないということは，言い換えれば，幼児期の世界は，生きることと学ぶことが分かれていないともいえる。ところが，小学校に上がると，学びは学びだけの時間となり，それは生きるための準備や練習の時間とされ，学ぶことと生きることは分断されてしまう。

　学びと生きることが分離されると，学習は何らかの目的を達成するための道具という意味を帯びてくる。それまでは，学習することそのものが，ステージ作りの活動になり，このステージで演じることを通して，幼児は新しい活動を創造し発達することができていた。お手紙ごっこをする子どもは，文字を使っているふりをするという遊びの環境を，両親や年上の兄弟と作り上げながら，声とは違う紙に書いた記号で他の人々とコミュニケーションするという新しい活動の結果をもたらしていた。

　しかし，小学校では，正しい文字を練習するだけの特別な時間が設けられる。この練習は，生きる活動には直接結びつかず，正しい文字が書けるようになったかどうかをテストされるようになる。正しい文字は，正確な意思疎

通に必要となるからである。文字の学習は，文字の正しい書字という，特定の結果をもたらすようにするために学ばれるようになる。学齢期の子どもたちにとっては，特定の結果のための道具として機能するようになる。

ニューマンとホルツマン（Newman, F., & Holzman, L., 2014）は，ヴィゴツキーからヒントを得て，道具と結果の関係について，2つの見方を区別している。一つは，結果のための道具という関係性である。今一つは，結果と道具の弁証法という関係性のとらえ方である。

結果のための道具というのは，正しい書字のために反復練習することに対応する。一方，幼児のお手紙ごっこの場合には，どのような結果がでてくるか，その場の幼児と周囲の大人の即興で結果が決まるのであり，事前にはとくに正解が用意されていない。つまり，結果と道具が切り離せなく，現場でどのような道具を作り上げるかによって，結果も変化してくるという，創造的な関係性が，結果と道具の弁証法である。

学齢期の学びの変質は，この結果と道具の関係性の変化だともいえる。

1.3.3　パフォーマンスによる学び

学齢期の子どもたちと同じように，大人も遊びを学習の一番の道具としては考えられなくなる。遊びは，仕事とはまったく違ったものであり，仕事場に遊びを取り入れることなど，まったく考えられないものになってしまう。

しかし，遊びは，大人にとっても発達の最近接領域を作るために非常に強力な道具に成るのである。

大人も遊び心を取り戻すことができる学習環境は**パフォーマンス**で構築できる。あえて，わざと，意図的にいつもはやらないことをしてみることがパフォーマンスであるが，仕事場にこのパフォーマンスを取り戻そうとする動きも盛んである。

アメリカでは，そのような動きがさかんであり，アメリカ国内には，パフォーマンスにもとづいた多数のコンサルテーション会社が存在し，企業にアウトリーチして企業風土の改善や仕事場の人間関係の改善などのために，演

劇遊びや演劇パフォーマンスに基づいた，研修業務を行っている（Salit, 2016）。

　このようなコンサルテーション会社の大きな武器が，演劇的にパフォーマンスを行う，**インプロ**である。インプロは，インプロヴィセーションの略で，即興を意味する。インプロには，プロフェッショナルな演劇人が行う即興劇の意味があり，これは台本をとくに用意せずに進める，舞台芸術を意味する。

　仕事場で利用されるインプロは，応用インプロともよばれるもので，素人でもできるように工夫された，ゲームとしてのインプロである。

　この応用インプロの具体例をあげれば，たとえば「音のボール」がある（Lobman & Lundquist, 2007）。これはまったくの初心者でも，小学1年生からでもできるゲームである。やり方は，まず参加者全員で輪になり，指導者（教師あるいはインストラクター）は，輪の向こう側にいる参加者の一人とアイコンタクトをとって，その人に向かって，架空のボールを面白い変な音を出しながらトスする。たとえば，とても大きくて重いボールを投げるときには，「ウーーーブ」と言いながらトスする。このボールを受け取った人は，同じ音を出して，この重いボールを"キャッチ"することでオファー（提案）を受け止める。キャッチした人は，他の参加者とアイコンタクトをとって，このボールを新しい音を出しながらトスする。

　このゲームは，想像のボールや音を円になった参加者たちで上手に回すゲームである。もしグループの他の参加者の動きから注意をそらしてしまうと，ボールを落としたりしてボールが上手く回らなくなる。参加者の経験するワクワク感は，みんなで一緒に行う活動から発するといわれる。

1.3.4　インプロゲームの実際

　インプロで重要なことは，2つある。1つは，グループやアンサンブルとして活動することである。2つ目は，相手からのオファーを受け止め，発展させることである。

　すでに述べたように，普通の学習は個人を単位としたものである。暗記や

記憶に近い，個人の反復練習が，学習の典型として思い描かれることが多いが，これは人間の学習の本当の姿とはいえない。もういちど，グループとして学びの環境を作るためにどうしたらよいかを思い出す上で，インプロゲームは非常に有効なのである。

先ほどの音のボールの事例でいえば，個人の出来映えではなく，グループ全体で，見事にボールを素早く受け渡すことができるかどうかが問われるのである。

第2のポイントである，オファー（提案）の受け止めは，グループとしてあるいはアンサンブルとして，うまく動けるかどうかを左右する重要なポイントである。

インプロゲームには「イエス，アンド」でみんなで作る物語という，インプロに不可欠なスキルであるオファーの受け入れを学ぶためのやはり初心者向けのゲームがある。参加者は円になって座る。一人ひとり（最初の人以外）が一文だけ物語を言い，それに続けてどの文も「そうだね，それに＝イエス，アンド」で始めて，物語を続けていく。物語を性急に進めたり，自分の意図する方向へ急展開させるのではなく，これまで発せられた文の上に少しずつ積み上げていくように指導者は指示する。

インプロゲームでは，前の人が言い出した，オファーを否定することはできない。どんなオファーが出されたとしても，常にイエスといって受け止め，グループ活動の目的である，物語を継続させることが必要になってくる。通常は，前の人の発言に対して，でもね，そうじゃなくて，という場合のほうが日常生活では多いし，そのほうがかしこくもみられるが，このインプロゲームの場合には，ひたすらオファーを受け止めて，それを発展させるために心を砕く必要がある。

オファーを受け止めることは，私たちにある効果をもたらす。予想しないオファーにうろたえることなく，思わぬ展開であっても，それを生かして物語を紡ぎ続けることを目指すという経験の効果である。企業でインプロが利用されるようになった背景にも，現在の変化の激しい経済世界で，思わぬ想

定外の事態に遭遇しても，創造的な対応が可能だという自己への確信や自己への信憑をインプロがもたらすと期待されるからである。

1.3.5　インプロゲームの意味

　インプロは，プロの俳優や，インプロゲームの中だけで行われるのではない。実は，私たちの生活そのものが，インプロの連続なのである。

　インプロによって学習されるのは，特定の知識でもないし，ましてや特定のスキルでもない。インプロは，インプロ実践者に，想定外の事態に遭遇しても自分もやっていけるという確信を与えるものだといえる。

1.4　まとめ

　本章では，人間の学習について述べた。人間の学習は，動物の学習をもとにして論じられてきたこれまでの学習心理学ではとらえきれない複雑さをもっていて，それは簡単に動物の学習に還元して理解することはできない。

　人間の学習を上手くとらえるためには，遠くから観察しているだけではすまない。むしろ，研究対象となる，他の人間の学びの場に参加して，学習の場を一緒に作り上げようとするときに，一番理解が進むのである。

学習と身体
——潜在学習のプロセス 2

　私たちはことばをどこで，どのように学ぶのだろうか？　あるいは社会的コミュニケーションの方法をどのように習得しているのだろうか？　私たちは何かを学んでいるとき，学んでいることに気づいているのだろうか？　人は，何を，どこで，どのように学んでいくのだろうか？　知識体系，ことば，社会的行動，楽器演奏，将棋，コンピュータ，あるいは子育てや介護など多種多様な事柄を，私たちは生涯を通して，教育機関に加えて家や学校の外で，さまざまな方法で学び続けていく。

　人が何かを学ぶ過程は複雑で，その様式はさまざまある。本章では，人の学習様式の中でも，とくに「学習していることに気づかない」潜在学習とよばれる学習について概観していく。潜在学習の影響は，私たちの生涯を通して，ことばの学習から社会的行動に至るまで多岐にわたる。この潜在学習は潜在過程とよばれる認知過程に分類されるが，潜在過程の特徴は，迅速，並列的（複数の事柄を同時に扱えること），努力を必要としない，無自覚などのことばで説明される。一方，潜在過程の対概念である顕在過程は，継時的，努力を要する，自覚的，意図的などのことばで説明される。

　学習過程には，潜在学習と顕在学習という異なる認知過程を含む学習がある。このような潜在学習について，本章では，まず学習科学の観点から教育と学習を考えるときに，潜在学習がどのように重要な役割を果たしていると考えられているかを説明していく。続いて，認知心理学，神経心理学，認知神経科学などの研究で解明されてきた潜在学習の特徴について，潜在学習と顕在学習の違い，潜在学習に関与している脳の部位などについて解説する。なぜ潜在学習が重要なのか，応用的研究と基礎的研究の2つの観点からその重要性を強調したい。

2.1 学習科学と潜在学習――生涯を通して重要となる潜在学習

学習科学（learning science）は，1970年代初期に，心理学，社会学，コンピュータ科学，哲学，その他の科学分野の研究に基づき，学習の在り方について研究する学問として始まった。1990年代に発表された学習に関する合意では，教授側からの視点のみで学習をとらえる教授主義（instructionism）に基づいた学習だけでは不十分で，学習そのものに注目することの重要性，学習者が概念を深く理解することの重要性，学習環境を創ることの重要性が指摘されている（Bransford et al., 2000）。ブランスフォードら（Bransford, J. D. et al., 2006）は，教育者は，人の学習がとても複雑であるということを心に留めておかなくてはならないと指摘している。実際に，日常生活，学校，仕事場，実験室など多彩な場所で生じるさまざまな学習の種類が研究され，読み書きの技術獲得に関する学習理論をはじめ，多くの学習理論が提唱されている。

2.1.1 学習していることに気づかない学習さえある ――人のさまざまな学習様式

このような人の学習について，とくに教育的状況で重要だと考えられているのは，公式な学習（formal learning），非公式な学習（informal learning），潜在学習（implicit learning）の3種類の学習様式である。ブランスフォードら（Bransford, J. D. et al., 2006）は，教育における学習を科学的にとらえるために，この3種類の学習の相互作用が重要だと指摘している。図2.1(a)は，学習に関するこれまでの研究の在り方を示したものである。この研究の在り方では，各領域の研究者は，効果的学習を構築するために，研究成果や意見をそれぞれ独立して直接的に教育へ反映させることになる。しかし，ブランスフォードら（2006）が推奨するのは，図2.1(b)に示された研究の在り方である。人の学習について解明しようとするならば，公式な学習と非公式な学習という2種類の学習環境，そしてどのような環境であれ，そこに

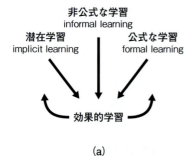 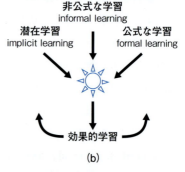

図 2.1 公式な学習，非公式な学習，潜在学習の関係性
(Bransford et al., 2006)
(a)には3種類の学習について従来の研究の在り方が示されている。(b)にはブランスフォードらが提案する3種類の学習の在り方が示されている。

いるだけで学習が成立する潜在学習を含めた3種類の学習を同時に考慮すべきだと提案している。このような3種類の学習の関係性を想定することがより良い学習環境の構築へ繋がると，ブランスフォードら（2006）は指摘している。では，公式な学習，非公式な学習，潜在学習はそれぞれどのような学習なのだろうか。

1. 公式な学習

公式な学習とは，通常教育機関や指導機関で行われる，計画された教育的課題が定められている学習である。公式な学習の特徴は，行為の基準や価値に関して普遍的なものを示し，言語を主要な手段として，数字的記号などを用いて文脈（context）の外で教授や学習が行われる点にある。公式な学習に関しては，学習に関する知識を活用し，公式な教育内容を創造的に計画することが課題となる。たとえば，効果的な学習環境を創造しようとする場合には，学生に何を理解してほしいのか，教育目標の設定が重要となる。さら

に，教育目標を達成するために必要な技能，知識体系などを考慮し，教育目標が達成されたかどうかを確認するための方法なども検討しなければならない（Bransford et al., 2006）。

2. 非公式な学習

非公式な学習とは，ブランスフォードら（2006）によると，計画された教育的課題が定められてはいない学習様式で，通常，家，遊び場など学校の外で生じる創発的学習である。非公式な学習は，子どもにとっても大人にとっても不可欠な学習様式である。たとえば，子どもは就学時期まで，この非公式な学習によりさまざまなことを学び習得する。そして就学時以降も，ことばはもとよりコミュニケーションの方法などの社会的行動まで多岐に渡り，非公式な学習の場で多くのことを学んでいく。また，子どもだけでなく大人にとっても重要な学習様式である。たとえば，学校では子どもの育て方や介護の仕方などは教えてくれないため，大人も非公式な学習によって，人生に必要なさまざまなことを学んでいかなければならない。

このように，非公式な学習には，豊かな知識を学習できるという利点がある。しかし，非公式な学習の場で学ぶことの中には，誤った情報に基づいた事柄も含まれるため，規範的知識を獲得して誤りを正さなければならないこともある。そのため，とくに若者に対して，非公式な学習の場を新しい知識や文化の源であると考える研究者がある一方で，非公式な学習の場で学ぶときの思考や実践の質を懸念する研究者もある（Bransford et al., 2006）。

スクリブナーとコール（Scribner, S., & Cole, M., 1973）は，公式な学習に対する非公式な学習の特徴を以下のようにまとめている。非公式な学習は，①何を達成したかではなく，誰が期待される行為を行ったかが重要となる，個人指向で個別主義的学習であり，②年長者がもっとも尊重されるため，伝統主義を促進し，③その知識の内容は，教授者の個人的同一性を切り離すことが難しいこともあり，認知的知識と個人的感情が融合する学習である。言語を用いた知識獲得を是とする公式な学習に対して，非公式な学習は，観察学習ともいわれている。

3. 潜在学習

人は知識や技術を学習しているとき，学習していることに気づいていないことがある。潜在学習とは，通常2個以上の事象や出来事間の関係について，構造的特徴に関する知識を獲得しているとき，知識を獲得しているという意識的気づき（conscious awareness）を伴わない学習のことである。そのため，潜在学習には，獲得した知識をことばで十分に説明することができないという重要な特徴がある。つまり，潜在学習とは，学習しようとする意図とは関係なく起こる知識の獲得で，獲得した知識を明示することのできない学習である。

たとえば，もしアイススケートを滑れるようになりたいとか，一輪車に乗れるようになりたいと思ったとき，アイススケートや一輪車を楽しんでいる人に，滑り方や乗り方をことばで説明してもらったとする。しかし，その説明に忠実に従うと，おそらく氷上に転倒し，あるいは一輪車ごと路上に倒れてしまうだろう。アイススケートや一輪車の滑り方や乗り方について，ことばで十分に説明できる人はいないかもしれない。つまり，アイススケートを滑る方法や一輪車に乗る方法は獲得しているにも関わらず，その獲得した内容をことばで十分に説明できない。これが潜在学習の大きな特徴である。

このような知識は潜在知識（implicit knowledge）とよばれるが，潜在知識は，自分自身の意識経験を観察する内観（introspection）によって簡単にはアクセスできず，言語で表現することが難しい。また潜在知識は，得られた知識が異なる領域の学習に適用されにくいため，限られた学習の転移（transfer of learning）しか生じないと考えられている（Dienes & Berry, 1997）。

潜在知識は，技能の獲得に限定されるものではなく，言語獲得にも重要な役割を果たしている。たとえば，子どもが言語を習得していく過程では，徐々に文法が精緻化されていき，最後には母語としてその言語を操ることができるようになる。しかし，子どもは顕在的に文法を教えられるまで，話している言語のルールを表現することはできない。

このように，潜在学習は，幅広い認知的学習に大きく貢献している学習様式である。潜在学習は，①公式，非公式な教育的環境で生じる学習であり，②技術獲得にも係わる学習で，その役割は他の多くの学習にとってもきわめて重要であり，③言語の学習や生涯を通しての学習に重要な役割を果たしている（Bransford et al., 2006）。また，潜在学習は，その場にいるだけで，人を観察するだけで，あるいは人と関わるだけで簡単に新しい環境に適応していくことを可能にする学習であると考えられている。実験的研究でも，たとえば，潜在学習は，学習の意図や動機づけを伴う**意図的学習条件**（intentional learning condition）よりも，学習の意図や動機づけを伴わない**偶発学習条件**（incidental learning condition）と連合しやすいことや，時間が経っても学習した内容が保持されること，注意が十分向けられていなくても学習できること，心理的疾患の影響を受けにくい傾向があることも示されている（Dienes & Berry, 1997）。そのため，潜在学習は，教育的価値と進化論的価値を併せもつ学習様式であるともいわれる（Bransford et al., 2006）。

　ブランスフォードら（2006）によると，潜在学習は多くの領域で影響を及ぼしている。たとえば，社会的態度，性や人種に関する固定概念，幼い頃の発話学習，儀式などに潜在学習の影響があると考えられている。また，マスメディアや科学技術からの学習も多くの部分が潜在的であり，対人関係場面での社会的行動にも潜在学習の影響があると考えられている。

2.2　認知心理学・神経心理学・認知神経科学などの研究で解明されてきた潜在学習の特徴

　これまで，学習科学の観点から潜在学習について解説してきたが，ここからは主に，認知心理学，神経心理学，認知神経科学などの研究によって解明されてきた潜在学習の特徴について解説する。実証的研究で扱われる潜在学習には，以下の3要素が含まれる。①まず，偶発学習条件として，複雑な規則に制御された環境にさらされる。②次に，新しく獲得した環境に関する知

識をどの程度表現できるか，学習時の課題と同じか別の課題を用いて測定する。③そして，獲得した知識をどの程度意識しているかを測定する。このように，実証的研究では，潜在学習の実験的状況を設定し，獲得した知識が無意識的といえるかどうかを立証しようとする。

2.2.1　実証的研究で用いられる潜在学習の課題

実証的研究ではどのような潜在課題が用いられるのだろうか。いくつか代表的な課題と，得られる典型的結果（Cleeremans et al., 1998）について解説する。

1. **人工文法学習**（artificial grammar learning）**課題**

この課題では，実験参加者はまず，人工文法にしたがって生成された文字列のセットを記憶する。図 2.2には，文字列の生成方法が示されている。参加者は文字列を記憶した後に，記憶した文字列はある文法に従ったものであ

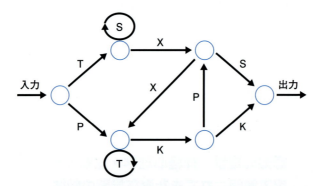

図 2.2　人工文法学習で用いられる有限状態文法（finite state grammar）の例（Cleeremans et al., 1998）
矢印は，文法が「入力」から始まり結節点から結節点へと移動し，最後に「出力」でその文法が終了することを示している。この結節点間の移動によって，文字列が作成される。たとえば，「TSSXS, PTTKK」という文字列は，矢印に沿って移動することで作られた，この文法によって作り出される文字列であるが，「XSXS, TSSXK」は文法に従っていない文字列である。

ることが告げられる。そして，次々と新たに提示される文字列を，文法に従ったものかそうでないかを分類するよう求められる。典型的には，参加者はこの分類課題をチャンスレベル（50%）よりもよく分類できるが，文字列の基となる文法の規則を，言語で明示的に報告することはできない。この分類課題の成績と言語報告との間にある解離こそ，潜在学習を示すものだと考えられている。

2. 系列学習（sequence learning）課題

この課題では，コンピュータの画面上で，複数の位置の中のある1カ所に刺激が提示される。実験参加者はできるだけ速く正確に，それぞれの位置に対応するキーを押すことが求められる。参加者には知らされないが，連続して提示される刺激の提示位置はあるパターンを繰り返しているか，規則に従ったものである。参加者は構造化された提示位置パターンに従った刺激にできるだけ速く反応することが求められるため，そのパターンの知識を得ることにより，反応の準備ができるようになると考えられている。典型的には，キーを押す反応時間は速くなるが，パターンについての知識を言語化することには失敗する。

3. 動的システム制御（dynamic system control）課題

参加者は，砂糖生産工場などを用いた，対話型・双方向型のコンピュータシミュレーションを制御することを学習する。たとえば，砂糖生産工場課題では，工場での労働者の人数を増やすなどして，砂糖の生産を特定の目標水準に保つことが求められる。各やりとりの後，結果として得られたシステムの状態について，入力データ（労働者の人数）と出力データ（砂糖の産出量）を変数として方程式が導き出される。典型的には，参加者はそのシステムを上手く制御できているにもかかわらず，どのような規則に基づいて制御していたかを実験後に説明できない。

2.2.2 潜在学習と顕在学習の区分

認知心理学，神経心理学，認知神経科学などの研究では，脳損傷患者や健

康な人の行動科学的データや，健康な人の脳の画像データなどを用いて，とくに潜在学習の対概念である**顕在学習**（explicit learning）と比較することにより，潜在学習の特徴を解明してきた。学んでいることについて意識的気づきを伴わない潜在学習に対して，顕在学習とは，学んでいることについて意識的気づきを伴う学習であり，獲得した知識を明示的に示すことができる学習を指す。潜在学習と顕在学習の差異を中心に，行動科学的データや神経心理学的データから，潜在学習の特徴について概観してみよう。

1. 行動科学的根拠

リバー（Reber, A. S., 1993）は，主に行動科学的データから，潜在学習と顕在学習の差異について以下の5つを特徴としてあげている。

(1) **頑健性**（robustness）

この仮説では，潜在学習は，障害や機能障害に影響されにくく，顕在学習を阻害するような健忘症などの障害にあまり影響されないことを仮定している。たとえば，健忘症患者と統制群の潜在学習と顕在学習の成績を比較すると，健忘症患者の顕在学習の成績は統制群より劣るが，潜在学習は統制群と変わらない成績を示す（Knowlton et al., 1992 ; Knowlton & Squire, 1994）。同様の結果は，うつ病患者，統合失調症患者，アルコールによる脳器官の損傷者，アルツハイマー病の患者でも報告されており，潜在学習が頑健であることを支持している（たとえば，Abrams & Reber, 1988 ; Knopman & Nissen, 1987 ; Nissen et al., 1989）。潜在学習における頑健性の仮説は，5つの仮説の中でも多くの実験結果が支持している（Reber, 1993）。また，潜在学習に限らず，潜在認知過程が顕在認知過程よりも頑健であることは，その他多くの研究で示されている（たとえば，Bowers & Schacter, 1993 ; Graf et al., 1984）。

(2) **年齢の影響の受けにくさ**（age independence）

この仮説では，潜在学習は年齢や発達段階に大きな影響を受けにくいことを仮定している。潜在学習に年齢が影響しないことは，幼児から高齢者までを対象にした研究で示されている。たとえば，子どもは，身体的環境，社会

的環境，文化的環境，言語的環境に係わる多くの事柄を早い時期から学習するが，意図的に学習しているのではなく潜在的に吸収していくため，学習したことに関して意識的知識がない（Reber, 1993）。リバー（Reber, A. S., 1993）によると，人工文法学習課題を修正した課題を用いた研究において，4歳児は，大学生とほとんど変わらない潜在学習の成績を示している。これは，文法に内在する構造を学習する4歳児の能力が，大学生の能力とほとんど変わらないことを示している。

また，若者と高齢者の潜在学習と顕在学習の成績を比較した研究がある。この研究では潜在学習の課題として，コンピュータの画面の4カ所のいずれかにアスタリスクが提示され，対応するキーをできるだけ速く押すことが求められた（Howard & Howard, 1992）。若者群（実験1：平均年齢19歳（18〜22歳），実験2：平均年齢20歳（18〜28歳））と高齢者群（実験1：平均年齢73歳（66〜81歳），実験2：平均年齢72歳（68〜83歳））の成績を比較すると，顕在学習の成績は，若者群が高齢者群よりも良いことが示されたが，潜在学習の成績は，両群間で差はみられなかった。このように，顕在学習の成績は年齢の影響を受けるが，潜在学習の成績は年齢の影響を受けないことを示している。

(3) 低い変動性（low variability）

この仮説では，顕在過程とは対照的に，潜在的に知識を得る能力の個人差は小さいことを仮定している。たとえば，大学生を対象にした研究では，潜在課題として人工文法課題を，顕在課題としてアルファベットの順序に関する課題を用いて，各課題の成績について分散が比較されている（Reber et al., 1991）。顕在課題には潜在課題の4倍以上の分散が示されており，潜在課題の成績は個人差が小さいことを統計的に示している。

(4) 知能指数の影響の受けにくさ（IQ independence）

この仮説では，潜在課題は顕在課題よりも，知能の影響が少ないことを仮定している。潜在課題，顕在課題の成績と知能テスト（WAIS-R）との関係を調べたリバーら（Reber et al., 1991）の研究では，知能テストの成績が

良い人は顕在課題の成績も良いが，知能テストの成績と潜在課題には関連がないことが示されている。また，潜在学習課題を用いて，課題を行うときの教示を顕在教示と潜在教示に分けて，課題の法則を検出することと知能の関係を明らかにした研究もある（Gebauer & Mackintosh, 2007）。顕在教示が与えられたときには，知能と潜在学習の成績は関連するが，潜在教示が与えられたときには，知能と潜在学習の成績は関連しないことが示されている。

(5) 過程の共通性（commonality of process）

この仮説では，顕在過程とは異なり，潜在過程には人に限らず多くの種に共通の過程があることを仮定している。リバー（Reber, 1993）は，一般化の核となるのは共変動や付随的出来事の検出の過程であり，この過程にこそ共通性があると提案している。もちろん神経学的に複雑になればなるほど，生物は微妙な共変動も検出できるようになる。たとえば，取り巻く環境の中から，人は統計的には微弱な共変動を検出できるが，アメフラシのような原始的生物は強い共変動しか検出できない。このように，人と原始的生物との違いは，人が複雑な随伴性や統計的には微弱な予測的性質を符号化（encoding）できることにあるが，基盤となる過程は類似していると仮定している。

2. 神経心理学的根拠と認知神経科学的根拠

(1) 脳損傷

脳損傷患者を対象にした研究では，潜在学習と顕在学習それぞれに係わる脳の部位を特定してきた。潜在学習と顕在学習には脳の異なる部位が係わることがわかってきている。

潜在学習には大脳基底核（basal ganglia）が関与し，大脳基底核の線条体（striatum）や他の部位が係わっていると考えられている（Foerde & Poldrack, 2009）。したがって，もしこの部位を損傷すると，顕在学習の成績はとくに損傷の影響を受けないが，潜在学習の成績は影響を受けると考えられる。大脳基底核に損傷があるパーキンソン病患者の潜在学習を調べた研究では，潜在学習が行えなかったことが示されている（Brown et al., 2003；Wilkinson & Jahanshahi, 2007）。ただし，大脳基底核は顕在学習よりも潜

在学習に係わる脳の部位ではあるが，顕在学習にもまったく係わりがないわけではないことも示唆されている。

一方，顕在学習には，海馬（hippocampus）を含む側頭葉内側部（medial temporal lobe）が関与していると考えられている。したがって，この脳の部位が損傷を受ければ，潜在学習の成績には影響はないが，顕在学習の成績には影響が現れるはずである。この部位を損傷している健忘症患者を対象にした研究では，顕在学習では，健忘症患者の成績は統制群よりも悪かったが，潜在学習では統制群と同様の成績を示している（Meulemans & Van der Linden, 2003）。

(2) 脳 画 像

脳損傷患者を対象にした研究に加えて，脳画像を用いた研究では，機能的磁気共鳴画像法（fMRI）や陽電子放出断層撮影法（PET）などの機能的画像情報を得られる手法を用いて，顕在学習や潜在学習の遂行時に活性化する脳の部位を特定してきた。脳画像研究では，学習は脳に直接的変化を起こすことや，学習者が学習していることへ気づいている場合と気づいていない場合には，脳の異なるネットワークが関与していることがわかってきた。

意識的気づきがあるときに活性化する脳の主な部位は，背外側前頭前野（dorsolateral prefrontal cortex）と前部帯状回（anterior cingulate cortex）であると考えられている（Dehaene et al., 2001）。したがって，この部位は，顕在学習の遂行時に活性化するはずである。実際に，前頭前野（prefrontal cortex）と前部帯状回は，潜在学習時より顕在学習時に活性化することが示されている（Aizenstein et al., 2004）。一方，潜在学習課題の遂行時には，線条体の一部が活性化することも示されている（Orban et al., 2010）。また，学習の潜在要素には線条体が，顕在要素には内側前頭前野（medial prefrontal cortex）と前部帯状回が関与していることを示した研究もある（Destrebecqz et al., 2005）。このように，脳損傷患者を対象とした研究で示された，顕在学習と潜在学習に関与するとされる脳の部位は，脳画像研究でも示されている。ただし脳画像研究では，潜在学習，顕在学習ともに複数の領域が活

性化し，線条体，背外側前頭前野，前運動皮質（premotor cortex）など，潜在学習と顕在学習に共通した領域が活性化している。

2.2.3 潜在学習と顕在学習の関係

これまで，潜在学習と顕在学習の行動的差異や機能的差異に焦点を当ててきた。しかし，潜在学習と顕在学習は，相互作用的で補完的な関係にあると考えられている。学習という大局からみると，潜在学習と顕在学習の両方の学習によって，人は自分を取り巻く世界の情報を得ている。たとえば，技能の習得を例にあげると，初めに顕在学習があり，その後に潜在学習が続くと考える研究者もある（Anderson, 1983）。つまり，意識的表象が無意識的表象に移行することで，技術を習得していくと考える。他方で，潜在学習と顕在学習はどちらかが先に起こるのではなく，並行して発展していくとする研究者もある（Willingham & Goedert-Eschmann, 1999）。近年，潜在学習で習得されたルールは，睡眠中に顕在的知識になること（Fischer et al., 2006）や，潜在学習の後に睡眠によって顕在的知識を獲得した者は，顕在知識を獲得しなかった者よりも潜在学習の課題の反応が遅くなることが示されている（Fischer et al., 2006 ; Wagner et al., 2004）。

2.2.4 潜在学習であることの評価

潜在学習など潜在過程研究の面白さであり問題となるのは，これらの現象が，過去の経験や知識の無意識的影響を反映していると仮定する点である。しかし，潜在学習の潜在性を定義することは難しく，また潜在学習では学習の因果関係が「見えない」ため，間接的方法をもってしかその学習が起こったかどうかを示すことができない。さらに潜在学習の意識性も，学習後に知識を評価することによってしか評価されないため，常に間接的となる（Frensch, 1998）。このような潜在学習であることの評価に係わる問題を概観してみよう。

1. **潜在学習の何が「潜在」なのか**

学習過程は，以下のような3過程を区別することができる。①知覚過程：学習の構成要素・成分を符号化する過程，②知識の獲得過程：ある体系立てられた関係性が学習される過程，③学習した事柄の検索過程：獲得した知識の表象（representation）を利用できること，取り出す過程である（Frensch, 1998）。

潜在学習において，知覚過程，知識の獲得過程，知識の検索過程のいずれを「潜在」と考えるかは，研究者によって異なる。ただし，感覚・知覚系において刺激の検出が不可能な閾下（subliminal）で学習要素が知覚されるような，知覚過程が潜在的である学習は，閾下学習（subliminal learning）として潜在学習とは区別される。したがって，潜在学習の定義は大別すると，知識の獲得過程，検索過程のいずれかのみを潜在的と考えるか，あるいは知識の獲得過程と知識の検索過程の両方を潜在的とするかの違いになる（Frensch, 1998）。

2. 回顧の問題

学習が潜在学習であるかどうかを判断するときに，学習していることへの気づきがあったかどうかだけを判断基準にするのは，不十分だと指摘する研究者もある（Shanks & St. John, 1994）。潜在学習課題では，さまざまな系列反応時間を測定する課題が用いられる。前述したように，この課題では，実験参加者には知らされていない複雑な配列が繰り返されており，参加者の反応時間は短くなっていくが，通常参加者はその繰返しに気づいていない。このような，刺激提示のルールに気づいていないことだけで，その学習が潜在学習であるといえるのだろうか。

シェンクスとセント・ジョン（Shanks, D. R., & St. John, M. F., 1994）は，もしかすると，学習時には学習していることへの気づきがあったかもしれないが，実験終了時に質問されたときには，気づきがあったことを忘れているかもしれないことを指摘し，回顧の問題（retrospective problem）とよんだ。そして，潜在学習であるために満たしていなければならない2つの基準を提案している。1つめの情報の基準（information criterion）は，気づき

があったかどうかについて聞く内容は，改善された成績に係わるものでなくてはならないというものである。2つめの感受性の基準（sensitivity criterion）は，気づきに関するテストは，学習で獲得したすべての知識に敏感でなければならないというものである。敏感でないテストは，意識的にアクセス可能な知識を過小評価してしまうかもしれないからである。近年の研究の中には，潜在学習で獲得された潜在知識に，意識的気づきを伴う顕在知識が含まれることを示唆する研究もある（Wilkinson & Shanks, 2004）。

2.2.5 潜在学習の遍在性について

潜在学習は，どのようなことにも起こり得る遍在的学習なのだろうか。動物の学習は，成立しやすい特定の学習があることから，遍在的ではないと考えられる。たとえばラットは，外見や音よりも胃部不快感と新しい味や匂いを連合させる傾向が高い（Garcia et al., 1966）。これは動物には，特定の機能間の学習が準備されている（Seligman, 1970）ためである。このように特定の機能間の学習が他よりも容易になされるのは，種にとっての生存価を反映していると考えられている。

では人の潜在学習は遍在的なのだろうか。フレンチ（Frensch, P. A., 1998）は人の潜在学習の遍在性について，ワーキングメモリ（working memory）の観点から考察し，潜在学習は遍在的ではないと結論づけている。ワーキングメモリは，情報の処理と保持が並列的に行われる心の作業場として概念化されたものであり（Baddeley & Hitch, 1974 ; Cowan, 1995），多くのモデルが考えられている（Miyake & Shah, 1999）。

まずフレンチ（Frensch, 1998）は，コワンのモデル（たとえば，Cowan, N., 1995）を用いて潜在学習を以下のように説明している。潜在学習であれ顕在学習であれ，学習には，情報を一時的に保持する長期記憶が活性化した部分である短期記憶（short-term memory）と，さまざまな情報を永続的に保持する長期記憶（long-term memory），さらに注意を方向づけたり情報処理を意図的に統制したりする中央実行系（central executive）が係わり，学

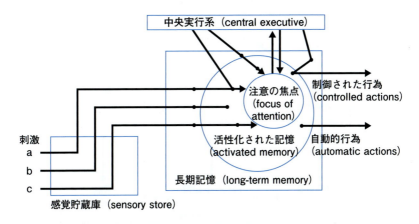

図 2.3 コワンのワーキングメモリの略図(Cowan, 1999)
ワーキングメモリまたは短期記憶は,長期記憶の活性化した領域部分だと考えられている(注意の焦点(focus of attention)を含む活性化した記憶(activated memory)部分)。

習は短期記憶(図 2.3 における**注意の焦点**(focus of attention)を含む活性化した記憶(activated memory)部分)の中で生じる。

ただし,顕在学習は,意識的気づきのある注意の焦点(focus of attention)の中で,中央実行系に制御された能動的過程によって達成する学習であり,対照的に潜在学習は,注意の焦点の中で起こることもあるが,注意の焦点の外で,受動的連合過程によって共変動する環境情報を検出したり保持したりする学習であると考えられる(Frensch & Miner, 1994)。このワーキングメモリを実行する中央実行系に対応する脳の部位は,背外側前頭前野や前部帯状回(Smith & Jonides, 1999)であることが示されている。これらの部位は上述した意識に係わる脳の部位と一致しているため,中央実行系が顕在学習に関与するという仮説は対応する脳の部位からも支持される。

続いてフレンチ(Frensch, 1998)は,バドリーとヒッチ(Baddeley, A. D., & Hitch, G. J., 1974)のワーキングメモリのモデルによる機能的構造

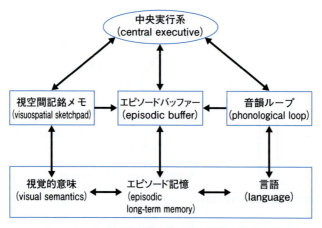

図 2.4 バドリーのワーキングメモリの略図 (Baddeley, 2000)

の観点から，潜在学習の遍在性仮説を検討して，潜在学習が遍在的ではないことを示唆する結果を示している。バドリーのモデル（図 2.4）の特徴は，音韻情報と視覚情報に対してそれぞれ別の一時的保持システムを仮定している点にある。このモデルに従えば，たとえば，音韻情報に対応する短期記憶として考えられている音韻ループ（phonological loop）という同一システム内で，音韻情報どうしが連合する場合と，音韻情報と視覚情報が音韻ループと視空間記銘メモ（visuospatial sketchpad）という異なるシステム間で連合する場合は，基盤となる認知的構造が異なるため連合の仕方も異なることが予想される。しかし，もし遍在性仮説が支持されるなら，どのような情報の連合も等しく生じると考えられる。

実験の結果は，潜在学習には連合されやすい情報と連合されない情報があることを示し，潜在学習の遍在性を否定している。この結果に従うなら，遍在的ではないという点では人の潜在学習も動物の学習と同じではあるが，両者には大きな違いがある。動物の学習は，生存価という進化論的視点が重要な要因と考えられるが，人の潜在学習は，認知系がどのように構築されたの

かという機能的構造を反映していると，フレンチ（Frensch, 1998）は考えている。

2.2.6 潜在学習と区別される潜在過程

潜在認知過程には，潜在学習の他に潜在記憶（implicit memory）やサブリミナル知覚（subliminal perception）もある。潜在記憶やサブリミナル知覚は，潜在学習とは何が異なる認知過程なのだろうか。

1. 潜在学習と潜在記憶

潜在記憶とは，気づきのない記憶として定義される記憶で，長期記憶に保持された特定の事象を思い出しているとき，その特定の事象を思い出しているという意識的気づき（想起意識）を伴わない記憶である。たとえば，「昨日，果物屋で見たあのおいしそうなぶどう」を思い出しているときには，過去の経験（特定の表象）を思い出すという意識的検索あるいは想起意識のある記憶として，顕在記憶（explicit memory）に分類される。一方，たとえば，昨日果物屋で見たぶどうを思い出しているという気づき（想起意識）はないにもかかわらず，昨日見たぶどうを思い出しているとき，この記憶は潜在記憶に分類される。言い換えると，思い出しているぶどうが，実は昨日果物屋で見たぶどうであるにもかかわらず，「これは昨日果物屋で見たぶどうだ」という意識的気づきがないとき，この記憶を潜在記憶という。

潜在学習と潜在記憶では，研究対象となる認知過程は異なる。潜在学習の研究では，ルールなどを獲得する知識の獲得段階が重視されるのに対し，潜在記憶では，知識の記憶と記憶からの知識の検索段階が重視される（Reber, 1993）。そのため，潜在学習の実験的研究で用いられる課題は，実験参加者がそれまでに体験したことのない新奇刺激で，先行知識の影響を最小限にするような複雑で中立的な恣意的刺激が用いられる（Cleeremans et al., 1998）。もし実験刺激やルールがすでに実験参加者の知識として存在する場合には，潜在学習によって獲得された知識なのか，記憶されていた知識を使用したのかを区別できなくなるからである。これに対して，潜在記憶研究で

はよく知られたことばが用いられる。そして，潜在記憶研究では先行して経験したある事象や出来事などの影響に言及する。

2. 潜在学習とサブリミナル知覚

サブリミナル知覚（または，閾下知覚）は，無意識的知覚で，刺激の検出が不可能な閾下で起こる知覚である。サブリミナル知覚では，提示された刺激に対する意識的気づきはない。刺激を閾下で提示するためには，刺激強度が低くあるいはぼんやりした刺激を提示したり，ごく短時間だけ刺激を提示したり，ターゲット刺激の直後に別の刺激を提示してターゲット刺激の処理を阻害するなど，閾下でしか処理できないような仕方で刺激を提示する（Reber, 1993）。しかし，典型的な潜在学習研究では，サブリミナル知覚研究とは対照的に，刺激の検出が可能な場合と不可能な場合との境目である閾（threshold）を越えた閾上刺激（supraliminal stimulus）を提示するため，刺激に対する気づきは伴う。

2.3 まとめ

教育的状況における人の学習を考えるとき，学習科学においてとくに重要な学習であると考えられているのは，公式な学習，非公式な学習，潜在学習の3様式である。本章ではとくに，学習していることに気づかない潜在学習について，応用研究と基礎研究の側面から解説してきた。まず，学習科学において潜在学習が，教育的課題が定められている学習とは対照的に，生涯を通して重要な役割をもつ学習であると考えられていることを説明した。潜在学習はその場にいるだけで，あるいは人と関わるだけで簡単に新しい環境に適応していくことを可能にする学習様式である。そのため，学習していることに気づかないが，幼い頃の発話学習，社会的態度，性や人種に関する固定概念など多岐にわたって潜在学習は影響を及ぼしている。

続いて，認知心理学や認知科学などの基礎研究で明らかにされている潜在学習の特徴を概説した。潜在学習の対概念である顕在学習と比較することで，

潜在学習の特徴を示した。潜在学習と顕在学習について，たとえば，顕在学習は，機能障害や年齢，知能指数の影響を受けやすいが，潜在学習はこれらの影響を受けにくいなど，行動科学的な違いや神経心理学的な違いを説明した。このような潜在学習と顕在学習には，共通した脳の領域も関わるが，異なる脳のネットワークが関与していることがわかっている。しかし近年，潜在学習で習得されたルールは睡眠中に顕在的知識になるなど，潜在学習と顕在学習は，相互作用的で補完的な関係にあることが示されている。これらの基礎的知見により，学習科学では，潜在学習が生涯を通して重要な学習様式であると考えられている。

さらに潜在学習に関する理解が深まるよう，潜在学習と関連の深いテーマについても扱った。基礎研究では，潜在学習であることの評価，つまり過去の経験や知識の無意識的影響を定義することは難しいことや，潜在学習はどのようなことでも起こり得る遍在的学習ではないことを解説した。また，潜在認知過程には，潜在学習の他に潜在記憶やサブリミナル知覚があり，これらについても説明した。

学習と社会

　本章では，学習における社会の重要性について解説する。私たちは普通，学習をある人がなんらかの経験をしたことによってその行動が変わっていくこととして素朴に考えているように思われる。たとえば，学校で必死に勉強することや，一所懸命に練習をしたことで，それまでできなかった計算や運動ができるようになることを学習の例として思い浮かべる人は多いだろう。しかし，このような計算や運動ができるようになるという変化が生じる過程に，さまざまな人やモノが関わっているということは多くの場合，見過ごされてしまっている。

　本章では，私たちが学習をする際にそれを取り囲んでいる人やモノの存在に，「社会」ということばをキーワードにして迫っていく。具体的には，学習における社会の不可欠さについてさまざまな例を取り上げながら説明し，学習を，私たちを取り囲んでいる人やモノの空間，つまり社会への参加として理解するための視座を提供する。また本章では，学習を社会への参加として理解する視座に加えて，近年の新たな展開として新しい社会をつくっていくこととして学習をみていく立場についても，実際の事例の紹介を混じえながら解説する。

3.1 学習における社会の役割

3.1.1 学習の心理学的定義

　心理学における学習の一般的な定義を，代表的な教科書や辞典を参考にまとめるとすれば，「学習とは，個体発生において経験の結果として生じる，比較的永続的な行動の変化である」となるであろう（無藤ら，2004；中島ら，1999）。この定義は，たとえば条件づけによる学習のような心理学における関心を満足させるだけでなく，私たちが学習に対してもつイメージをも満足させてくれるように思われる。私たちの経験を振り返ってみれば，たとえば，

算数の時間にそれまでできなかった割算ができるようになった経験や，日本の県庁所在地をすべていえるようになった経験，水泳で 25 m を泳げるようになった経験などが学習として思い出されるであろう．

しかし，このような学習の定義には不十分な点がある．それは，学習における社会の役割を十分に扱うことができていないことである．私たちは，社会の中で周りの人々や，あるいは人間以外にも，さまざまなモノに囲まれて学習を行っている．このことの意味を改めて考えてみると，上述した学習の定義では扱い切れていない部分がみえてくる．

上述した学習の定義に対して，状況的学習論（時には，社会文化的アプローチや活動理論ともよばれる）の立場は，学習を社会（や文化）の役割を重視した観点から説明する．本章では，このような立場の考え方を基礎に，私たちの学習における社会の役割をきちんととらえ直すことを試みたい．そのためにまず，本節では上述の状況的学習論が重視する社会が，上述した学習の定義において果たしている隠れた役割についてみていくことにしたい．そのような試みを通じて従来の学習の定義が抱える問題点をクリアにしていく．

3.1.2　学習の定義の前提

ところで，先ほど述べた心理学における学習の定義が成立するためにはいくつかの前提が必要である．本項では，まずこの前提について，有元（2001）の議論を参考にしながら考えてみたい．

有元（2001）は，心理学における学習を先に紹介したものとほぼ同様の形で，「経験によるある程度持続的な行動の変容」と定義する．そして，そこで定義された学習を図 3.1 のように表現した．この図において，先の定義における学習や，有元の定義における学習は，時間軸上の地点 t での行動様式 X（初期状態）と，地点 t よりも一定期間（P）経過後の地点（$t+p$）での行動様式 Y（現状態）の差（$Y-X$）を指す．

学習をこのように図示することによって学習が生起するための前提がみえやすくなる．まず，有元（2001）があげた学習が成立するための第 1 の前提

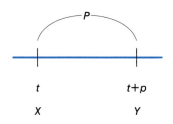

図 3.1　学習の数直線（有元，2001 を基に作図）

とは，初期状態 X と現状態 Y が同一の行動であるということである。すなわち，私たちが何かを学習したというためには，（当然のことのように思えるが）学習前と学習後の行動が同じものであるといえなければならない。また，学習が成立するための第 2 の前提は，初期状態 X と現状態 Y を比較する文脈の存在である。学習が生起したと感じるためには，（これも当然のことのように思えるが）現在進行中の行動を過去にどのように行っていたのかをなんらかの形で参考にしながら，比較できなければならない。

　ここまで，学習の定義の背後にある前提をみてきたが，なぜ（ある意味当然に思える）このような事実に目を向けてきたのだろうか。その答えはまさに，この 2 つの前提を準備するものが，この章での話題の中心にある「社会」だからである。以下では，引き続き有元（2001）を参考にしながら，学習の 2 つの前提がどのように社会によって準備されるのかをみていく。その際，私たちにとってもっとも身近な学習の現場として考えられる学校を具体例として取り上げる。

1. 第 1 の前提

　まず前提 1 についてみていこう。前提 1 とは，初期状態 X と現状態 Y が同一の行動であるということであった。初期状態 X と現状態 Y が同じものだというためには，それらを同じものとして名づける，すなわちカテゴリー化する必要がある（有元，2001）。これは，その場その場で微妙に異なる現

実の出来事について，些末な差異を気に留めることなくある特定の基準に基づいて抽象化することを意味している。この名づけ，すなわちカテゴリー化を，社会がどのように行っているのかについて，以下では学校を例にして具体的に示していく。

　有元（2001）によれば，学校に代表される制度的な教育の場において，このカテゴリー化が行われる際に重要な役割を果たしているのは，カリキュラムの存在である。カリキュラムは，教室で行われる雑多な出来事に，特定の目的に沿って名前をつけてその他の時間や行動から分離する（カテゴリー化する）。それは，たとえば「今は算数の時間だ」といった形や，または「これは割算の問題だ」といった形で行われるだろう。また，このようなカテゴリー化は，カリキュラムの力だけによって行われるのではない。そこには，有元（2001）が指摘するように，教科書の単元や，教師の話，時間割，板書，教具・教材といったさまざまなモノが介在しているし，また教師や，教室にいるその他の児童といったさまざまな人々も同時に存在している。カリキュラムが，上述したその他の人々やモノと一緒になって働くことによって，学校において学習されるべきカテゴリーが安定して作り出されるのである。

　このように，私たちが何かを学習したということができるための第1の前提，すなわち学習前と学習後の行動が同一であることは，社会の中に存在するさまざまな人々やモノが，カテゴリーを作り出すことによって成り立っているのである。

2. 第2の前提

　続いて，前提2についてみていこう。前提2とは，初期状態 X と現状態 Y を比較する文脈の存在であった。過去の行動様式と現在の行動様式を比較するためには，過去の行動について何らかの形で記述されたものを参照しながらこの比較を行わなければならない（有元，2001）。これについては，有元が示す「柱の傷」の例を想像してみると分かりやすい。身長の伸びに気づくとき，私たちは「柱の傷」（過去の記録）を利用する場合がある。昔柱につけた傷と，今の身長を比べることによって，私たちは身長の伸びを知るので

ある。

　有元（2001）によれば，学習における過去の行動の記述は，客観的に表現されるとは限らない。それはたとえば，過去に作った作品や，過去に書いた文章のような形あるものの場合もあれば，学習者自身や周りの人々の行動についての記憶のような形のないものの場合もある。このような過去の行動の記録と，現在の行動を比較することによって，私たちは学習したということができるのである。ここでも，過去の行動の記述や，それと現在の比較の文脈を準備するのは社会の役割である。これらを社会がどのように準備するのかについて，再度，有元（2001）を参考に，学校を例にとってみよう。

　学校では，授業中の教師の発問や，テストによって単独の個人としての子どもの知識の有無が常に明らかにされる。しかし，これらが明らかにされるだけでは，まだ前提2のためには不十分である。この教師の発話への応答や，テストへの解答がスコアに変更され，そのスコアが時系列に並べられることでスコアの履歴になることが重要なのである。このスコアの履歴が学校における比較のための文脈を提供しているのである。

　また，前述したカリキュラムは，前提2を学校において成り立たせるうえでも重要な役割を果たしている。カリキュラムは，学習者の過去に学ぶべきことがらと，それを基礎にした将来の行動を，用意する制度である（たとえば，まず1桁の足し算を勉強して，次に2桁の足し算の勉強をするといった具合に）。このカリキュラムの存在によって，学習者の今の行動はカリキュラム上のある地点に回収される。そして，カリキュラムが用意する過去の行動の記述と比較されることで，過去から現在への行動の変化，すなわち学習が私たちの目に明らかになるのである。

　ここまでみてきたように第2の前提，すなわち初期状態Xと現状態Yを比較する文脈も，さまざまな人工物や，人々を含む社会によって作り出され，成り立っているといえそうである。このような，学習（正確には心理学における学習の定義）の前提を準備する社会の役割について光を当てたところで，次項ではなぜこの社会の役割に目を向けなければならなかったのかについて

考えてみたい。

3.1.3 学習における社会の重要性

社会の中のさまざまな人やモノの存在によって，学習の定義の前提である，行動の同一性や，変化を比較する文脈があらかじめ準備されていることをここまでみてきた。それらをまとめれば，社会が特定の行動をカテゴリー化した上で，そのカテゴリーに当てはまる行動を記述し，比較するための準備をしていたと言えるだろう。これは，個人が特定の経験を経ることで変化していくという学習の背景に，実はさまざまな人やモノを含む社会の助けが隠されていたことを示している。

私たちは，こういった社会の中に自然に参加しているため，普段はこの2つの前提に改めて注意を向けることなく学習について語ることができるのかもしれない。ではなぜ，このような前提に注意を向けなくてはならないのだろうか。社会があらかじめこのような前提を準備してくれているのであれば，わざわざ学習の背後にある前提についてなど考えなくてもよいように思える。

しかし，ここでまず重要なのは，社会（または文化とよぶ場合もあるかもしれない）が，時代や場所によってさまざまに異なることである。場所が変われば，何を学習する必要があるのか，その学習するべきものがどのように社会によって準備されるのかといったことが変わってくる。このようなことを示す一つの例として，「心理学」という学問において何を学習するべきなのかということについてさえ，社会が変われば（すなわち時代や場所が変われば）変わってしまうということがあげられる。ダンジガー（Danziger, K., 1997/2005）は，自身がインドネシアの大学で心理学を教えた経験を振り返りながら，インドネシアにはそのトピックや関心が，西洋社会における心理学とはまったく異なるにもかかわらず，十分に学問であるといえるような「もう一つの心理学」があったことを述べている。そこでは，動機づけや，知能といった西洋社会の心理学において一般的な概念は，学習するべきトピックとして現れてこない。そこで扱われるのは，さまざまな瞑想と苦行を伴

う実践によって，心理学実験と同等かそれ以上に安定して生成される特定の心理学的現象なのである。このように，それぞれの社会ごとに私たちが学習するべきトピックが変わってくるという点に配慮するため，学習するべき対象をカテゴリー化によって準備する社会に注意を向ける必要性が一つ指摘できるだろう。

　しかし，学習について考える上で社会に目を向けることの何よりの重要性は別の点にある。それは，学習するべきトピックだけでなく，私たちが学習とよぶもの自体が社会の在り方によって準備されていることに関係する。私たちが学習とよぶ，心理学で定義された学習は，それ自体が私たちの社会の在り方によって準備された特殊なものなのである（そして，そこで準備された学習は個人に焦点を当てるという特徴をもっており，社会の役割を見えづらくしている）。そのため，私たちが定義する学習についてはまったく話題にする必要がなく，異なった形で人々の学習をとらえる社会の存在も考えられるのである。

　ここまでの議論をまとめると，何が学習されるべきことなのか，さらにはどのような現象を学習としてとらえるのかといったこと自体が，社会（や文化）によって準備されているといえる。そのため，学習についてより詳しく検討するためには，通常の心理学の過度に個人に焦点を当てた学習のとらえ方から離れ，学習を準備する多様な社会の役割にも注意を向ける必要がある。

　このように学習における社会の役割を考えたときに重要なことは，そのような社会に私たちがまず参加しているということである。社会への参加の中で私たちは，そこでは何が重要なのか，その社会ではどう振る舞うべきなのかといったことを，（意識的にではないかもしれないが）体得している。そうした参加の中で体得した私たちの見えの一つとして，何を学習するべきなのかということや，何を学習とよぶべきなのかといったことが含まれているのではないだろうか。

　以上のような議論を踏まえると，学習の定義をより広げる必要があるように思われる。「学習とは，個体発生において経験の結果として生じる，比較

的永続的な行動の変化である」という定義は，その前提にある，社会に参加している私たちの在り方や，そこに存在するさまざまな人々やモノの役割についての考慮が不十分である。そしてまた，この定義は特定の社会の中における学習のとらえ方をあまりにも反映しすぎている。そのため，私たちは人間の学習をより広い意味で考えるために，まず上述したような社会の中に参加している人々の在り方に注目しなければならない。そこで次節では，このような参加の観点から学習をとらえることを試みた立場についてみていくことにする。

3.2 参加としての学習

　前節では，心理学における伝統的な学習の定義について，それらを成り立たせる社会の役割を指摘しながら，批判的に振り返った。そして，その結果として私たちが社会に参加している存在だということに学習の焦点を当てる必要性を提起した。本節ではここまでの議論を踏まえて，レイヴとウェンガー（Lave, J., & Wenger, E., 1991/1993）を参考にしながら，**状況的学習論**の考え方をみていくことで，学習における社会の役割をとらえるための視座を提供したい。

　レイヴとウェンガー（1991/1993）は，まさに学習を社会（的実践）への参加という観点から論じている。そこにおいて学習は，個人が何かを経験することで変化することではなく，社会の中のさまざまな人やモノとのやりとりを通して社会の中での位置取りを変えていくことの中に見出される。以下では，この考え方を，具体的な例を交えながら簡単にみていくことにする。

3.2.1　実践共同体への参加

　レイヴとウェンガー（1991/1993）に代表される状況的学習論の考え方において学習は，生きた社会的実践，または**実践共同体**[1]への参加を通してなされるもの（または，その過程に含まれる欠くことができないもの）として

考えられている。

　ここまでみてきたように，私たちは人々やモノのつながりの中に，すなわち社会の中に生きている。そして，私たちはそういった人やモノとのつながりに，特定の実践や活動を行う共同体（コミュニティ）に従事することを通して参加している。ここでいう共同体は，なにも制度的な組織ばかりではなく，たとえば上野（2012）があげるような，何かを生産したり，船舶で航行したり，保守・管理したり，何かを演じたり（音楽，演劇など），研究や開発をしたりといった実践のために組織化された共同体をも含む。レイヴとウェンガー（1991/1993）が取り上げる実践共同体の例には，メキシコのユカタン地方の産婆たちや，リベリアのヴァイ族とゴラ族の仕立屋たちといったものがある。また，これ以外にも私たちの身近なものとして，自分たちが関わる職場や，学校なども実践共同体の一つとしてみることができるであろう。

　さて，それではこのような実践共同体に新たに参加する者（新参者）が，どのようにして，その参加を行っていくのかについて考えていこう。新参者は，熟練者が活躍する本場の実践活動の一部として実践共同体に参加する。しかし初めの頃は普通，短く単純な作業をするといった形でそこにごく限られたレベルで関わっている。そのような参加の仕方は，失敗に対する損害が小さく，実践活動全体に対してはごく限られた責任しか負うことはない。これは，上述したレイヴとウェンガー（1991/1993）の事例における仕立屋の徒弟（新参者）が，親方が仕事を始める前のミシンの整備や，親方がズボンを縫い上げたときに細部の仕上げをするような形で実践へと関わる例をみると分かりやすいであろう。

　このような関わり方の中で新参者は，実践共同体において行われていることに次第にアクセス（上野，2012）できるようになっていく。先ほどの徒弟

---

[1] 原文ではコミュニティと表記されているが，ここではこれまでの説明を踏まえた上での分かりやすさを考慮して実践共同体と表記した。

は，親方や職人，さらに他の徒弟が仕事に従事している様子を観察し，衣服をつくる全過程や，完成品を観察する機会に恵まれている。このように，限られた形ではあるけれども確かに自分もその中の一部として実践共同体に参加することで，徒弟はそこには誰が関与しているのか，何をやっているのか，熟練者はどんなふうに話し，歩き，仕事をし，どんな生活を営んでいるのか，また何を学ぶ必要があるのかといった，共同体の実践を構成しているものについての全体像を作り上げていくのである。

また，このような新参者が作り上げる実践の見え方（全体像）は，最初の印象によって固定されるものではない。新参者は最初の限られた参加によって実践へのアクセスが可能になり，次第に実践への参加の度合いを増していく。たとえば，より多くの時間や労力を作業にかけるようになったり，大きな責任を引き受けるようになったりするであろう。このように新参者が実践への関わり方を変えていくことは，新参者に実践に対する新たな見え方を提供すると考えられる。そのため，新参者が実践での仕事への関わり方を変える過程や，その中での社会的な関係を変えていく過程は同時に，新参者が実践の全体像を新たな形に構成していく機会にもなるのである。

しかし，このような実践へのアクセスがいつも可能であるとは限らない。実践へのアクセスは時に妨げられることもある。このアクセスの妨げは，もっとも素朴な場合には，実践における空間のデザインによってなされる（上野，2012）。上野（2012）は，それらの例として，レイヴとウェンガー（1991/1993）の事例の一つである肉屋における実践への徒弟の参加を取り上げる。新参者の学習にとって，実践の現場で他の人々を観察したり，自分が観察されたりすることはここまで述べてきたように重要なことである。しかし，ある肉売り場においては，新参者に与えられた作業（包装作業）の場から，職人が肉をカットしたり挽いたりする現場が見えないような配置になっていた。つまりここで新参者は，熟練者の肉を加工する仕事を見ることができる機会，つまり実践についての全体像を作り上げる機会を奪われていたのである。このように，実践へのアクセスは，さまざまな実践のデザインの

在り方によって難しくなる場合もあるのである。

3.2.2　学習とアイデンティティ

　前項では，状況的学習論における学習が，参加のプロセスに関わるものであることを述べた上で，参加を実践へのアクセスという観点から簡単に整理してきた。本項では次に，参加の過程で生じる学習を状況的学習論では一体どのようにとらえるのかについてみていくことにしよう。

　レイヴとウェンガー（1991/1993）にとって学習は，個人が何らかの経験をすることによって生じる行動の変化ではなく，全人格，すなわち**アイデンティティ**に関わる問題としてとらえられている。学習者が，実践への参加の仕方を，たとえば新参者から熟練者といった形で変えていく過程には，確かに伝統的な学習の定義にあるような知識の獲得などの経験による行動の変化が含まれるかもしれない。しかし，以下でみていくように学習において本質的なことは，アイデンティティに関することなのである。

　ところで，学習がアイデンティティに関するものだということを説明していく前に，いったん回り道をして，上述した知識を獲得するという経験がそもそもどういうことなのかについてここで少し考えてみたいと思う。通常，知識の獲得は単にそれらが「内化」される過程としてとらえられる（レイヴとウェンガー，1991/1993）。すなわち，固定的な知識が個人の頭の中に吸収されることが知識の獲得としてとらえられるのである。しかし，レイヴとウェンガー（1991/1993）は，このような知識獲得のとらえ方，つまり私たちの知ることに対する見方を変えることを提案する。レイヴとウェンガーは，それらを単なる「内化」としてではなく，社会との関係からとらえるように求めるのである。

　ここで再度，実践共同体，または社会への参加という観点が重要になってくる。社会の中において知識，すなわちものごとの意味は固定されたものとしては存在していない。それらは常に，その場の人々やモノとの関係の中でのやりとりによって，交渉されるのである。ものごとの意味は常にこのやり

とりの中で再生産され，またたとえばある人の活動への関わり方の移り変わりといった実践の経過とともに変化していく。このように考えるのであれば，知識は完全に「内側」に吸収されるものでもないし，逆に完全に個人の「外側」にあって利用されるものでもない。知識はむしろ，このような人やモノの関係の中にあるといえるのである。実践共同体への参加の過程は，絶えず行われるこのような意味についての交渉を含むのである。

　さて，このように知識を社会的な関係の中にとらえることは，さらに知識獲得のような出来事の意味も社会的な関係の中にあることを私たちに教えてくれる。知識が社会との関係の中にあるのと同様に，実践共同体での作業や，理解，そして知識獲得も社会から孤立して存在しているのではない。実践の中で新しい作業を遂行できるようになることや，新しい理解へ習熟すること，新しい知識を獲得することなどは，社会的な関係の中の一部であり，その関係の中でこそ意味をもつ。そしてそれらの意味は，知識と同様に絶えず再生産され，変化していくのである。

　実践の中の知識や出来事が，社会的な関係の一部であることを述べたところで，ここでやっと当初の話題であった学習とアイデンティティの関係についての説明に戻りたい。そのためには，知識獲得などと同様に，そこに参加する学習者もまた，そのような社会的関係の一部であることに注意を向ける必要がある。つまり，学習者自身もこのような社会的関係によって定義づけられるということが重要なのである。前項でみてきたように，学習者は実践共同体への参加の中で，次第にそれらへの関わり方を変えていく。このことは，上述した点を踏まえるのであれば人間を定義する社会的関係との関わり方を変えることを意味するのだから，それは学習者の実践の中での定義，すなわちアイデンティティが同時に変わることを意味している。そのようなアイデンティティの変化には，たとえば新参者としてのアイデンティティから一人前としてのアイデンティティになるといった変化が含まれるであろう。

　このように，学習を実践共同体への参加を通してなされるものとしてみることは，単にその過程での知識の獲得や，何かができるようになるといった

こと以上の意味をもっている。確かにそのような変化は学習者の実践への参加の度合いが増すにつれてみられるだろう。しかし，それはもっと本質的なことの一部である。実践共同体への参加を通して行われる本質的なことは，実践共同体と学習者の関係の変化であり，それは学習者自身の実践共同体の中でのアイデンティティが変容していくことでもある。そして，このような学習者のアイデンティティ＝実践共同体との関係の在り方の変化の一部として，上述した知識獲得や，何かができるようになるといった出来事も存在しているのである。

3.3 社会をつくることとしての学習

　前節では，レイヴとウェンガー（1991/1993）を参考にしながら，学習を社会への参加の中にみるための視座を提供してきた。本節ではこのような学習のとらえ方の転換を受けての近年の動きについて，その一部について紹介する。まず，上野（1999）の指摘を参考にしながら，レイヴとウェンガー（1991/1993）の提言における問題点について考えてみたいと思う。そして，それらを受けて，学習を社会や実践共同体への参加というよりも，むしろそれらを作り出すことの中にみる立場についての説明を行う。

3.3.1 実践共同体を作り出す

　前節で確認したように，レイヴとウェンガー（1991/1993）は学習を，学習者が実践共同体への関わり方を変えて行く中で，自身のアイデンティティを変容させていくことの中に見出していた。

　ところで，レイヴとウェンガーはこのような過程を，学習者が周辺的な参加者から十全的参加者になる過程であると説明している。このような表現をすることで，レイヴとウェンガーが意図しているのは，参加を実践共同体の周辺から中心へと向かうプロセスとして描き出さないようにすることだと思われる。実践共同体には単一の中心があり，学習者はそこに向かって直線的

に新参者から熟練者になっていくのではなく，あくまで実践共同体にはさまざまな関わり方が可能であり，参加の過程は学習者の実践でのやりとりの中で作り出されていくものであることを強調しようとしたのだと考えられる。

しかし上野（1999）は，レイヴとウェンガー（1991/1993）のこのような表現について，いくら「周辺から中心へのプロセス」ではなく，「周辺的参加から十全的参加のプロセスだ」と強調したとしても，レイヴとウェンガーの説明では，「学習とは，与えられた実践共同体へ入って，その中で，初心者から熟練者へ至る道である」という意味を伴ってしまうと指摘している。

ここで，上野が問題にしていることは，実践共同体や新参者（初心者），熟練者といった概念があらかじめ与えられたものとしてとらえられてしまうことにある。上野（1999）が指摘するように，新参者や，熟練者，そして実践共同体といったものは，それぞれが単独に存在しているわけではない。それらは前節でも確認した知識などと同様に，さまざまな人々やモノの関係におけるやりとりの中で，その都度意味が再生産され，さらには変化していくものなのである。そのため，たとえば熟練者についても，明確な熟練者としての在り方があるわけではなく，仕事場に新しいテクノロジーが導入されるといったことが起これば，それまでのコミュニティとの関係を再構成することでその在り方が変更されるであろう（上野，1999）。実践共同体についても，それらは常に人々のやりとりの中で，何らかの変化を被りつつ，その都度再生産されているのだと考えることができる。

また，レイヴとウェンガー（1991/1993）では，学習を単一の実践共同体への参加としてとらえてきた。しかし，現実には学習者が一つの実践共同体のみに参加しているということは考えづらいのではないだろうか。学習者は，常にいくつかの実践に関わりながらも，ある実践の中で上述した実践共同体や，新参者，熟練者といったものを作り出しているのだと考えられる。

レイヴとウェンガーは学習について説明する際に，それらを単一の実践共同体への参加として，新参者から熟練者へというプロセスを示唆しながら描

き出してきた。このような描き出し方は，実践共同体やその中での人々の役割が常に作り出されるものだという点を十分に表現することができていない。そのため，上野（1999）の指摘を踏まえた上で学習を再定式化するならば，学習とは，さまざまな実践共同体やアイデンティティを含む社会を，それらに関わる人々がさまざまなモノなどとの関係から作り出していく過程，すなわち社会を相互的に構成していく過程に見出されるものだと説明できる。

このように，学習は学習者が社会の中に参加していく過程としてではなく，むしろ社会を作り出していく過程の中でのアイデンティティの変容として描き出したほうが適切であると考えられる。こういった考え方は，たとえばアメリカの発達心理学者であるホルツマン（Holzman, L., 2009/2014）の考え方や，その実践の中に見出すことができる。次項では，学習における社会を作り出していくという観点の重要性について言及した上でホルツマン（2009/2014）の考え方についてみていくことにする。

3.3.2　社会創造または社会変革としての学習

前項では，学習が社会を作り出すこととして再定式化できることを述べてきた。ここで，私たちが社会を作り出しているといったとき，それらは多くの場合私たちに自覚されない形で行われていると考えられる。本項では，そのような点を押さえた上で，学習についてこの社会を作り出すという視点をあえてとることがなぜ重要なのかについて確認していきたい。

私たちは普段の何気ない行動の中で，社会を再生産し続けている。しかし，私たちは多くの場合，社会を作り出す対象としてではなく，すでに出来上がったものとして固定的にとらえているのではないだろうか。3.2において，レイヴとウェンガー（1991/1993）の考え方を確認した際にみたように，社会に関わるということは（それが参加という形なのか，作り出すという形なのかは問わず），自分自身のアイデンティティを意味づけることなのであった。そのため，私たちが社会を固定されたものとしてみるときには，同時に自分自身についてもその社会の範囲の中で予想されるある程度の変化の可能

性は含みつつも，固定されたものとしてとらえていることになる。

　このような社会や自分自身を固定されたものとしてみることが，問題になる場合は多い。そのような例として，ホルツマン（Holzman, 2009/2014）は，アメリカの有色人種の人々のアイデンティティについてあげている。有色人種の子どもたちの生活は，多くの場合公営住宅やストリートといった空間に限られている。こういった子どもたちの多くは，このような限られた空間で成長することを通して社会とのかかわり方を構成していく。その結果として，彼らは自分自身の本質，すなわちアイデンティティを有色人種の人間であるとみなすようになるのである。そして大人になった彼らは，自分たちとは異なる世界，すなわち白人や中産階級的な振る舞いに対して居心地の悪さを感じるようになるのである。

　本来であれば彼らは，社会に対してそれまでとは違った関わり方をすることができるはずであり，それによって新しい社会の在り方や自分自身を作り出すことができるはずである。しかし，このように一度作り出された社会とのかかわり方や，アイデンティティは，人々に多くの場合固定されたものとして感じられてしまう。ここで問題になっているのは，有色人種の人々が社会や自分自身を作り出すことができるものとしてみることができていないことである。そのため学習を，社会を作り出すものとしてみることは，上述のようなさまざまな問題を抱えた社会や人々の在り方を，より良いものとしてつくり直していくために重要である。このような，ある部分で問題をはらんだ社会の固定化をこえて，新しい社会を創造していくこと，または社会の変革を行っていくこと（同時に私たちの新しい在り方を作り出していくこと）を，学習として積極的にとらえる立場が現れつつある。本項では残りの部分において，そのような立場の例として，ホルツマン（2009/2014）の考え方について紹介していく。

　ホルツマンは，上述の有色人種の人々の例に限らず，私たちは成長するにしたがって意識的にも無意識的にも，固定されたアイデンティティやキャラクターによって制限される，すなわち社会との決まった関わり方しかできな

くなることを指摘している。私たちは，その決まったやり方の外側に出ることに不快感や恐れといった感情を抱いてしまう。そして，そのような感情的な囚われによって，新しいことができなくなっているのである。しかし，ここでホルツマン（2009/2014）は私たちが自分であると同時に頭一つ分背伸びをして，自分でない者のふり（**パフォーマンス**）をすることが可能であることも同時に指摘している（そのようなパフォーマンスの具体例は，後述するオールスターズ・プロジェクトでの実践によく現れている）。私たちは，この自分でない者のパフォーマンスを通して，固定された感情を揺さぶり，自分自身の新しい在り方，さらには新しい社会の在り方を作り出していくことができるのである。そしてこのような経験が，社会や自分自身を新しく作り出していくことができる対象としてみることを可能にしていく。

　ここで，このようなパフォーマンスが決して一人で行われるものではない点に注意を向けるべきであろう。パフォーマンスは集合的に，すなわちアンサンブルで行われるのである。それは，3.2において，ものごとの意味がやりとりの中で定義されたことを振り返ってもらえば分かりやすい。ある人の行ったふりは，その他の人々によってその意味が完成されるという側面ももつのである。そのため，ここでは周りの人の助けが決定的に重要なのである。

　このような考え方を基に，社会の新しい姿や，人々の新しい在り方を作り出していくことを支援していくのがホルツマン（2009/2014）の基本的な考え方である。ここではその試みの全貌を紹介する余裕はないが，その一つの例として，ホルツマン（2009/2014）が同僚らと共に立ち上げたオールスターズ・プロジェクトという組織におけるオールスターズ・タレントショー・ネットワーク（ASTSN）の取組みを紹介する。

　オールスターズ・プロジェクトは，学校外で子どもたちが自分ではない者としてパフォーマンスすることができる機会を提供する組織である。ここで取り上げるASTSN以外にも，演劇や企業での研修などを利用したプログラムが進行している。ASTSNは，ニューヨーク中の主として貧しい黒人とラテン系の居住地区で，音楽やダンスなどを5歳から25歳までの若者が参加

者となって披露するタレントショーをプロデュースしている。ASTSNでは，参加した誰もが本選に出られるが，そのためには即興パフォーマンスのワークショップに参加することで，責任をもってショー当日の観衆を組織できるようにならなければならない。ワークショップは，マンハッタンにあるオールスターズの拠点で行われる。主な参加者である貧しい地区の若者にとっては，住んでいる近隣地区を離れて今までやったことがないことに挑戦すること自体が，新しい自分をパフォーマンスする大きな一歩である。そして，実際のショーにおいて若者は，友達や見知らぬ人々の前に立って音楽やダンスを披露する機会を経験する。また，プロの演劇関係者やボランティアと一緒に，音声，照明，キュー係，舞台監督，劇場案内，警備，受付などの舞台制作のあらゆることに携わるために参加する者もいる。このようなASTSNの活動には，参加者である若者を含めてさまざまな年齢，多様な文化，民族的背景をもつ人々と，異なる発達や経験・スキルをもつ人々が集う。この多様な人々がつくる新しい社会的な空間の中で，若者はほんのわずかかもしれないが，固定されたアイデンティティを超えて，新しいアイデンティティのパフォーマンスを経験することができるのである（10.3参照）。

3.4 おわりに

本章では，学習と社会の関係を従来の学習の定義を批判的にみることからはじめて，それらを参加，そしてさらには創り出すことという観点から整理してきた。3.3でもふれたように現代の社会の在り方や，それらが私たち自身のアイデンティティを作り出す在り方には問題が多い。そういった問題の例としては，たとえば，近年社会問題として取り上げられることが多い子どもの貧困や格差の問題があげられる。貧困や格差に曝される子どもたちが社会や自分自身の在り方を変えていくことができる対象としてとらえることができるように支援していくことは今後の日本の教育において大きな課題になるであろう。

学習を社会との関係で考えるということは，本章でみてきたように，私たちの生き方や，アイデンティティの在り方を問題にすることである。そして，このような方向に学習のとらえ方を変えることは，それらをより良いものにしていくことにつながっていくと思われる。

第Ⅱ部
日常生活の学習

仕事場の学習 4

　従来の心理学における学習の研究は，学校的な学びを前提としたものがほとんどであった。最近になってようやく，仕事場での学習が注目されるようになってきている。この章では，仕事場の学習についての研究を紹介しながら，仕事場で学習するとはどういうことなのかを検討してみる。

　そもそも，仕事場は学習のための場ではなく，仕事のための場である。学習はいわば仕事の副産物であり，仕事と学習とを切り離して考えることはできない。このように，仕事場での学習は学校での学習とはさまざまな点で異なっている。仕事場での学習について考えていくことで，学校での学習とはどのようなものであったかを，逆に明らかにすることができるだろう。

4.1　はじめに

　学習というと，学校の教室でテキストを広げながら黒板に向かい，教師の話を聞いているといったイメージをもつ人が多いだろう。実際に，小学校から大学までの教育のほとんどが講義形式の授業で占められていることを考えると，こうした光景イコール学習と考えるのも無理はない。

　しかし，実際にはもっといろいろな学習がある。たとえば，あなたが何らかの仕事に就いた経験があるなら，自分が仕事を覚えたときのことを思い出してほしい。正社員でも，アルバイトでもいい。そのとき，あなたはどのように仕事を覚えたのだろうか。教室で教わった，という人は少ないのではないだろうか。もちろん，教室のような空間でテキストを使った研修を受けることがないわけではないし，勤務時間外に通信教育やeラーニングの教材で学習したりすることもある。だが，そこで学んだことは，仕事で使う知識の

ほんの一部にすぎない。仕事で使う知識のほとんどは，教室や通信教育ではなく，仕事の場で学ばれていることに気づく。

　さらにいうなら，仕事の場で学ぶときには，教師などいないことが多い。上司や同僚，時には部下から学ぶこともあるだろうし，顧客とのトラブルや業務上の失敗から学ぶことも多い。それだけではない。仕事について学ぶ機会は，仕事場の外にもある。たとえば，自動販売機で飲み物を買うときや，喫煙場所でたばこを吸ったりしているときに，たまたま知り合いと出会い，会話している中で大切な情報が得られることもある。居酒屋での何気ない会話から，業務へのヒントが得られることだってあるだろう。こうした日常的な場面も，重要な学習の機会になり得るのである（青山，2007）。

　こうしてみると，仕事場での学習は，学校での学習とはいろいろな点で違っていることに気がつく。仕事場の学習がどのようなものなのかを明らかにすることは，仕事場での学習と，学校での学習がどのように違っているのかを確認することにもなるだろう。従来の心理学における学習研究は，学校での学習についての研究が大半を占めていて，学習イコール学校，という位置づけが主流である。一方，社会学や文化人類学といった心理学の隣接領域では，仕事場での学習に関する研究は数多くなされている。本章では，そうした研究を紹介しながら，仕事場での学習について考えてみたい。その過程で，従来の心理学が何を扱ってこなかったのかも，明らかになっていくだろう。

4.2　仕事場での学習についての理論

　まず，仕事場での学習について論じた理論的な枠組みを紹介する。従来の心理学において，こうした研究が盛んになされてきたとはいいがたい。ここで紹介するのも，心理学以外の分野での研究がもとになった理論である。とはいえ，これらの理論が，近年の心理学に与えた影響は決して小さくない。

4.2.1 正統的周辺参加（実践共同体）

　正統的周辺参加とは，文化人類学者であるレイヴとウェンガーが提唱した学習理論である（Lave & Wenger, 1991）。この理論が心理学の学習研究に与えた影響ははかりしれない。また，近年では，経営学などにも影響を与えている（たとえば，Wenger et al., 2002；松本，2013 など）。

　正統的周辺参加が，それまでの学習研究ともっとも違っていたのは，学習を個人の内部での変化としてみるのではなく，学習者と，学習者が所属するコミュニティとの関係の変化としてとらえる点である。このコミュニティを，**実践共同体**とよぶ。たとえば，客の注文にあわせてシャツを作る店の場合，店の従業員は1つのコミュニティを形成しているとみなせる。これが実践共同体である。実践共同体に新入りが参加すれば，当然のことながら仕事を覚えざるを得ない。これは学習に他ならないのだが，このコミュニティは学習のために存在しているのではなく，シャツを作るという実践のために組織されていて，いわば学習はそのプロセスで副次的に生じている。この点は，従来の心理学での学習研究と決定的に違っている。

　実践共同体で，学習がどのようになされているかを，具体的な例からみてみよう。ジョーダンは，世界各国の出産を調査した（Jordan, B., 1999；Lave & Wenger, 1991）。彼女によれば，ユカタン半島の伝統的な助産婦は学校に行って助産法を習ったりせず，母親や祖母の仕事を見たり手伝ったりする中で，仕事を自然に覚えていく。たとえば，治療薬や薬草を集めたり，難産についてのエピソードを聞かされたりというようにである。そのうち，助手として出産に立ち会うようになったり，自身が出産を経験したりすることで，さらに経験を積む。経験を重ねるうちに，母親や祖母の代わりに出産の手伝いに出向くようになる。

　このように，新参者が実践共同体に参加した当初は周辺的な仕事を与えられ，そこからだんだん重要な仕事へと参加していく。レイヴらは，新参者の参加は周辺的ではあっても，正統的と認められている参加であり，こうした参加の在り方が新参者の学習や，ひいてはコミュニティの一員となることを

可能にしていると考えた。ここにおいて，何かを学ぶことは，単に知識が増加するということではないことに注意したい。学ぶことは，今までとは違う自分になることであり，アイデンティティの変化を引き起こすことになる。そして，学ぶことによって，実践共同体に占める自分の位置も変化していく。学習とは，これら3つのことが並行して生じるプロセスととらえることができる（Lave & Wenger, 1991）。

　この正統的周辺参加の考え方は，仕事をするという実践と学習とがどのように結びついているかを考える上で有用であり，その後の研究にも大きな影響を与えている。

4.2.2　活動理論（越境）

　活動理論とは，ヴィゴツキーらによる社会文化的アプローチの影響を受けながら，レオンチェフによって創始された心理学のアプローチである（青山・茂呂，2000）。活動理論という名前は，分析単位を活動とするところからきている。活動の例として，狩猟の場面を考えてみよう。狩猟では，獲物を捕まえるという目標のもとに，何人かが協働する。一人ひとりは，追う役目や仕留める役目などに分かれるが，全体として，獲物を捕まえるという活動になっているというわけである（詳しい解説として茂呂（2012）を参照）。活動の主体は個人でも，この例のように複数でもよい。従来の心理学では，さまざまな問題を個人の心の問題として考えてしまいがちだが，活動理論では，複数人からなる協働を重視しているのが特徴的である。

　近年の活動理論をリードしているのは，フィンランドのエンゲストロームである。エンゲストロームは，主著『拡張による学習（*Learning by expanding*）』（Engeström, Y., 1987/1999）で日本でも知られているが，彼が学習を論じる題材の多くは，仕事場での学習である。エンゲストロームはさまざまな概念を提案しているが，ここでは越境について紹介する。ここ数年，ビジネスの世界で越境学習ということばがしきりにいわれるようになった。越境学習とは，組織の壁を越えて協働することにより，新しいものの見方や，

仕事のやり方が可能になる，ということを指す。以下では，こうしたことが注目されるきっかけになったエンゲストロームの越境についての議論を紹介する。

　エンゲストロームは，船室を組み立てる工場で，タイルを製造するチームとタイルを船室に貼っていくチームとのあいだでおこったトラブルを報告している（Engeström et al., 1995）。ふだんは協働しない2つのチームが，タイルを前にして組織の境界を越えてトラブルについて話し合うことにより，相手の仕事についてより理解が深まったり，ひいては自分の仕事についての理解が深まったりすることを見出した。

　これは，何らかの学習といってよいはずのものだが，いわゆる熟達のように，何かが上手になったり，速くできるようになったりしているわけではない。そうではなく，組織の境界を越えた協働によって，いわば熟達とは違う学びが生じているとエンゲストロームは考えた。そこで，熟達による学びを垂直的学習とするならば，こうした越境による学びを水平的学習としてとらえるべきだと論じたのである。越境は，近年，新しい学習の在り方として注目されている（香川・青山（編），2015）。

　このように実践のコミュニティの境界を越えることは，新たな学習の機会として強力なものではあるのだが，それは決してたやすいことではない。というのも，実践のコミュニティは，そもそも誰もが出入り自由にならないように境界を作っているはずだからである。もともと境界は越えにくいのである。こうした例として，隠語があげられる。たとえば，飲食店の店員が，客にはわからないように「トイレに行ってきます」「店内に虫がいるので退治して」と伝えるために，店員同士でしかわからない隠語を使って話すのは，店員と客との間に境界を作り出す実践といえるだろう（こうした近年の議論については，香川・青山（編）（2015）などを参照）。

4.2.3　シンボリック相互作用論（境界的なオブジェクト）

　仕事場に早くから着目してきた学派の一つに，シンボリック相互作用論が

ある。都市を舞台にしたエスノグラフィー（たとえば，Becker（1993）など）で知られるシカゴ学派の流れをくむこの学派は，人間は社会的な相互作用の中でものごとの意味を見出し，その意味をめぐって行為すると考える。この学派は，上で紹介した正統的周辺参加の考え方にも大きな影響を与えている。近年，盛んになってきた質的研究の源流の一つであり，グラウンデッド・セオリー・アプローチを提唱したことで知られるストラウスも，この学派の流れをくむ一人である。

ここでは，スターによる境界的なオブジェクトという概念を紹介する（Star, S. L., 1989）。彼女は，実践共同体のあいだで共用されている道具や概念などに着目した。たとえば，医療現場で用いられる問診票は，医師にとっては患者についての情報として扱われる。と同時に，もし，病院の中に研究スタッフがいれば，問診票は研究のためのデータとして扱われるだろう。このとき重要なのは，医師／研究者にとって問診票はまったく異なる意味をもつにもかかわらず，問診票そのものにはなんの変化も生じないことである。問診票はまったく変わらないまま，異なる要求に応える。こうした存在が，コミュニティを結びつける存在になっているのではないかとスターは考えた。

活動理論でいう越境においても，境界的なオブジェクトは必要になる。上で述べた船室の組立てをめぐる事例でいうなら，両方のチームに関わる境界的なオブジェクトは，タイルである。タイルを製造する側と，タイルを貼る側をつなぐのは，他でもないタイルであり，タイルについて議論することを通じて両者は互いの立場を理解することができたというわけである。ちなみに，エンゲストロームは，この概念に早くから注目していた一人である（Engeström et al., 1995）。

4.2.4　分散認知

ハッチンズは，認知が個人の内部に収まらず，他者や道具とのつながりの中にあることを強調する分散認知とよばれるアプローチで知られる。分散認知は，レイヴらの正統的周辺参加論にも影響を与えた。以下の例示

（Hutchins, E., 1994）は，分散認知の考え方をよく示している。「3分で1,500ヤード進む船の時速は，何海里か」という問いに答えるには，どうしたらよいだろうか。ちなみに，1海里は2,000ヤードである。ハッチンズによれば，現実的な方法は4つある。

1. 紙と鉛筆によって求める。
2. 電卓によって求める。
3. 計算図表によって求める。
4. 3分ルールを用いる。

これらの解法のどれを選ぶかによって，必要な道具と知識が異なることに注意したい。たとえば，1のように計算式をたてて，紙と鉛筆で計算をするという方法を考えてみよう。道具は，紙と鉛筆があれば十分だ。だが一方で，速さを求める公式や，単位の変換といった代数の知識が必要である。うっかり公式を間違えると，とんでもない計算をすることになる。2のように電卓で計算すれば，計算そのものは簡単に行えるが，そもそもの公式を正しく思い出せなければ，紙と鉛筆の場合と同様に問題が生じるのは想像に難くない。

次に，時間と距離，速度があわさった計算図表（図4.1）の場合について考えてみよう。この計算図表では，かかった時間と進んだ距離を線で結べば，その延長線上に求めたい速度が表示されている。3分であれば，時間の3と距離の1,500を線で結び，延長していけば，15という答えがみつかる。いわば公式が図表に埋め込まれているため，おかしな公式でへんてこな計算をしたりすることはなく，簡単に結果を求められる。速度と時間はどんな組合せでも計算できる。その一方，図表がないと何もできないのも事実である。その意味で道具の制約が大きい方法である。

最後に，3分ルールについてみてみよう。これは「ヤードで示された距離から0を2つとる」というものである。3分で進んだ距離を時速に変換するために20倍して，ヤードを海里に変換するために2000で割るのなら，ヤー

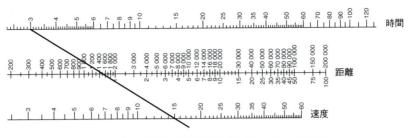

図 4.1 速度・距離・時間計算図表 (Hutchins, 1994)

ドで示された距離を 100 で割れば答えになる，という道理である。この方法は，紙や鉛筆，電卓，図表といった道具を必要としない。だが，裏返せば，先にこのルールを知識として知っておかないと，使うことができないのが，他の方法と大きく異なっている。それは公式も同じではないか，と思う読者もいるかもしれないが，公式はさまざまな計算問題に適用可能である。一方，3分ルールは，この問題にしか使えない。3分間以外のデータでは計算できないというのも，一見不便そうに感じられる。しかし，ものは考えようで，3分間のデータさえあれば，もっとも簡単に答えを得ることができる方法である。

　つまり，同じ問題を解くのにも，いくつかの方法があるのだが，それぞれで必要な知識や道具の在り方が異なるというわけである。距離と時間から速度を求めるという算数の問題を解くときに，私たちは，さまざまな道具や知識を用いている。ハッチンズはこのように考え，認知を，個人の頭の中だけでとらえるのではなく，道具や周囲のメンバーと織りなす認知システムとして考えることを提案した。分散認知とは，認知が，個人を超えて社会的に分散していることを指している。

　このような考え方からは，仕事場も，メンバーやさまざまな道具が織りなす認知システムとしてとらえられる。そこでは，知識がどのように分散して

いるか，道具がどのようにその分散に関わっているかが分析の対象となる。

4.2.5　野中のナレッジ・マネジメント（SECI モデル）

　ここまで，文化人類学や心理学，社会学といった領域の理論を紹介してきたが，企業や企業組織について研究する経営学においても，仕事場での学習は重要な問題である。ここでは，野中らの提唱するナレッジ・マネジメントについて紹介する。

　野中ら（たとえば野中・紺野，1999）が提唱している**ナレッジ・マネジメント**では，経営資源として知識に注目する。つまり，社員のもっている知識を活用することが，経営において重要だと考えたのである。野中らのナレッジ・マネジメントでは，客観的，明示的で言語化できる形式知だけでなく，経験から学んだコツや技能といった，主観的かつ言語化しにくい暗黙知も重視するのが特徴的である。

　こうした背景から，組織として知識を共有し，新しい知識の創造につなげていくためのプロセスとして提唱されたのが，**SECI モデル**である。SECIモデルでは，以下の4つのプロセスから知識が共有，創造されていくと考えている。これらは概念的な区分ではあるが，知識がどのように形式化され，流通していくか，仕事の場での学習を考える上で示唆に富む。

1. **共同化（Socialization）**
　暗黙知が暗黙知を産むプロセス。例としては，休憩室や喫煙室での雑談など。時間・空間を共有する中で，個人の経験が共有される。
2. **表出化（Externalization）**
　暗黙知が形式知を産むプロセス。例としては，建設的対話やディスカッションなど。イメージや思いをことばや図にして示す。
3. **結合化（Combination）**
　形式知が形式知を産むプロセス。例とては，電子メールによる情報共有や，ファイルの共有など。知識を共有し合うことによって新たな知識が産み出さ

れる。

4. **内面化**（Internalization）

　形式知が暗黙知を産むプロセス。例としては，企業の人材育成を担う企業大学など。知識を自分のものにしていく。

　こうした一連のプロセスでは，ある個人が学習することだけではなく，組織としてどのように学習していくかが考えられている。あるいは，仕事場の在り方と，そこで行われる学習とを一体として理解しようとする枠組みともいえるだろう。仕事場においては，誰か一人が学んだことを，他の人にも伝え，共有していくことが必要になる。個人の学習にばかり焦点をあてる心理学は，こうした点を見落としがちである。

4.3　仕事場の学習の特徴

　ここまで，仕事場の学習に関する理論について，概説してきた。以下では，仕事場の学習にはどのような特徴があるのかを検討していく。ここであげる特徴は，仕事場での学習の一部をとらえるものにすぎないのだが，いずれも学校での学習だけをみていては気づきにくい。逆にいうと，学校での学習では，あまり問題にならない点ともいえる。従来の心理学では見過ごされてきた問題も多く含まれている。

4.3.1　学習の場のデザイン

　仕事の場が，学校ともっとも異なっている点は，学校では学習のために環境がデザインされているのに対して，仕事の場は，仕事のために環境がアレンジされていて，学習は仕事に付随して起こるという点である。そのため，仕事場の在り方が，必ずしも学習をしやすい環境になっているわけではない。以下では，ワレンら（Whalen, J., & Vinkhuyzen, E., 2000 ; Brown & Duguid, 2000）の報告をもとに考えてみよう。

ワレンらが観察したのは，コピー機の修理技術者を派遣するサービスセンターである。以前は，技術者が業務を終えるたびに，サービスセンターに電話で報告していたので，サービスセンターのオペレーターは，修理に関する知識を自然に得ることができていた。しかし，報告が自動化されたことで，自然に学ぶ機会が失われてしまった。そのため，サービスセンターのスタッフはもっぱらデータベースを用いて，問合せに対応するようになった。ところが，自分で理解したことを伝えているわけではないので，オペレーターは自信をもって答えられない。データベースをただ棒読みするだけでは，顧客が満足しないのは当然である。

　あなたなら，この問題にどのように対応するだろうか。最初，会社側は研修を考えた。しかし，研修を受けるには，オペレーターたちは業務から離れなければならない。一方，ワレンらは，質の高い応答をしているのが勤続8年のベテランとその近くで仕事をしている新人であることを突き止めた。新人は，ベテランのやりとりを耳で聞くことができ，わからないことはベテランに尋ね，ベテランをまねてカタログなどの資料を収集するようになっていたのである。そこで，研修の代わりに，数人の技術者をサービスセンターに配置することや，サービスセンターのスタッフがお互いに学習できるような机の配置にすることが提案された。あるいは，「長い電話コード」も有効かもしれない。長い電話コードがあれば，イスに座ったまま，ベテランの机まで移動して相談することができるからだ（Brown & Duguid, 2000）。

　この事例からわかるように，ベテランの知識にアクセスする方法として，机の配置を変更したり，電話コードを長くしたりすれば，初心者でもベテランの知識を利用しやすくなる。また，技術者と会って話をするようにしむければ，おのずと技術的な知識が集積される。学校での学習をモデルにすると，研修で知識を教えようと考えてしまうが，いわば環境を調整することによっても，知識や情報により効率的にアクセスできるようになる。環境によって，仕事場での学習を促すことができるというわけである。

　仕事場での学習に影響するのは，仕事場の環境だけではない。食事や休憩

の場も影響を及ぼし得る。コピー機の修理技術者についての研究（Orr, 1996；Brown & Duguid, 2000）は，仕事場ではない場所での情報交換がどのような意味をもつかをよく示している。修理技術者は現場では一人で仕事をしているが，朝食，昼食，コーヒータイム，仕事の終わりなどによく集まっている。そこでは食事をしたり，トランプをしたりしつつ，絶えず仕事の話をしている。そうした場で，自分の抱えている問題の解決策を探ったり，互いが最新情報をもっていられるように協力しあったりしている。食事やコーヒータイムという非公式の場が，仕事をうまく進めるための情報交換の場になっていたというわけである。

　また，松本（2013）は，新人の企業デザイナーが仕事を覚えていく上で，雑用が重要な役割を果たしていることを指摘している。雑用は，ともすれば誰がやってもよい仕事，仕事場での中心的な業務（ここではデザイン）とは無関係と思われやすい。だが，新人は道具の発注をすれば先輩の使う道具の種類を知ることができ，荷物の発注では将来自分と取引する相手と接する機会をもつという具合に，雑用を通じて，デザイナーに必要な技能を学んだり，経験を積んだりすることができるのである。もちろん，雑用には意義があると考えて取り組むかどうかは，学習に大きく影響するだろう（松本, 2013）。

　仕事場の環境，非公式の場でのコミュニケーション，雑用についてみてきたが，これらは日常的なことを通じて，仕事場での学習がなされることを示している。知識や情報を伝えるというと研修をしようと考えがちだが，そうではない手段や機会がある。仕事場での学習をとらえる上では，こうした手段や機会が，どのように仕事に影響しているのかを検討することが重要である。

4.3.2　道具の重要さ

　仕事場では，道具が重要な意味をもつ。たとえば，料理をするのには鍋やフライパンがいる。それらは料理に必要な手段なのだから，重要な意味をも

つのは当然ではある。しかし，それだけではない。道具は，たんに仕事の手段であるだけでなく，仕事のやり方，さらには仕事場でのものの見方にまで影響する。そのことを，仕事場での記憶に注目したビーチの研究からみていこう。

ビーチ（Beach, K., 1993）は，バーテンダーの学校に通っている在校生と，すでに働いている卒業生とを対象に，バーテンダーが飲み物をどのように記憶しているか，実験によって検討した。実験の課題は，4つの飲み物を素早く正確に作るというものであった。実験は6回行われたが，そのうち3回はバーで用いられる4種類のグラス（コリンズ，カクテル，ロック，シャンパーニュ）を用いた。あとの3回は，不透明の黒いグラス1種類だけを用いた。その結果が表4.1である。注目してほしいのは，飲み物に合ったグラスを用いたときには，ほとんどエラーのなかった卒業生が，グラスを1種類だけにすると，ドリンクエラー（中身は合っているが飲み物の名前が違う），中身のエラー（飲み物の名前は正しいが中身が違う）のいずれも大きく増える点である。在校生は，飲み物に合ったグラスでも，黒いグラスでも，結果にあまり差はなかった。つまり，熟達するにつれ，グラスの種類を記憶の手がかりにしているということである。お客の注文した飲み物に合わせてグラ

表4.1　グラスの条件によるエラーの発生率（4が最大）
（Beach, 1993を改変して作成）

条　件	ドリンクエラー	中身のエラー
在　校　生		
酒に適したグラスを使用	0.37	2.30
どれも同じグラスを使用	0.27	2.83
卒　業　生		
酒に適したグラスを使用	0.07	0.17
どれも同じグラスを使用	1.20	1.57

スを用意することで，自分が何を作らなければいけないかを，目で見えるようにしているわけである。

　ここでは，飲み物の注文を覚えておくために，自分の頭の中で記憶するだけでなく，グラスの種類を使っていた。このように，頭の外にあって記憶を助けるものを**外的表象**とよぶ。バーテンダーは，外的表象をうまく用いることで，頭の中で記憶するだけでは難しい課題をこなしていることがわかる。

　外的表象には，さまざまなものがあり得る。たとえば，予定を管理するためには，携帯電話やスマートフォンなどのスケジュールソフトを使うこともできるし，カレンダーや手帳に書き込むのも有用だ。急ぎの予定であれば，付箋に書いて貼っておくのもいいし，手の甲にペンで書くという手もある。どれも，ただ頭の中で覚えておくよりも，きちんと記憶できる可能性が増す。

　ここまでみてきたように，道具はたんに仕事の手段であるだけでなく，仕事場での振る舞い方にも大きく影響する。道具を用いて仕事をするのはもちろん，用いている道具によって，仕事のやり方が決まってくるということもある。

　このことを，飲食店の注文によく用いられるオーダーコールという道具から示したのが紅林・有元（2006）である。2つの焼き肉店において，用いられているオーダーコールが異なっていた。一方のオーダーコールは，客がボタンを押すと，店内の上部にある装置にボタンを押した客が座っている卓の番号が表示され，店員が同じ卓のボタンを押しに行くまで，表示が消えない。つまり，表示がなされている番号は，まだ店員が対応していないことがわかる仕組みになっている。一方，別の店では，客がボタンを押した後，表示が一定時間で消えてしまう仕組みになっていた。これは，合理的でないようにみえる。というのは，表示が消えてしまっては，どこの卓でボタンを押したのかが確認しにくいからである。しかし，店員によれば，ボタンが押されてチャイムが鳴った瞬間に装置の表示をチェックする習慣がつくため，かえって店内をつねにチェックするような見方が身につくという。道具の在り方によって，仕事のやり方だけでなく，店内をどのように見るかという個人の在

り方までもが変化する。

　このように道具が仕事の在り方に大きく影響するのであれば，道具を改変することで，仕事の在り方を変えることも可能であろう。このことを，田丸（2002）は，複写機の修理担当者のエスノグラフィーによって検討している。以前は，修理担当者がどこの現場に向かうかは，修理担当者とは別の人が決めていた。この配置を修理担当者自身で決めることができるセルフ・ディスパッチシステムが導入されたことで，修理担当者の仕事のありかたもまた，変化していた。たとえば，修理担当者は，現場に着くと，システムに終了予定時刻を入力するのだが，通常は「10:30」というようにきりのよい時刻を入力する。しかし，顧客先に行って実際に複写機を見てみたら，修理に長時間かかりそうだと認識すると，終了予定時刻を「10:31」というように末尾に1をたてて入力することで，自分が困難な状況にあることを同僚に可視化していたという（田丸，2002）。この事例では，道具の使い方を改変することで，もともとのシステムの想定していた働き方を越えた協働が可能になっている。

4.3.3　地位や立場によって異なるリソース

　仕事場の学習が，学校での学習と大きく異なるのは，メンバーの地位や立場によって情報や知識の見え方が変わったり，そもそも情報や知識へのアクセスが制限されたりすることがあるという点である。初心者でも熟達者でも同じようなチャンスやアクセスが得られるかというと，そうではない。立場によって，できることに違いがあるのが普通である。

　正統的周辺参加論では，新参者が現場の中で経験を積んでいきながら，実践共同体への参加の度合いを深めていくと考えている。しかし，新参者が，現場の中で十分な経験を積むことができないようになっていることは，決して珍しくない。たとえば，マーシャルの古典的な研究（Marshall, 1972；Lave & Wenger, 1991）では，スーパーの肉売場での徒弟制について議論している。ある肉売場では，肉のトレイの包装を担当している徒弟からは，職

人が肉をカットしたり挽いたりするのが見えないような配置になっていた。そのため，包装を担当している徒弟は，肉をカットする職人のいる部屋には，入りづらくなる（Marshall, 1972 ; Lave & Wenger, 1991）。このような状況では，自分の担当する部分しか学べない。包装をしながら肉のカットも覚える，といった経験の積み方は期待できない。

　このように，実践へのアクセスを拒まれることは，珍しいことではない。香川（2011）は，看護を学ぶ大学生が，臨地実習中に，患者の近くにいたにもかかわらず病室の外に出されたという事例を示している。また，学校であっても，教師にはアクセスの問題が生じる。徳舛（2007）は，若手教師へのインタヴュー調査から，教育実習生や非常勤講師だったときには教育実践へのアクセスを制限されていて，教師として学ぶべきことを学べなかったと感じていることを指摘している。こうした観点は，仕事場の学習を考える上で欠かせない。

4.3.4　ことばや表象のもつ意味

　ことばは，学校での学びにもたくさんみられる。実践に名前をつけることは，実践をパターン化し，指示しやすくすることにつながる。専門用語，業界用語というのは，そうしたことばである。学問の領域ではこうしたことばをジャーゴンとよぶ。梅本・妹尾（2001）は，酒蔵で杜氏が，「もろみの発酵度合いを判別する手がかりとなる泡の形態などは，『水泡』，『かに泡』，『岩泡』，『高泡』といった具合に名づけられている」と指摘している。また，「多くの酒蔵で歌い継がれてきた『酒造り歌』のなかには，眠気覚ましや慰労を目的としたものだけでなく，洗米やもと摺りの速度を調整したり経過時間を計ったりする目的のものも存在している」とのことである。こうしたことばが何を指しているのかを覚え，実践をそのように見る見方を体得していくことが熟達の基礎となっている。

　仕事場では，その場に特有の表象が用いられていることが多い。ヘンダーソン（Henderson, K., 1995）は，デザインの実践において，同じものを，

違う方法で描いた表象が用いられていることを指摘している。たとえば、製品を作るためには、建築や機械であれば設計図が、衣服であれば型紙が必要である。これらは、すべての部品を紙という2次元上にレイアウトしているため、素人には完成したらどのようなものができあがるのかが、わかりにくい。逆に、素人には、できあがったドレスのイラストや、完成した建物のイメージ（パース図）のようなもののほうがわかりやすいが、こうした図は長さや角度がよくわからないため、設計図の代わりにはならず、制作には使えない。このように、誰に見せるか、何に用いるかによって、適切な表象が異なってくるのである。

4.3.5　ホワイトカラーの熟達という問題

　ここまで、仕事場での学習がどのようなものなのか、エスノグラフィー的な研究を中心に解説してきた。一方、質問紙調査やインタヴュー調査にもとづく心理学的な研究も、少しずつではあるが蓄積されてきている。

　近年は、ホワイトカラーの熟達に注目が集まっている。ここまでに紹介したようなエスノグラフィーによる研究が扱っているのは、バーテンダーやコピー機の修理工など、いわゆるホワイトカラーではないものが多い。こうした職業では、技能が熟達することはわかりやすいのだが、ホワイトカラーの場合、何に熟達するのかはそれほど明確ではない。そのため、ホワイトカラーの熟達が研究されるようになってきたのは、比較的最近である（例として小口ら（2003）など）。

　たとえば、伊東（2013）は、情報システム開発に携わるプロジェクトリーダーへのインタビュー調査から、経験が豊富なリーダーは、チームや組織を動かしていくためにどのような実践知をもっているのかを検討している。また、中原（2010）は、質問紙調査とインタビュー調査をもとに、職場での上司・同僚・部下からのどのような支援が業務能力を向上させていくのかを論じている。それによると、業務そのものの支援や精神的な支援だけでなく、客観的な意見を伝えたり、自分にはない視点を与えたりしてくれるという内

省の支援が，能力を向上していく上で重要な意味をもっているようである。

4.4 むすびにかえて——仕事場の学習とは何か

仕事場には，アクセスの問題にみられるように複雑な権力関係があり，用いられる道具も多い。それらが，仕事場を学校とは異なる学びの場にしていることは明らかだが，より本質的な違いは，仕事場では，学習は副次的なものだということである。学習のために作られた学校とは，本質的に場のデザインの在り方が異なっているのである。

このことをよく示しているのが，會津らの研究である（會津ら，2015）。彼らは，学校の家庭科で行われたミシン実習と，ヨットスクールの航海実習とを比較している。ミシン実習においては，ミシンの各部分にある部品についての知識を学ぶのだが，これはミシンを使うという眼前の課題をこなす上では，それほど必要なことではない。むしろ，将来，ミシンを使いこなしたり，ミシンを取り巻く社会的実践に参加したりする上で必要になり得ることがらを学んでいる。一方で，ヨットスクールの航海実習では，目の前のヨットを操縦する上で必要な情報が，必要なタイミングで示されている。

つまり，学校での学びは，今することではなくて，将来のためになされている。いわば，いつか役に立つであろうことを先取りした練習なのである。その意味で，学校とは，安心して練習に励むことができるようにデザインされた場だということができる。一方で，実践の場は学習のための場ではなく，今することに，その場で対応することが必要である。そのため，安心して失敗されては困るのである。

とはいえ，仕事場においても，実践をしながら学んでいくためには，多少の失敗はむしろ必要である。福島（2010）は，このような状況を，学習の実験的領域とよんでいる。というのも，仕事場によっては，正統的周辺参加論が想定するような，周辺的に参加し，失敗しながら学ぶという状況そのものが成立しにくいのである（例として外科手術，飛行機の操縦など）。失敗す

ることは，組織が学習していく上でとても重要なのだが，コストがかかったり，法的な問題が発生したりする。そのため，失敗しながら学習するような場（学習の実験的領域）をどのように作りだし，維持するかという観点が必要になってくる。仕事場での学習をどのようにデザインするかを考える上で，重要な視座であろう。

　心理学が，長らく学習の場として想定してきたのは，ほとんどの場合，学校だった。仕事場での学習が注目されるようになってきたのは，ようやく近年になってからである。仕事場での学習には，学校での学習にはあまりみられない特徴が多くある。学校での学習だけでなく，仕事場での学習をあわせて考えていくことは，学習について考えていく上で重要であろう。

　人が成長する過程を学習とよぶならば，その学習の大半は学校教育を終えた後にある（堀部，2013）。これまで心理学は，学校教育を終える前までの学習にばかり注目してきた。これからは，学校教育を終えた後の学習にも注目していくべきだろう。

越境論へ，そして分散ネットワーク型学習論へ
——社会的交換の一次モードと二次モード

　人は，特定の社会的場面や1つの集団にとどまることはなく，さまざまな他の場面や集団に参加・接触しながら生活する。学校や研修といった教育の場で学んだことを実社会や実践の場で生かそうとすること，職場で培ったスキルを生かして地域やボランティア団体の活動に貢献すること，ある分野で専門知識を身に着け，別の分野の人間とコラボレーションを試みることなどである。その際には，以前の場面や集団ではうまくいっていた，あるいは常識だと感じていたことが，新しい場面や集団の中では通用せず困難を経験する，逆に普段の場面では埋もれてしまっていた人物が，新しい場面や立場では意外なほど活躍するといった現象も生じる。こうした場面間の横断に関する学習論は越境論とよばれる（第4章参照）。越境論は，人間精神を，道具や他者との社会文化的関係（文脈，集合的活動）と切り離せないものとしてとらえる，ヴィゴツキーの思想を源流とする活動理論から生まれた。本章では，この活動理論をベースにした越境論についてまず解説する。

　そしてその後，主に2000年代に入り活性化してきた新しい学習論（分散ネットワーク学習論）を論じる。従来，特定の集団や組織への長期的な所属を前提とした閉じた生き方が中心だった社会から，昨今，人々の動きがいっそう流動化し，組織を束ねけん引する固定的な集権的リーダーや上位階層が不在のまま，さまざまな領域や属性の人々が，共通の関心を結節点としてゆるくつながっては離れまた別の人々とつながり，その都度，分散的，自発的に何らかの活動を行う分散型のネットワーク活動，コミュニティ形成活動が主流化しつつある。そして，それに合わせて越境論は分散ネットワーク型学習論（自律分散型学習論）へと質的に変化・発展を遂げつつある。以下では，越境論から自律分散型学習論への変遷を解説し，これからの学習論を論じる。

5.1 発達の垂直次元と水平次元

越境論が生まれた背景には，学習発達の「垂直次元」から「水平次元」への視点の変化がある（Engeström et al., 1995）。

それまでの議論では，スキルや能力の「段階」や「レベル」という階層を設定し，階段を上るように低次からより高次の水準への変化として学習発達が語られることが多かった。これは，学習の「垂直次元」とよばれる。

これに対し，「水平次元」とは，①「文脈に埋め込まれた学習」という意味と，冒頭にあげた例のように，②「複数の文脈を横向きにまたぐ中での学習」という意味の両方が含まれ，越境論はこの観点に立つ。ただし時おり，越境や水平次元の解説として，②のみを強調し，異文脈間の学習過程をさす概念と解釈されることもある。しかし，本来は①とセットで理解される必要がある。

学校と学校外の間の関係を例にこれをみてみよう。学校-学校外間というと，複数の文脈間（②）に該当する場面だが，①を前提にした議論と，①を置き去りにした議論とが存在する。ゆえに，この問題を考えるのに好例である。また，学校-学校外間関係は，活動理論が伝統的に議論してきたもので，学習発達に対する考え方を従来の個体主義から活動理論的な関係論へと大きく転換させる契機にもなった研究対象であるため，関係論の考え方を知るのにもよい。

まず，「①を置き去りにした学校-学校外間関係」を述べよう。この種の議論では，学校教育を通して，算数のような抽象的思考能力が獲得されることで，学校外での学習者のパフォーマンスも向上するだろうという発達観（Lave, 1988），つまり，「具体的な世界から，より高次な抽象性のレベルへ垂直的階層を移動すること」（Beach, 2003）を発達とみなす。これは，特定の具体的な文脈に依存した状態から，文脈に縛られない一般的な原理的知識を身に着けた脱文脈化の状態への移行を意味する。たとえば，学校で数式を用いた加減乗除の原理を学ぶことで，学校外の日常生活の場面でもその脱文

脈的原理が活用され，学校外の知的活動の水準もあがるだろうと考える。

　この発想には，心や有能性とは文脈から独立し頭の中や身体の内に存在すると考える，個体主義とよばれる認識論が背景にある。個体主義は，主流派の心理学が立脚してきた一つの思想的立場である（Wertsch, 1998）。個体主義はしばしば，（抽象的な）知識とはパッケージング化された塊のようなもので，学習とは，情報データをコンピュータが保存するように知識を頭の中に取り込むこと・蓄えることであり，取り込んだ塊的な知識は必要なときに出し入れが可能だという「獲得」ないし「貯蔵」のメタファを採用する。すなわち脱文脈化とは，特定の文脈に張りついた知識を，他の文脈にも移転可能な知識表象として頭の中に蓄え，別の場に持ち運んで使う（転用させる）「学習転移」の過程を意味する。

　こうした学習転移論では，仮にしかるべきときに転移が起こらない場合，個々の学習者の理解度や方略の問題とみなすがゆえに，教室授業において個人の知識習得が確実になるよういかに効果的に教えるか，いかに生徒・学生の教室でのテストの点数や満足度を上げていくかといった「教授主義的」発想をとる。しかし，教授主義に立ち，教室での教え方を工夫して，教室内の成績得点が向上したとしても転移の成功は難しいことがしばしば議論されてきた。たとえば，学校ではないものの，同じく教育場面とその外の実践場面の間の転移を検証した実践研究を取り上げよう（堤，2012）。この研究では，ロジカルシンキングを用いたコミュニケーションスキルに関する社員研修の教授方法を改善したところ，確かに研修での研修生のテスト得点は向上した。しかし，研修で学んだ知識やスキルのうち，実際の職場で適切に活用されたものは少なかった。学校に限らず，このような場面間の学習の解離現象は，数多く報告されてきた（たとえば，Detterman, 1993）。

　一方，①を論じたレイヴは，教室の文脈と日常生活での文脈（スーパーでのお買い得計算場面）とで，それぞれの計算方法や計算の成功・失敗を比較した。すると，算数のような抽象的で，一見脱文脈的な知識でさえ，むしろ個人が参加している具体的文脈と切り離せないことがわかった。たとえば，

教室では，人々は出題者から与えられた問題条件に従って，数式を用い指定されるルールに則した解決手続きを行おうとするが，スーパーでは，自宅の貯蔵スペースや，家族の嗜好等の情報を加味しながら自らその都度「問題」をつくっていき，数を自由に分けたり組み合わせたりしながらおおよその計算をするなど，柔軟な方略が中心で，にもかかわらず適切な判断を下すことができていた。教室の文脈では，計算方法に関する制約が多く，紙と鉛筆を道具として使い，数式と論理を正しく用いた厳密な手法が推奨されるが，スーパーではその制約は少ない。すなわち，そもそも文脈ごとに，計算の目的や意味や位置づけ，活用可能な周囲の諸資源，他者の協力の有無や種類，規範等が異なっており，質的に異なる計算活動が起こっていた。

　要するに，「脱」文脈的な知識とは，逆説的だがむしろ「文脈に埋め込まれている」。個体主義や転移論の想定とは異なり，脱文脈的とされる教室の学習形態が，日常生活よりも優れているとは一概にいえず，教室と日常生活とでそもそも「賢さ」や，発達の意味自体が異なる。

　すなわち，知識の質やそれを扱う能力には普遍的（文脈超越的）に高次な次元はなく，文脈により相対的で多様である。教室文脈で可視化され期待される能力と，日常文脈で可視化される能力とは，各文脈・集団を構成する，利用可能な資源，規範，目的，役割，それらを担う会話や動作の違いを反映して相違する。知識・スキルの価値・意味は文脈によって変わり，要求される振る舞い方も変わる。主体も逆にそのような文脈を維持し構成する一員である。よって，いかに研修や授業での成績が上がろうとも（教育の場で「有能」と評価されようとも），別の文脈では同じように有能とは限らない，あるいは仮に同じ知識を用い振る舞ってもそれが同じように価値づけられるとは限らない（仮に同じになるならば，それは構成される文脈の質が近接しているからである）。人は①文脈に埋め込まれ続けながら，②異なる文脈を横断する。転移でも脱文脈でもなく，「文脈（間）横断」なのである。

　さらに，水平次元は，このように発達の文脈的相対性を前提にするが，「すべての思考や実践は相対的なため優劣をつけるべきではない」とし，「よ

り進んだ方向への変化」という見方や価値づけを否定するような相対主義的発想は採用しない。つまり，実は垂直次元を否定はしない。かといって，むろんあらかじめ何らかの発達のゴールが決定・固定されていて，それに向かって進歩していくことや，脱文脈的な個人の進歩を発達とみなすわけでもない。ある発達の方向性は唯一絶対ではなく，多様な形で（他にもあり得るものとして）社会・文化的に構成可能な方向性のうちの一つにすぎないことを「前提」にする。つまり，指向性自体もまた文脈に埋め込まれたものとしたうえで，より進んだ方向へ向かう（社会的に構成され変化していくものとしての）意志や動機の重要性を積極的に認める。そもそも，発達を語る際には，指向性は仮定せざるを得ない（Wertsch, 1998）。

　そうであるならば，水平次元と垂直次元とは，むしろ相互に結びついた関係にある。より良い方向への垂直的な変化は，単なる個人内の能力的な発達でも，転移論のように文脈から脱していく過程でもない。文脈ごとに相対的な（文脈に埋め込まれた）進歩である。一方，水平的な文脈間の移動も，単に個人が場面間をまたぐ過程を指すのではない。埋め込まれる文脈の変化や異質な文脈同士の接触を意味する。つまり，活動理論に立脚すれば，垂直も水平も，学習発達の文脈性（①）を「土台」にした概念として位置づけられなければならない。複数の文脈を横断しようとする水平方向の動きと，人々が何らかの限界を乗り越え進歩に向かおうとする垂直方向の動きとは，この①の考えを共通の土台とした上で，相互に結びつく。前進する垂直運動と横断する水平運動とは絡み合うのである。あるいは，①学習の文脈性とは，そもそもが②複数の文脈（ごとの認知の多様性）を想定した考えであるとするなら，あるいは，発達を，文脈（地）から空中への垂直的な遊離（脱文脈化）ではなくむしろ，文脈（地）に足をつけた横向きへの変化というメタファで表現するなら，垂直は水平に包摂されることになり，水平次元を土台に垂直次元が存在するという言い方も可能だろう（香川，2008）。こうして，一方の垂直次元と他方の水平次元とを分割する二元論が克服される。

　以上の見方をとらず，②のみを強調して水平次元や越境論を扱うと，一旦

活動理論が苦労して乗り越えた（認識論的に切断した）はずの個体主義や学習転移の発想を安易に復活させてしまう[1]。①の考えはわかりにくく，②はわかりやすいゆえに発生しやすい問題である。学習転移論は，表では（脱文脈化への垂直移行というような）進歩を叫びながら，実際には（認識論的）退行を引き起こす怖い罠である。

5.2　越境の実践

　学習が常に文脈に埋め込まれているとするなら，学習したことは新しい文脈でまったく活用されることなく分断してしまうのか。そうではなく，以前の文脈での学習は，新しい文脈の中で改めて位置づけられることになる。

　たとえば，オスターランド（Østerlund, C. S., 1996）は，コピー機の技術職で機械に詳しいトムが営業職に異動した過程を追跡し，その際生じる困難を描いた。トムは，コピー機に関する知識や経験が豊富で，技術職時代に築いた顧客との人脈もある。それゆえ，一見，営業の文脈でもそれらが有利に働きそうである。実際，トムは技術職仕立ての高度な専門的知識を用いて，機械のスペックやトラブルを診断し，顧客は熱心にその話を聞く。その語り方はまさに，技術屋がよく用いるナラティブである。そんな中，時折，彼はプリンタの交換を薦め，「信じられない価格なんですよ！」と情熱的なセールストークを始める。しかし，顧客から「売りつけようとしてるんでしょ？」と返される。トムはためらい，もごもごと「いえ」と言い，話題を変え，売ることができない。トムは営業の知識・スキルを学ぶ事前研修の成績が優秀で，機械の知識が豊富にもかかわらず営業の文脈で失敗する。逆に，機械の専門知識のない，もう一人の営業のキャロルは，雑談を即興的に織り

---

[1] 実際，昨今の認知科学，学習科学は，活動理論の考えを導入する動きがある一方で，暗黙的に個体主義，あるいは，それと仲の良い実証主義，客観主義を無自覚に継承しているケースも少なくない。心理学の主流は，旧来の認知主義から，折衷派の認知主義的相互作用論にシフトしたといえる。

交ぜて顧客との関係を築き，購入の責任者をうまく紹介してもらい，顧客と定期的な会合の実施にこぎつけるなどして，高い営業成績を誇っていた。

この事例では，機械の修理の文脈では有効だったトムの技術屋としての専門知識が，営業文脈ではむしろ邪魔にすらなっている。以前の技術屋時代を知る客との間で，「技術職としてのトム」というアイデンティティが相互構築されてしまい，「営業職としてのトム」にうまく移行できない。このように，仮に同じような知識が活用されても，各文脈の特性を反映して，逆の価値すら表れる。また，この事例からわかるように，知識の問題だけでなく，（相互行為の中で構成される）アイデンティティの問題も絡んでいる。それゆえ①状況（文脈）的学習とは，転移論のように知識中心の学習を意味するのではなく，全人格的なものとしてとらえられることにも言及しておこう。

さらに，このように異文脈間で学習にコンフリクトが生じた際，その状態にとどまるわけではない。コンフリクトを突破すべく，さらなる変化が起こるケースもある。まさに，水平的で垂直的な発達である。たとえば，筆者は学内学習から病院での臨地実習に移行する看護学生を調査した（香川, 2012）。看護学生たちは，学内ではたとえ時間やコストがかかっても丁寧かつどの患者にも通じ得る一般的な方法を学び，臨地実習当初，そうした教科書的実践をそのまま遂行する。しかし，臨地ではむしろ時間的，経済的効率性が重視されたやり方が看護師らにより実践されており，患者も学内で触れた対象よりもはるかに個別性・多様性があり，かつ刻々と変化するため，学内の方法がそのままでは通用しない。他方，現場の看護師のやり方は効率性を重視しすぎて学内のやり方に比べると丁寧さに欠ける点があり，本当に患者にとって現場のやり方が良いのか疑問をもってしまう。学生らは学内学習と病院実践のはざまで葛藤・矛盾を経験する。

学生たちは，この矛盾に身を置く中で，次の視点を編み出す。当初の「学内で学んだ教科書的知識は臨地でもそのまま実践するもの」という考えから，「学内での知識とは，現場の看護師の実践を批判的に見せてくれるものであると同時に，鵜呑みにはせず柔軟に変更もすべき道具」であるというように，

第1の学内学習のみにも，第2の臨地での実践のみにも還元できない，両文脈間の横断と葛藤を経たからこその，第3の知を見出す。第3の知は，単に知識が移転されたかどうかという知識ではなく，両文脈間の文化的ギャップ（境界）を突破しようとする過程で生まれる越境的な知識である。さまざまな場に適用可能な一般的知識という発想から，A文脈とB文脈との間ならでは，A文脈とC文脈との間ならでは，B文脈とC文脈との間ならではの知が生まれる可能性とその視点をひらく。こうして，転移論者が「文脈間の違い・ギャップ（つまり，境界）」を，転移困難を妨げる「障害」とみなしていたのに対し，越境論では境界は困難を引き起こすと同時に，「創造の原動力」ともみなされる。

　越境論には，上述のような調査研究だけでなく，分断や解離が生じている集合体間を意図的に工夫して結びつけて，人々に変化を引き起こし，新しい集合体間関係へと発達させていくべく，研究者が現場の変革に参画するような介入研究もある（Engeström et al., 2003；香川ら，2016）。その際，研究者が一方的に現場の変化を引き起こすのではなく，現場の人々も既存の諸文脈の在り方を省察し「変化の担い手」として振る舞えるよう協働する。以下の研究から例示しよう。

　香川ら（2016）の研究では，ある病院で行われていた看護師研修の方法とその組織的な決定方法が再考された。それまでは，執行部主導で新人看護師研修の方法が慎重に決定されていたが，それを遂行する現場の指導者からは，「現場の実情に即していない」など毎年，不満が漏れていた。執行部が案をつくり，現場が不満を言い，執行部がそれに応えて修正し，また現場が不満を言うというやりとりがパターン化していたといえる。また，研修は全7病棟でそれぞれ行われるが，各部署の声を直接反映させて，研修方法をデザインする機会がなかった。そして，病棟間では，看護師不足を補うべく，新人の取り合いという意味での利害関係もあった。そこで，外部の研究者がこうした現状を調査したうえで，異部署の現場の指導者が集まり，新しい新人看護師研修を創造する越境的対話の機会が新たにつくられることになった。こ

の対話プロジェクトでは，異部署の看護師，執行部と現場，そして外部の研究者集団と病院の看護師集団とが，それぞれの文脈で培った視点や経験を文化・歴史的資源として交換しながら，それまでの研修方法の限界を乗り越える案を創造することに挑戦した。その過程で，従来の研修案が抱えていたが，それまでは曖昧で非共有だったさまざまな矛盾が徐々に可視化され異部署間で共有された。さらに対話を続ける中で，その諸矛盾をブレイクスルーする新しいアイディアが生まれ，新研修案としてまとめられ実行に移された。

　この事例では，第1に，それまでは，管理職からの方針の受け取り手，あるいは愚痴を言う主体であった現場の指導者たちから，異部署間で協力して新たな知を創造し組織をよりよくしていこうという集団間関係への発達が垣間みえる。第2に，この契機になったのは，外部の研究者の介入であり，彼らが持ち込んだ活動理論の考えや外部者ならではの視点が，病院の集合的な変化につながった（つまり単なる知識適用ではなく，文脈自体を創り変えた）。ただしこの過程の中で，外部者の視点は，病院や現場から抵抗を示されたりしてコンフリクトが起こったりもする中での変化だった。まさに先述したように，学術業界の理論や外部者的視点が，一方で，この病院の文化や看護師らの声に合わせて変形されながら結合・発達し，他方で，病院文脈側も，あるいはこの対話集団自体も変化していった（詳細は，香川ら（2016）を参照）。

　文脈間関係を変化させ，変化の担い手へと発達し，矛盾を乗り越えていくのはそう容易ではない。従来の組織的な構造や慣習，文化的な前提を揺さぶり，反省し，変えていくことを伴うため，リスキーな実践でもある。また，新しい知や関係の創造であるがゆえに答えや着地点を誰も知らず，不確実性の高い活動である。

　このように，水平的かつ垂直的な越境とは，分断や解離を克服する文化的交流の場づくりであり，異質な文化的資源の交換であり，新しい知識を生み出す創造的な知識変容であり，知識だけでなくアイデンティティ，ポジション等の全人的な変化である。また，さまざまな人と人，人とモノの関係性

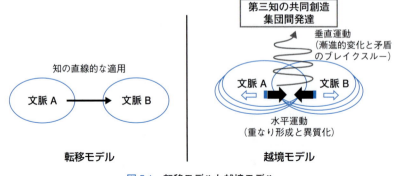

図 5.1 転移モデルと越境モデル

(つまり文脈) もまた並行して変わっていく過程でもある。そして，それまでの慣習的な，あるいは硬直した文脈間・集団間関係の相互的発達過程を意味する。この文脈間相互発達は，一方では，互いの文脈を重ね合わせていく方向に動き，他方ではいっそう異質化していく，相反する方向への運動を通して起こる。転移論のように，文脈間を同型的知識により同質化したり，個人が知識を移転できるか否か，そのときの環境要因や個人要因を問うような世界観とは大きく異なる。

以上の越境過程を，従来の転移論のモデルと比較して図 5.1 に示す。

5.3 越境から分散ネットワークへ

次に，越境論（とくに介入研究）に潜在するある種の価値観を論じる。越境論から分散ネットワーク型学習論への発展の軌跡がそこからみえてくるからである。

第 1 に，越境論は，特権的立場の人間のみが，コミュニティの意思決定や変化の権限をもっていた状態から，それらをより多くの階層や分野の人に分散させる志向性がある（「集権から分散へ」）。第 2 に，従来のコミュニケー

ションのパターンを批判・反省し，別のコミュニケーションのタイプに創り変える（「新しいコミュニティやコミュニケーション形態の創造」）。第3に，いわゆる，モノづくり（物質生産）よりも，情報，知識，情動，コミュニケーション，場づくりといった「非物質」の生産が軸となる[2]。第4に，画一性や個体主義からは創造性は抑制されるとし，創造の原動力としての「多様性」や「集合の力」を強調する。第5が，誰も辿るルートや答えを知らずゴールも未決定のやりとり，つまり「即興性ないし不確実性」を強調する。第6が越境，つまり分野を越えたつながりである。それまでの社会では，分業化，専門分化，個室化が急速に進んだが，縦割りや分断等のさまざまな齟齬や問題が発生した。越境は，一度区分が進み喪失した繋がりを回復するとともに，区分により生まれた文化的特性，異質性を生かすことで新たなものを生みだす機会である。

　こうした特徴をもつ越境論は，昨今の社会変化を推進する役割を一部で担ってきたと同時に，逆に資本制社会がもたらす諸問題や，情報技術の発展，あるいは新しい世界システムへの社会的移行に半ば突き動かされる形で，次の分散ネットワーク型学習論へと進化しつつある。

5.4　工場労働モデルとネットワークモデル

　世界はさまざまな種類の集団，組織から成り立つが，その共通基盤・土台は時代によって変化する。進行中の社会変化とは，大づかみにいえば，まず，「工場労働モデル」を中心に世界が成立していた状態から，「ネットワーク」が定義する時代への変化である（Hardt & Negri, 2004）。

---

[2] ここでは，ハートとネグリ（Hardt & Negri, 2004）の区分に習い，生産物の違いを平易に表現する方法の一つとして，非物質の用語を用いるが，そもそも言語であっても書字や音波，肉声や感情を含む身体といった物質性が根拠となる（Cole, 1996）。実際，ハートとネグリ（2004）も，「全ての非物質的生産に伴う労働は物質的なもの」と述べる。

まず，工場労働モデルからみていこう。工場労働モデルに代表される集団，組織とは，工場はむろんのこと，官僚組織，病院，学校，監獄である。工場労働モデルの特徴は，第1に，程度の差はあれ基本的には，上下の階層構造からなる集権的な組織形態の採用，第2に，物質（モノの）生産及び経済的利益の中心性，第3に，生産手段を持つ者（資本家）と持たざる者（労働者）との間の階層（工場では，あくまで雇い主側が貸与する機械的道具（手段）を労働者側が使い，物質生産を行う）とそれにより次第に増大する格差，第4に，明確な目的やゴールの強調（ゆえに，不確実性は縮減されるべき対象となり，確実性・安定性が志向される），第5に，「一斉に」，「平等に」，「画一的に」（外れた行為や逸脱を許さない）を志向する形で組織の規則や慣習が形成されること，第6に，「○○の社員」，「××の生徒」といったように，組織のメンバー（と非メンバーとの区分）の明確さ，第7に，目的を効果的，効率的に達成するために分業化が進められ，専門分化が進行していく点が特徴的である。

　監獄を象徴する例にパノプティコン（一望監視装置）といわれる監視塔がある（フーコー，1977）。中央に囚人を監視するための塔があり，権力者である監視者が，囚人を監視，統制，指示できるようデザインされている。監視者の顔や動きが囚人側から見えないため，視線が遍在し，一層監視は強化される。こうした監獄という文化装置と同様に，官僚組織もまた中央集権的に国民を保護，統制する象徴である。（古典的な）学校も，教卓から生徒を一望できる一斉授業環境が設けられ，普段の授業，部活，運動会等を通して上下関係に代表されるさまざまな集団秩序を学習する機会がつくられる。それらを通して将来，同じく集権組織的な職場の中で賃金労働者として首尾よく働けるアイデンティティの形成を促す。学校も職場も，この点では実は同一のモデルに立脚し強い連続性がある。

　これに対し，分散ネットワークの特徴は，先の越境論の特徴を継承し，分散性，非物質性，多様性，不確実性，越境性といった特徴をもつ。と同時に，それらをさらに拡張させる。たとえば，越境論では，議論や研究の対象とな

るのは依然として，学校や病院や企業のような成員間のボンド（紐帯）の強い集権型組織であった。これに対し，分散型ネットワーク論では，よりボンドがゆるく，（一見）境界が時に問題にならないほど曖昧で，より流動的で，異種混交的で，突発的な活動が対象となる。日ごろ多様な組織や分野にいる人たちが，何らかの緩やかな共通の関心のもと，時に突発的につながり何か事をなしてはまた離れ，別の活動を形成していく，きわめて流動的でゆるやかなつながりである。たとえば，サウンドデモやフラッシュモブのような社会運動，ワークショップ等急速に一般化した参加型の共同学習や娯楽・芸術活動，あるいはオープンで古い慣習や価値観からの脱却を試みる新しいタイプの地域・NPO・任意団体等の非営利活動やボランティアといった社会（貢献）活動があげられる。

　越境の概念を展開してきた活動理論家のエンゲストロームは，分散ネットワークについて探索的に議論する（Engeström, 2008, 2009）。彼は，それを菌類が植物と合体・共生してつくる菌根に喩える。菌類は，自ら養分を作れず，周囲の植物が光合成から作った栄養を得る。その一方で，きわめて広範囲に根を広げながら，水分や栄養素を逆に植物に供給する。分散ネットワークに参加する人々は，菌根が多方面に拡張していくように，多様な道を求めて分散するかと思えば，菌が食料に接したとき全体を動員して養分を取り入れるかのような，まとまった動きもみせる——これを「拡張的群飛」という——。ただし，まとまった動きといえども，それは単に，一つの解決策を生み出すような収束に向かう動きではなく，葛藤を契機に，相互の関係性や理解の仕方自体を変容させていく動きである——これを「変容をもたらす交渉」という——。エンゲストロームは，こうした活動が，ある個所で突然現れ燃え広がっては消え，しかしまた別の場で突然現れ広がる野火になぞらえ，「野火的活動」（Engeström, 2009）ともよぶ。

　表 5.1 に，工場労働モデルと分散ネットワークモデルとの比較を示した。ただし，一方により他方が完全に置き換わることを意味しない。工場労働モデルに該当する活動にもネットワーク活動の要素は（副次的に）存在するし，

表5.1　工場労働モデルと分散ネットワークモデルの特徴

	工場労働モデル	分散ネットワークモデル
権力	特定の人物・層への集権化	権力の分散化
コミュニティ創造への参与	権力者以外はコミュニティの変革や創造から疎外	多様な成員がコミュニティの創造・変革に共生的に参加，創造の自由
生産物	物質生産中心	非物質生産の領域拡大
生産過程	画一的統一性 （集権的な指示による生産，よくとれた統制と自由の抑圧）	多様的創発性[3] （個々が自発的につながり動く中での生産，統制が弱く高い自由度，柔軟なルール変更）
財	財の獲得・蒐集[4]	財のシェア・コモンズ[5]
交換	商品交換[6]や経済資本中心	互酬交換や社会関係資本の回復
境界	集団・分野の細分化・個室化，境界の増大	集団間・分野間の越境の拡大，境界の減退
志向性	確定志向 （安定化，統制，明確な目標，統合・収束，特定の枠組みへの収束）	未確定志向 （不安定，非統制，曖昧かつ多様なゴール，異種混交・分岐，既存の枠の破壊）

逆にネットワーク活動であっても工場労働モデルの要素が潜在する。すなわち，主たるもの・前景化するものと，副次的なもの・背景化するものとの置換・重層性として理解されたい。両者でせめぎあいや矛盾もまた生じるため，これらはより複雑に絡み合う動態的関係にある（香川，2015）。

さらに，越境論と分散ネットワークの議論には，次の違いもある。越境論でも病院や学校などの従来の集権型組織の在り方を変えていく試みが含まれ，

---

[3] ジョンソン（Johnson, 2002）参照。
[4] 水野（2014）参照。
[5] リフキン（Rifkin, 2015）参照。
[6] 商品交換，互酬交換ともに柄谷（2014）参照。本章でも後述。

先述した旧来の価値観やイデオロギーの変革志向性が含まれていた。しかし，あくまでローカルな活動の分析やアクションリサーチとしての議論，あるいは心理学の学習論としての議論が中心であり，こうした諸実践が，より根本的な世界構造の変遷において，どういった位置にあり力を及ぼすのかまでは，まったくではないにしろ，あまり積極的には論じられてこなかった。

　これに対し，分散ネットワークの議論では，従来の経済資本中心の世界の在り方自体に疑義を呈し，それを乗り越える新たな仕組み，思想，世界システムの提案にまで踏み込む。ただし，分散ネットワーク活動の中には，明確に社会変化を企図したものもあれば，趣向や関心を共有する者同士のほとんど刹那的な享楽にしかみえないものまで幅広い。しかし，いわゆるイデオロジカルな社会運動としての側面が前面に出た活動と，いったいどこにその類の要素があるのかまったくみえないような活動との間に，興味深いことに（各活動間の相違や多様性とともに）共通点が見出される（たとえば，伊藤，2011 の議論）。そして，これらの活動の分析から，「次の世界」の萌芽を読みとろうと研究が進められる。すなわち，分散ネットワーク型学習論とは，よりいっそう歴史的で未来志向的な研究活動として構想される。

5.5　分散ネットワークの諸理論

　活動理論が提案した野火的活動以外にも，分散ネットワークは活発に議論されてきた。次に，哲学の領域からその代表的理論として，マルチチュード（Hardt & Negri, 2004）とアソシエーション（交換論）（柄谷，2006）を解説する。

5.5.1　マルチチュード

　現代は，物質生産を主戦場とする工場労働から，非物質（関係性，情動，問題解決，情報提供）を生産する労働へと変化してきたが，マルチチュードは，そのさらに先の可能性を示す概念として提案される。

マルチチュードとは，スピノザの古典的概念をネグリらが現代流にアレンジしたもので，多群体を意味する。マルチチュードは，中枢による管理ではなく，多様な人々が〈共〉（たとえば，共通のシンボル，言語，アイディア，情動，関係性）を通して，自由につながりあう。このとき，〈共〉が軸になるからといって，個々の特異性が共同体の統一性の中に溶解することはない。むしろ，〈共〉の中で自由に自己の特異性が表現される。〈共〉と特異性とが螺旋的に交わり増幅していくのがマルチチュードの特徴である[7]。ネグリらは，戦争，貧困，社会運動等を概観し，国家間ネットワーク〈帝国〉の陰で，さまざまな領域で発生しつつあるマルチチュードの萌芽を示していく。

　マルチチュードは，しばしばモンスターに喩えられる。たとえば，男女無関係にエロチックに首元にかみつき増殖していくヴァンパイア。ヴァンパイアは，異性愛的結合の秩序，繁殖の秩序といった旧い秩序を根本から解体し，新しい習慣やパフォーマンスの形成を象徴する。また，1つ鎮めてもまた新たに2つ発生するような九頭竜（ヒドラ）としても喩えられる。2010年代，アラブの民主化運動がスペインの15M運動へ，さらにアメリカのオキュパイ・ウォールストリート運動等へ，世界各地に波及していったように，ある地域で起きた運動が次々と伝染・波及し，権力者がこれに容易に太刀打ちできない特徴をもつ。しかし，個々の活動は常に，その地域のローカルな歴史性に根づく特異性を有する。つまり，ここでもまた，〈共〉を基盤としそれによりグローバルに交わりつつも，各地で特異な形で派生する。そうして，〈共〉も特異性も螺旋的に拡張していく。さらに，マルチチュードは新約聖書に登場する「悪霊に取りつかれたゲセラ人」のようでもある。その男はイエスに，「私の名前はレギオン。私たちは大勢だから」と，単数形の「私」と，複数形の「私たち」を混ぜた奇妙な応答をする。悪霊はその後，近くの

---

[7] ネグリらは，〈私〉，〈公〉，〈共〉を区分する。〈私〉は個々人の所有や私的に所有する権利，〈公〉は政府が監視し管理するもの，〈共〉は，官僚支配によってではなく，特異な諸主体の協働を通して現れるもので，特異性はそれにより減じられずむしろ自由に表現される。

豚の群れに乗り移され，その群れは水中になだれ込んで溺れ死ぬ。つまり，マルチチュードは，単数か複数かといった区分自体を無効化し，単数でもあり複数でもあるという数の不確定性をもたらす。以上を言い換えれば，マルチチュードは，破壊をもたらす可能性と同時に，創造性をもたらす可能性ももつ，ゴーレムのような存在としても喩えられる。

　社会運動を例に，さらに〈共〉／特異の相補性をみてみよう。ネグリらいわく，20世紀後半の抵抗運動は，党のような中心的指導部のもとで作り上げられるモデルか，ジェンダー，人種，セクシャリティなど，個々の集団がそれ以外の集団との差異を表明して，各々が自律的に戦うモデルかであった。しかし，99年のシアトルでの抗議活動では，対立関係にあった労働組合，環境保護活動家，教会関係者，アナーキストなどの異なるグループが行動を共にし，周囲を驚かせたという。すべてを統合するか，バラバラとするかの「同一性／差異性」から，相補的な「〈共〉性／特異性」へのマルチチュード的展開の萌芽がここでみえる。

　こうしたマルチチュードの原動力となるものは何か。それは，「自由の追求」である。

　「これはスピノザの言葉を借りれば，理性と情念を通じて，さまざまな歴史的力の複雑な相互作用のなかで自由を創出するマルチチュードであり，スピノザはこの自由を絶対的なものと呼ぶ。つまり人間は歴史を通じて権威と命令を拒否し，それ以上縮減することのできない差異としての特異性を表明し，無数の反乱や革命によって自由を追求してきたというのである。」
　（ネグリとハート（著）幾島幸子（訳）『マルチチュード（下）』2005, p.64）

　この自由は，「人間に生まれつき与えられたものではなく，障害や制限を不断に克服し続けることによってのみもたらされるもの」（前掲書）である。歴史に最終的な目的（終着点）はないがゆえに，自由の追求は，「永遠なもの」となる。他方で，マルチチュードは，現れつつあるが「まだ実際には姿

を現してはいない」。以上から，マルチチュードは，「常に―すでに」と「いまだ―ない」という二重の異なる時間性を帯びることになる。

　誤解を恐れずいえば，自由の追求とは，搾取や管理の体制を必要とするともいえる。ネグリらは，別の個所で，貧者を例にあげ，富の基盤なしには反乱は起こらないこと，つまり，貧者は富から排除されるのではなくむしろ，その生産回路の中に含まれる中でこそ，言い換えれば自由の抑圧が強ければ強いほど，解放への潜在力を増幅させると主張する（前掲書，p.50）。経済的資本主義から生まれる富を土台とするが，それを揚棄して（素材としつつ否定し昇華させる中で）生まれる新たな自由が，マルチチュードと考えられよう。

5.5.2 交換論

　一方，柄谷（2006，2014）もまた，過去の世界史を独自な視点で読み直しつつ，未来の世界システムを予見する。その際，議論の軸とするのが，**社会的交換**の概念である。柄谷はマルクスの思想を生産論として読みとる従来の方法では，資本制以前の世界史の区分をうまく説明できないし，そもそもマルクスはあくまで資本制社会の解明を目的に著書『資本論』を執筆したにすぎないとし，歴史研究の余地がまだ残されていると主張する。また，マルクスは，そもそも生産を，人間と自然の間の「交換」ととらえていたとも主張する。こうして，従来のマルクス主義が，下部構造に「経済的生産」を，上部構造に芸術，宗教，哲学，法律・政治（国家，ネーション）を置いていたのに対し，柄谷は下部構造に「経済的交換」を置く。また，ここでいう経済は下記の通り，金銭面だけでなく幅広い。

　経済的交換は，A．互酬的交換，B．略取・再分配，C．商品交換，D．アソシエーションの4つに分類される。Aの互酬的交換とは，共同体と共同体，人と人との間で行われる，金銭によらない友好関係や連帯を生み出す交換のことで，部族間で物資を交換すること，家族間の婚姻などが例である。Bの略取・再分配とは，いわゆる国家と国民との間で行われる交換のことで，被

支配者たる民が支配者たる国家に年貢や税を納め，支配者は軍や公共事業・福祉により民の生命や健康を保護する。Cの商品交換は，貨幣と商品の交換である。物々交換の段階では自由・対等な交換だが，貨幣が生まれると不平等となる。貨幣はいつでも何とでも交換できる万能な力をもつが，商品は必ずしも貨幣と交換できるとは限らないからである。こうして，貨幣をもち剰余価値を得る資本家と，剰余価値を生み出す側の賃労働者との間に階級格差が生まれる。Dについては後述するが，このような経済的交換を土台（下部）に置くことで，世界史を新しい形で説明でき，従来のマルクス主義の限界を乗り越えることもできる。過去のマルクス主義は，一時的に国家権力を用いて資本主義を廃棄すれば，国家は自然消滅すると考えたが，結局は，逆に国家がますます強化されてしまった。それゆえ，上部構造の国家やネーションの相対的自立性が唱えられ，土台にもかかわらず下部構造の経済が軽視されてしまった。これに対し，生産よりも交換に立脚することで，むしろ国家やネーションを，同じく下部構造に含めて考えることができるようになる。

　交換論からすれば，世界史は次のプロセスで記述できる。(1) 貯蓄の概念がなく共同寄託（純粋贈与）を軸とする原始的な遊動的狩猟採集民社会，(2) Aの互酬交換が誕生しそれが軸となる氏族社会と，同時期に生まれC商品交換やB略取・再分配を生んだノマド，(3) Aが依然力をもちつつも国家の萌芽となるB略取・再分配が支配的になった封建制，(4) Aを断ち切りBを確立させ，とくに西欧ではCも浸透した絶対王権，(5) Bが優位でAもCも存在する世界帝国（専制国家），他方その亜周辺の西欧で誕生した，Aが弱まりCが支配的なB（国民国家）による帝国主義（資本制），そして，(6) 亜周辺の帝国主義が帝国を凌ぎ，国民国家が他民族に商品交換を強制して資本制社会を拡大した近代の世界経済に至る。どの社会も基本的には4つの交換様式の接合からなり，時代ごとにどの様式が支配的かが相違する。こうして歴史を経て，Cの資本（Capitalist）＝Aのネーション（Nation）＝Bのステート（国家，State）という三位一体の世界システム（以下，CNSと略す）が完成した。柄谷によれば，世界では色々な激しい変化が起

こっているようにみえて，実は人々はこの CNS の中で動いているにすぎない。たとえば，C 資本が強ければ新自由主義的になり，A ネーション＝B ステートが強ければ福祉国家か国家資本主義的になる。革命的といわれたアラブの春もまた，せいぜい CNS の範疇の事件でありそれを超えるものではない。

　CNS は，経済的格差，戦争，環境破壊という三大危機を生成し続けるがゆえに，これを克服する必要がある。CNS 構造の把握は，次の D アソシエーションへの飛躍の端緒である。アソシエーションとは，「商品交換の原理 C が存在する都市空間で，国家や共同体の拘束を斥けるとともに，共同体にあった互酬性 A を高次元で取り返そうとする運動」である（柄谷，2006）。「高次元」とは，「A あるいは共同体の原理を一度否定することを通して，それ（相互扶助的な関係）を回復することを意味」する（柄谷，2014）。アソシエーションは，第 1 に，カントがいうような「統制概念」，つまり，無限に縁遠かろうとも，接近しようと努めるような指標であり，第 2 に，他者を手段としてのみならず，同時に目的として（自由な存在として）扱う「自由の相互性」を基盤とする。第 3 に，再配分による富の格差の解消ではなく，「富の格差がそもそも生じないような交換システム」，あるいは，「私有でも国有でもない所有形態としての互酬性」といった特徴をもつ。

　マルチチュード論と交換論とでは，資本制社会が直面する限界の突破という問題設定，財の所有概念の転換，人々のつながりや情動性の強調，自由への着目，追求すべきもののいったんの喪失・抑圧・否定を経てからの回復・突破という筋書き，統制概念としての概念であることなど，多くの共通点がうかがえる。たとえば，ネグリらも柄谷も言及する「自由」とは，好き勝手に個々が振る舞う社会ということではむろんなく，創造の自由である。創造とは，商品交換が主要化した現社会において新しい互酬的なコミュニティを，あるいは〈共〉性／特異性が拡張するコミュニティを創ることであると同時に，資本制の限界を超える，新しい社会を生み出してくことであり，人々がその担い手になっていくことを意味する。

しかしその一方で，柄谷自身はマルチチュードを批判する。たとえば，柄谷は，マルチチュードは所詮アナーキズムだとして，共産主義にみたように国家の揚棄よりむしろ国家のますますの強化に帰結するだろうと予想する。こうして柄谷は，「下から」の運動は，諸国家を「上から」封じ込めない限り成功しないとし，しかし，一国の力ではそれは不可能として，各国が主権を放棄し連合する「世界共和国」による「上から」の漸進的な「同時的世界革命」により，上下の連携が図られ，アソシエーション（グローバル・コミュニティ）が次第に実現されていくのだと主張する（柄谷, 2006, p.225）。

5.6 分散ネットワークのフィールド研究

マルチチュード論も交換論も，マルクスの思想に強い影響を受け，さらに古典たるカントやスピノザらの議論を現代流に復元して生まれた。そして，活動理論の源流であるヴィゴツキーの考えは，マルクスに由来する。すなわち，いずれもマルクスの系譜として，言い換えれば，マルクスを〈共〉として繋がる理論的ネットワークである。

しかしながら，マルチチュードも交換論も哲学的議論であり，ヴィゴツキー以降の活動理論がフォーカスしてきた，人間の具体的活動に関する分析の作業や視点が欠けている。いわば，ここに，活動理論の伝統や実践にて哲学的議論を補完し（あるいは逆に，哲学理論により活動理論を補完し），相互発展させていく余地がある。

たとえば，筆者はマルチチュードの一種として，2011 年に福島原発事故を契機に全国に燃え広がった反原発デモ[8]を調査し，「反原発」という「〈共〉的概念（野火的オブジェクト）」，怒りをプレイフルに表現する「パフォーマンスと情動」，経済優先の民と生命・安全を保護されるべき民という

---

[8] 柄谷（2011）は自身のブログで「現代の反原発デモはアソシエーション」と主張する。

二重の「サブジェクト（イデオローグ）」，集権的国家とネットワーク状の民衆デモとの間の「境界の運動」に着目した（香川，2015）。そして，各々が内包する諸矛盾とそれらの動的な関係を示し，多群体の変化過程を論じるための視点を提示した。

上野ら（2014）は，柄谷の交換論を導入し，NPOや近隣住民，プロの演者が関わりデザインされた小学校の総合学習での文楽の活動を分析した。アクターネットワーク論にみられる従来の議論では，経済的，政治的利害と，共同体としての人々のつながりや同盟関係の拡大をセットで論じてきたが，むしろ，この事例では，感情の互酬的交換を伴いながら多様な人々が結びつき，地域の再活性化や文化財の共有へとつながっていった。つまり，集団間に交換関係が形成されていく中で，学校という枠組みを超えて，新しいつながりやエージェンシーが生み出されていった。上野ら（2014）らは，交換論を導入することで，生産論を軸としてきた従来の活動理論に新しい扉を開いた。

プロボノ活動に焦点を当てた藤澤・香川（2016）は，これを受けて，交換論の立場から分析を進める。プロボノとは，異職種の社会人がチームをつくりビジネスで培った個々の異なるスキルを，NPO等の団体に無償で提供していく新しいネットワーク活動である。交換論に当てはめれば，商品交換で生み出されたビジネススキルを，互酬交換へと転換しつつ，ネットワークやコミュニティを創造していく活動と言える。この活動から，日ごろの職場とは異なる喜びの感情の生起，自由の開放，他者の目的化など，アソシエーションに相当し得る要素や，そこで新たに起こる諸矛盾や変化が報告される。

さらに，ヴィゴツキーの思想と即興演劇をベースにしたホルツマンら（Holzman, L., 2009）のアイディアに影響を受け，日本で活動する任意団体ジャパン・オールスターズは，新しい交換形態の創出に向けた実践やコミュニティのデザインを試みる実践研究を行う。貧困や学校を苦手とする子どもたちと，社会活動に参画する大人たちとが，知識・スキル，人脈，関心など，交換可能なものを探っていくローカルな活動を通して，いかなる交換関係が

生まれ変化していくか，状況的で創造的な交換の在り方を検討してきている。

先述したように柄谷によれば，かつて資本制の萌芽は世界帝国の亜周辺に相当する西欧で生まれ，その後世界システムの中心になったわけだが，さらにその先のDアソシエーションの萌芽に相当し得る上記の昨今の事例は，今度は「資本制の亜周辺」の発生として考えられないだろうか。ただし，帝国主義が西欧の地で誕生・発展したのとは異なり，この資本制の亜周辺は，地理的に限定されないものだろう。資本制が隅々に行き渡り遍在する昨今では，そのエッジもまた遍在すると考えられ，多様な場や領域に小さな単位[9]でまさに分散発生していく点が特徴と考えられる。すなわち，分散ネットワーク型学習論では，資本制を象徴する企業の営利活動のような，商品交換・金銭報酬を目的とした活動よりもむしろ，このような資本制の亜周辺の具体的諸活動にスポットライトを当てた研究が進められていく傾向があるだろう[10]。

5.7　未来のネットワークの創造へ

最後に，活動理論と交換論やマルチチュード論との接続可能性や，未来の学習論の鍵になり得る問いや視点を論じたい。

まず，資本制の亜周辺で生じる活動の具体に迫るのはむろんのこと，どこでどのように発生するか，あるいはどのような実践をデザインしていくか問う必要があろう。試み的に述べれば，それはおそらく資本制による抑圧が高度に達したところで発生する。「私たちは99％だ」と訴え，「貧者」が生んだオキュパイ運動はわかりやすいが，わが国でも福島原発事故やその避難者をメディアを通して見た人々が，少なからず社会貢献活動やコミュニティ形

---

[9] 一組織拡大路線に走るよりむしろ，小規模のコミュニティや活動があちこちで自律的に生まれ，かつそれらが時に繋がり協働する点が特徴的である。

[10] 企業の活動が対象にならないということではなく，むしろ企業組織や労働の中からも亜周辺が誕生しつつあり，それもまさに対象になり得る。

成活動に参加するようになったり，利益中心の社会のあり方を考え直すようになったように，一見直の当事者ではない人々の間でも亜周辺は発生する。あるいは，一見深刻そうにみえない場合でも，日ごろの職場での他者の道具化への違和感や創造の抑圧を感じる人々の間で発生する。遍在し拡大し続ける資本制が奪いきれずにそこから滲み出る生，血液が亜周辺である。

そして，人々は一旦そうした抑圧を経るからこそ，創造的主体性の回復をより実感する。たとえば，震災を契機に何かやらねばと思い立ち，ビジネスの世界から互酬的なプロボノに参加した人々は，NPOから，普段の職場では受けたこともない厚い感謝の情動という返礼を受けることでそれまでの自分のスキルに対する意味付けの変化やビジネスマインドからの解放を経験する。商品交換の文脈での創造的自由の抑圧は解放の増幅器である。また，完全な脱商品交換ではなくむしろ，Cの在り方の質的転換を伴う。こうして，柄谷がマクロ視点から漠と提案する「商品交換が存在する社会における，高次元での互酬性の回復」という側面が，特定の具体的活動において垣間みえる。

では，どう解放が起こるか，「Cの質的転換」とはどのような転換か，「高次元での互酬性の回復」とはどういうプロセスにより発生していくか。柄谷は残念ながら詳細を述べておらず，具体的活動を論じる視点が必要とされる。そこで，ここでは「交換のモード転換」を提案したい。

交換というと，一方の所有物をそれをもたざる他方に贈与（ギブ）して他方はそれを所有物とし（ゲットし），他方は一方が持たざる物を返礼するといった語りが一般的である。ただし，考えてみればこのストーリーの型は，冒頭で述べた知識提供＝教育（ギブ）と知識獲得（ゲット）の貯蔵メタファに近い。これを「交換の一次モード」とよぼう[11]。一次モードは，これを持つのは誰それ（あるいは，自分の集団），あれをもたざるは誰それ（あるいは，相手の集団）と，所有者の境界が個人ないし集団で区切られるゆえに可

---

[11] 一次モード，二次モードという発想のヒントは杉万（2006）から得た。

能となる言説のタイプである。一次モードは，現代社会においてはもっとも理解しやすい平易な交換語りのモードであり，それゆえ行為者間の交換行為をさまざまな形で駆動する。だが一方で，ゲットとギブの間でさまざまな諸矛盾を生む。とくに，互酬の回復を志向する際，資本制的な（金銭の）ゲット中心の活動とは別の在り方を考えるならば，逆に他者へのギブを中心にしてつながりを重視した互酬的活動へ切り替えていけばよいといった方向性が考えられそうだが，これでは他律的規範になり得る。アソシエーションとは，従来の制約・規制からの解放にも関わらず，意図のあるなしによらず上からの指示が登場してしまう。単なるギブ志向では，相手の負債や相手の返礼がなければ欲求不満を生むか，はたまた信仰の下で解消するしかない。ゲットからギブへという二元論的な発想ではコインを裏返すにすぎない。

　この矛盾，制約は，次の「交換の二次モード」によりブレイクスルーされる。二次モードでは，自己や所有物の境界が，コミュニティや活動に分散・融合し，それらの変化・発達と自己の行為・変化とが一体化した感覚，自己や物が分散した感覚を各人がおぼえる。個々のギブは，コミュニティや活動，あるいは〈共〉的なオブジェクトの発達に対するギブとなり，それが翻って自己のゲットにも他者のゲットにも同時になるのだという感覚であり，ある個人から別の個人へのギフトでなく，共ギブ，共ゲットの三項関係への進化である。あなたと私，あなたとコミュニティの「間」から，感情を含む諸資源が生まれつつあることに気づくこと，この喜びが純粋にあなたのものでも私のものでもないことに気づくこと。しかし，個は溶解せず，むしろ拡張する。自己の存在（独自性・特異性）がコミュニティの発達の一部として埋め込まれているという感覚が，次の創造行為へのモチベーションともなる。一方に還元できない，共性と特異性とが入り混じった感覚である。喩えれば，精子と卵子という互いにもたざる個的なものを交換し，それらが結合して個的な子が生まれ，さらに親子関係や家族コミュニティの発達を進行させていく中でまた新たな感情が相互に生成されていく過程と似ている（二次モードはその意味で実は一次より原初的である）。ギブかゲットかではなく，その

境界はむしろ未分化になっていく。二次モードは，未来志向的であると同時に，ギブとゲットが未分化で自由であった，はるか過去の遊動時代へ回帰しようという重層的な歴史的運動である。また，二次モードは一次モードの限界やエッジから生じることはあっても，一次の禁止から他律的に生じるものでなければ，二次であらねばという義務から生じるものでもない。むしろ，Cが生んだ諸制約からの解放や自由，共愉や癒しとともに生じる。他方，一次は導入として必要とされたり，二次の最中で副次的に存在したり，逆に二次から一次へ移行する場合もある。

　以上は，従来，常識的な個体主義的，心理主義的観点を揺り動かすべく，研究者としての活動理論家が分析視点として意識的に主張し採用してきた関係論的視点が，いっそう人々の感覚に浸透して拡がり，社会を構成する前提となり，次第に社会変革が起こっていく過程とも言い換えられる。もはや，関係論は奇異な視点――主流派心理学者にとってそうだったように――ではなく人々のコモンセンスとして浸透する。

　一次から二次への転換は，エンゲストローム（Engeström, 2008）がいう「変容をもたらす交渉」のように，具体的でローカルな相互行為を通して起こっていく。一次モードは，何と何を交換するか，それによりどんな結果が現れるかが安定的，固定的，予見可能である――あれをギブすればこれがゲットできるだろうという形で――。対して，二次モードは，ある意味で一次モードの混乱である。異質な歴史性を歩んだ双方が，それぞれ育ててきたがしばしば眠ったままの特異資源の交換可能性――交換可能だがまだそれに気づいていないもの――を模索し合う中で，あるいは，従来とは異なる別の交換の在り方を模索する中で，当初思いもよらぬ交換やオブジェクトが生まれ育っていく。交換相手とすら思っていなかった相手が交換相手となったり，交換可能と思っていなかったものが結びついたり，当人が贈与とすら思っていなかったものが相手にとっては贈与と意味付与されるなど，直線的で固定的だった贈与と返礼関係が揺らぐ。二次モードへの転換は，そうした微々細々の状況的交換の再編とその積み重ね，つまり双方の異質な歴史性の出会

いと交わり（間‐歴史性）により生起する。さらに，思いもよらぬ方向へとコミュニティやネットワークもまた発展，変化し，人々はそれに驚き愉しむ。そうして，既存の枠や制約を打ち破りながら，多方向に分散的，野火的に二次モード的な交換が増幅し，拡大し巨大なうねりとさえなっていく。ただし，一つの集団の大規模拡大ではなく，各地に現れては消えもする小規模創成集団の分散的発生と発達を通してである。一見無関係にみえる活動同士も実は，その深層部では無自覚であってもつながり（交換し）つつ拡張していく。

アソシエーションでいうような高次元の回復とは，単なる互酬性の復古ではない。相互（互いにとって他者）の自由を生み出していくことであり，自己の特異性と他者の特異性とを創造的につなぎ合わせて，Cの位置を副次化・転換させ，互いの特異性や関係性やコミュニティやオブジェクトを発展させていく「創造的交換」である。こうして，再び交換が生産（創造）と結びつく。

創造的交換は，言い換えれば「喜びの貧困」からの打破である。浅野（2006）によれば，スピノザは，人間を外から規制する道徳，価値規範，制約（イマギナチオ）への恐れを打破していくこと，他者とともに，喜びという活動力ないし情動を増大させていくことができる人間を，「自由人（homo liber）」とした。「自由人」とは，集団における諸アレンジメントの結果生まれてしまっている悲しみの情動を，集団ないし他者との関係性を再編成することで，喜びの感情へと転換させていく多群体のことである。

いわゆる貧困とは通常，商品交換でいう「経済的貧困」のことをいう。あちこちでこの話題が取り上げられてきたが，本質はむしろ「喜びの貧困」であり創造的自由への飢えではなかろうか。仮に高所得者であろうともこの貧困にさらされている。逆に経済的困窮者であろうが，喜びを生んでいる人間は自由人だといえる。経済的指標と別に登場した（しかし「経済格差がつながりを毀損する」といったように関連づけられもする）昨今の社会関係資本の議論もまた，互酬的な信頼関係のネットワークが軸とされ（稲葉，2011），必ずしも創造的交換の喜びは核ではない。経済格差の是正では所詮Cであ

り，社会関係資本の回復ではＡの復古にすぎない。むしろ，資本制が生んだ「喜びの貧困」の打破を引き起こす社会活動を通してこそ，金銭的格差問題という言説は自ずと消滅していくだろう。

　研究業界における個体主義から社会構成主義への転換，そして，分散性をモデルにした社会が構築されつつある。すべてスピノザ，マルクスの考えを結節点とする。社会構成主義は，マルクスの人間学，「社会的諸関係の総体」というアイディアを心理学的に拡張した。それは，ヴィゴツキー，レオンチェフ，エンゲストロームを経て，精神の活動理論へと結実した。他方で，マルクスが論じた資本制社会の次の原理の議論は未完だった。それは，ネグリや柄谷らが試みた。そしてさらに，さまざまな矛盾を生み出しつつ多様な人々，活動領域で新しい社会を形成する実践（実験）が分散的に実施されてきている。ここにおいて，世界構造学と人間学，そして具体的個別活動とが，つまり複数の歴史の層が結びつきつつあるといえる。さまざまなジャンルの人々の言説が近づき刺激を与えつつあるのはまったく偶然ではない。

第Ⅲ部
学校における学習

理科の学習[1]

　学校で児童・生徒（以下，「生徒」と総称する）は，日々，多くのことばを学習し「理解」する。しかしどのような状態に到達すれば，そのことばを「理解」したと断定できるのだろうか。理科の授業においては，学習者が日常生活の中で培ってきた知識（以下「日常経験知」とよぶ）と一見，矛盾するようにみえる科学的知識が教授されることが少なくない。そのため，日常経験知との関係を無視して科学的知識を暗記するにとどまる学習者も多い。しかしこのような学習者の多くは，授業で課される試験や知識を確認するための定型的なやりとりなどにおいては正答を答えることができるので，その面においては，彼らの「理解」は成立しているようにもみえる。

　本章では，理科学習を具体的な検証フィールドとして，ことばの「理解」の問題について考える視点を提供する。とくに 1920〜30 年代を中心にロシアで活躍した教育・発達心理学者であるヴィゴツキー（Vygotsky, L. S.）の理論的観点を導入してこの問題に取り組むとともに，理科学習の望ましい姿について，近年の研究成果も取り入れつつ論じる。

6.1　理科の学習においてことばを「理解」するとは？

　理科教育の現場においてはこれまで，教員から教えられた科学的知識を，多くの子どもたちが，日常生活の中で獲得してきた日常経験知の視点から改変するという問題が指摘されてきた。このような子どもたちの解釈は，「素朴概念」ともよばれる（Clement, 1982 ; Fisher, 1985 ; Posner et al., 1982）。

---

[1] 本章は田島（2011）の記述を基に，その後に出版された授業実践研究に関するレビューを追加して執筆したものである。

以下に示すやりとりは科学的知識に基づく意見を主張する生徒と日常経験知に基づく意見を主張する生徒の間でなされた，地球の自転に関する論争の一部で，この素朴概念の特徴を表している。

【日常経験知に基づく意見（天動説）を支持する生徒】
「君は地球の方が動いているというけど，電車に乗っているとき，動いているって感じるけど，地面の上だとそんなに感じないよ。」
【科学的知識に基づく意見（地動説）を支持する生徒】
「そんなこといっても，地球が回っているんだ。教科書にもそう書いてある。」

（西川，1999 より一部改変して引用）

　素朴概念（天動説）を主張する生徒も，地動説のことは知っている。しかしこの生徒は，「動いている電車に乗っているときに感じる揺れ」という日常経験知に基づき，「地面は微動だにせず，動いているように感じない」と判断して，教わった科学的知識を改変してしまっている。その意味で，新たに学んだ知識によってこの生徒の既存の思考に変化は生じていない。一方，科学的知識（地動説）を支持する生徒は，具体的な根拠を示すことなく，「教科書に書いてあるから」という理由によって，天動説を支持する生徒の，日常経験知から得られた論理的推論を却下しようとしている。
　授業における学習文脈でいうならば，地動説を支持する生徒のほうが「正しい」。そしてこの地動説を支持する生徒は，授業で教えられた知識を確認するようなテストでも「正解」を答えるだろう。しかしこの生徒は素朴概念を主張する生徒とは対照的に，日常経験知との関係を考慮せず，丸暗記した教科書の知識の再生に終始しているようにみえる。その結果としてこの地動説を支持する生徒もまた，新たに学んだ知識によって自らの思考に変化を生じさせてはいないようにもみえる。
　これらの現象からは，生徒が授業で教示された知識を覚えているかどうか

をチェックするためになされる，教員による定型的な質問やテストなどにおいて，生徒たちが対象となる知識を再生できることだけをもって，彼らがそれらの知識を「理解」していると評価することはできないということが示唆される。新たな知識を覚え，それに基づく情報を再生・選択できる生徒であっても，その知識と，生活の中で培ってきた日常経験知との関係を自律的に解釈することができない限り，彼らの思考に変化が生じたとはいえないように思われるからである。

6.2 「分かったつもり」の問題

　以上のような，生徒たちのことばの理解の成立が疑問視される現象は，彼らが，授業で学習した知識を，日常生活の場面などの授業とは異なる文脈に適用することを求める人物との対話[2]に巻き込まれた際にみられる現象だとする知見がある。

　田島ら（田島，2010，2013；田島・茂呂，2003）は，同じ学習文脈を背景とする仲間や教員との対話にとどまる限り，学習する知識に対する自らの「理解」の様相について学習者が意識する機会は少ないと指摘する。科学的知識を丸暗記するような生徒であっても，授業文脈において提示される課題に対応できる限りにおいて，彼らの「理解」に疑問を感じることは少ない。また素朴概念を主張する生徒についても，通常の授業で出される課題に対しては，科学的知識に基づいて対応する者も多いとされる。

　しかしこのような生徒の限界は，授業文脈外の視点（たとえば生活文脈）から，そのことばの意味について質問を受けるときに露呈する。授業課題にだけ対応できるよう知識を覚えている生徒では，このような対話において，相手が背景とする文脈の視点に応用ができるような意味内容の説明ができな

---

[2] 本章では「対話」を，話者間で展開されるコミュニケーション全般を示す概念として用いる。

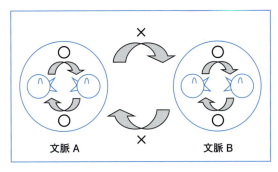

図 6.1 「分かったつもり」イメージ

いからである。田島（2010）はこのように，特定の学習文脈を共有する話者同士の対話ではそのことばの「理解」が成立しているかのようにみえる学習者が，異なる文脈を背景とする者の視点からその意味について質問を受ける際に応答することができないような，限定的な言語認識に陥っている状態を**分かったつもり**とよぶ（図 6.1）。定型的な授業課題では科学的知識を適用しても，このような対話場面では素朴概念的な解釈に終始し，科学の知識との関係について解釈できない生徒も，この分かったつもりに含まれる。

6.3 ヴィゴツキー理論とことばの理解

6.3.1 なぜヴィゴツキー理論の視点を導入するのか

この分かったつもりにみられるような，ことばの理解のパラドクスを検証する上で，1920〜30 年代にかけてロシア（旧ソ連）において活躍した教育・発達心理学者であるヴィゴツキーの理論的視点を検討することは有用といえる。ヴィゴツキーは子どもたちが，自分たちの生活世界において慣れ親しんでいることばの意味内容について，彼らの活動文脈を共有しない相手に対して説明できない傾向にあるという現象に着目している。その上でヴィゴツ

キーは，学習者にとって，異なる文脈を背景とする他者との対話を可能とする言語認識の成長の様相を発達としてとらえていたと考えられる。本節では，関連するヴィゴツキー論のエッセンスを紹介し，その観点から，理科の学習におけることばの理解の構造について考察を深める[3]。

6.3.2 生活的概念としてのことばの学習

　ヴィゴツキーは，人間が自らの行動を制御するためにことばを介して行う思考操作を，人間に特徴的な機能ととらえ，これを高次精神機能とよぶ。この機能は，子どもが親などの大人と対話を行う中で使用することば（「外言」）を，次第に自らの思考活動の中で使用できることば（「内言」）にしていくことによって成立するとされる（ヴィゴツキー，2003，pp.21-22）。

　このことばの習得は，就学前期までは多くの場合，具体的な事物に囲まれた会話場面の中で，両親や親しい友人との対話を通してなされる。このような環境下で自然に学習される知識群を，ヴィゴツキー（2001，pp.225-226）は自然発生的概念ないし生活的概念とよぶ。本章で扱う日常経験知も，この生活的概念を示すものとして想定している。

　これら生活的概念は，上記のように，多くの場合，同じ生活世界に住み，ことばの意味交渉の文脈も共有する話者と親しい人物との間で交わされるものである。空間的認識・過去経験に基づく話者の情報処理をヴィゴツキー（2001，pp.401-403，pp.410-411）は統覚とよぶが，統覚の共通性が高く期待できる親しい話者の間では，表現されることばの構造は大幅に省略され，わずかなことばだけで，相手が発したことばが何を意味するのかが即座に読みとられる傾向がみられるのだと指摘する。

　このような形で学習された生活的概念については，その定義的な意味内容を，子どもたち自身が意識することは少ない（ヴィゴツキー，2003，p.205）。

---

[3] ヴィゴツキーの著作からの引用のみ，該当する情報が書かれた箇所のページも示す。

子どもたちは生活文脈を共有する相手と対面し，実際に具体的な事物を見ながらそれらのことばを使用するのであり，彼らとの対話において，そのことばそのものの意味に関する説明を省略しても，互いにその意図を読みとることが可能だからである。

6.3.3 科学的概念としてのことばの学習と「理解」の定義

しかし学齢期以降，子どもたちはこの生活的概念とは異なった形態のことばの学習を行うようになる。学校において，書きことばを志向する教育が行われるのである（柴田，2006）。

書きことばは，時空間を共有せず，また場合によっては，話題に関連する過去経験も共有しないような，異質な活動文脈を背景とする相手との対話においても使用され得るものである。このような相手との交流においては，生活的概念の場合とは異なり，ことばそのものの定義的な意味も含め，自分が伝えようとする意志をすべて言語化する必要がある（田島，2016a）。

ヴィゴツキー（2001，pp.225-228）は，ことばによってことばを定義する体系的な構造をもつ，書きことばを志向する知識群を科学的概念とよぶ。このヴィゴツキーのいう「科学的概念」とは，本章で議論の対象としている，理科教育における科学的知識を含む，学校教育の中で扱われる知識全般を示したものといえる。

そしてヴィゴツキーは，この科学的概念の学習を通した子どもたちの心理的変化を意識・内言の「自覚性と随意性」の獲得ととらえる（中村，1998；柴田，2006）。ヴィゴツキーの論において自覚とは，学んだことばの意味を別のことばによって定義をしたり，他のことばとの体系的な関係を論理的に説明することを意味する。また随意とは，このような自覚を通し，自らの意識・内言をことばによって自由に制御できるようになることを意味する。この自覚性と随意性は，会話場面・意味交渉の文脈を共有しない聞き手に対し，自分の考えている内容を的確に伝え，また聞き手の疑問に対応するために自分の意識を柔軟かつ論理的に制御していく上で必要となる，話し手の能力に

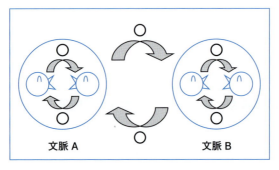

図6.2 「理解」イメージ

なると位置づけられている（ヴィゴツキー，2003，pp.201-206）。

　このヴィゴツキー論の観点から，ことばの「理解」を定義するならば，それは，時空間を共有せず，話題に関連する過去経験をも共有しない（統覚の共通性が期待できない）相手に対しても，習得したことばを自覚的に操作し，相手が必要とする情報を補足しながら随意に解釈できるということになるだろう。端的にいえば，学習文脈を共有する相手との対話においてだけではなく，異なる文脈を背景とする相手との対話においてもことばを使用できることが，ヴィゴツキー論からみたことばの「理解」になるように思われる（図6.2）。

6.3.4　ヴィゴツキーの発達的観点からみた「分かったつもり」

　一方，ヴィゴツキー（2001，p.244）は，この自覚性・随意性が，容易に習得されるわけではないことも指摘している。科学的概念そのものは，他のことばによってことばの意味を構築するという，話者の意識の自覚性と随意性を促進する体系性を，その言語構造として有している。しかしそれを学習する多くの子どもたちにとっては，教室で教員との共同活動の中で習得した概念の領域においてのみ，模倣的に操作可能なものとなり，彼ら自身の自律

的な内言（主に生活的概念によって構成される）においてそれらを機能させることは困難な状態が，相当な期間にわたりみられるというのである。以上のような科学的概念の学習状況を，ヴィゴツキー（1975, p.114）は，**ことば主義**とよぶ。理科教育の実践的研究の見地から田島（2010）が引き出した「分かったつもり」とは，このヴィゴツキーのいうことば主義に陥った状態と考えている。

中学校の理科授業を分析対象としたモーティマーら（Mortimer, E. F., 1998 ; Mortimer & Scott, 2000）も，この時期の多くの生徒の思考世界において，教員が導入する学校的な言語使用の文脈と，日常世界における文脈が，相互に関連づけられないで併存した状態にあると報告している。つまりこの時点の生徒たちにとって，本来は学校文脈と生活文脈を結ぶ思考をもたらすべき科学的概念の学習は，教室文脈における定型的な課題解決のみに適用されるという意味で，ことば主義にとどまる傾向にあるのだといえる。

しかし一方でヴィゴツキー（1975, pp.113-114）はことば主義を，生徒たちの自律的な概念学習を促す動因になり得るものとして評価している。科学的概念をことばの上だけでも習得し，学習を続けることで，後に，自分の思考の中で自覚的に使用できるようになる成長プロセスが想定されているからである（田島，2014，2016 b）。教員など大人との共同作業において模倣的に操作できる言語認識と，生徒単独で自律的に操作できる言語認識との間のギャップは，「次に続く発達の領域」という意味をもつ「最近接発達の領域」とよばれるが（中村，2004），多くの場合，科学的概念にともなって習得されることば主義は，この最近接発達の領域を形成するものであり，後に，生徒が自律的に操作可能な意識（多くの場合，生活的概念によって構成される）においてそれらを機能させる契機を提供する存在としてとらえられる。

「科学的概念の発達は，自覚性と随意性の領域においてはじまり，その後個人的経験や具体性の領域へ，下へ向かって成長する。自然発生的概念の発達は，具体性と経験の領域においてはじまり，概念の高次の特性——自覚性と

随意性――へ向かって運動する。……概念の自覚性と随意性という，生徒の自然発生的概念にはまだ未発達な特性は，完全にかれらの発達の最近接領域にあるということ，つまり，大人の思想との共同のなかで顕現し，活動をはじめるということである。……科学的概念は自然発生的概念を改造し，高い水準に引き上げ，それらの発達の最近接領域を実現させること，つまり子どもが今日共同の中でなし得ることは，明日には自分一人でなし得るようになるということを説明する。」

（ヴィゴツキー（著）柴田義松（訳），2001，p.318）

以上のようにヴィゴツキーは，発達を単に知識の蓄積過程としてではなく，子どもの，自覚性と随意性を伴った自律的な意識・内言が機能していく成長過程としてとらえていたのだと考えられる（田島，2016a）。すなわち，学習者が分かったつもりになるということは，このような発達の端緒についた可能性があるということである。

6.4 生徒の理解を促進する理科教育とは

6.4.1 異質な文脈を背景とする人々との対話を可能とする理解の具体的な姿

本章の冒頭でも論じたように，生徒たちの学習した知識を単に再生させるような手法のみによっては，彼らがその知識について理解できているのか，それとも分かったつもりなのかを区別することは困難である。この問題を効果的に解決するためには，生徒自身の自覚的・随意的な内言の操作を必要とする，異質な文脈を背景とする人物との対話活動の中で，彼らのこれらの知識に対する認識の程度を評価する必要があるだろう。

田島（2010）は，ヴィゴツキー論の観点から，本章冒頭で紹介したような対話において，授業文脈に基づく意見を主張する人物の観点のみにも，また日常経験文脈に基づく意見を主張する人物の観点のみにもとどまらず，両者の観点を取り入れた自覚的な解釈を交渉によって随意に創出できることを，

理科教育における「理解」の成立ととらえた。

以下に示す事例は，中学2,3年生を対象に実施された田島（2008a, 2010）の調査で，「電子回路において豆電球通過前と通過後も，電流量は減らない」という科学的知識（「電流保存概念」とよぶ（図6.3））を主張する中学生に対し，「電流量は減る」と主張する者に科学的知識の正しさを説明するよう求めたインタビュー記録からの抜粋である。電流保存概念は，「電気エネルギーを使用すれば，電池の性能が劣化する」という日常経験知の影響を受け，学習者によって「豆電球を通過した電流は豆電球でエネルギーを消費し，通過後は量が減る」という素朴概念（「電流消費概念」とよぶ（図6.4））に改変されることが多い（Osborne & Freyberg, 1985）。また，この日常経験知と科学的知識との関係を解釈できない学習者も多いとされる。

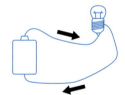

図6.3　電流保存概念
電気は電球までいってもどってくる。

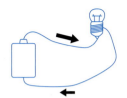

図6.4　電流消費概念
電気は「かえり」の線のほうが少ない。

「この豆電球は電気抵抗の本部のようなものですが，抵抗はここにだけかかっているものではなく，回路全体にかかっている。例えるなら，アメリカの大統領の影響力は，ワシントンだけではなく，全州，テキサスにもあるようなもので，ホワイトハウスはここ（抵抗）にあるけれど，影響力は全体にかかっている，と。だから，行きも帰りも，電流の値は変わらず，流れた電流は，乾電池に戻ってくるとき，電気としての効能を失う。」

(田島，2010 より一部改変)

　この事例の生徒は，調査者との対話を通し，日常生活の中で見聞きする情報によるたとえも使用しながら，日常経験知の視点からも，また科学的にも矛盾のない自覚的な言語操作による説明モデルを構築することで，理解に至ったと判断された。もちろん，ここで作られたモデルの妥当性をめぐっては，議論の余地はあるだろう。しかし少なくとも，日常経験知の視点を持ち込む調査者との対話に参加することを通し，生徒個人の内言において相手の主張を自律的にとらえ，他のさまざまな関連情報との関係を自覚的に解釈しながら説明を創出していた点が，理解の成立を示すものとして評価されたのである。

　またリンケ（Rincke, K., 2010）は，子どもたちの思考世界において学校文脈と日常経験文脈の知識が，相互に関連づけられないままでいると指摘したモーティマーとスコット（Mortimer, E. F., & Scott, P., 2000）の議論を引用した上で，理解にあたる状態を，教科書や教員のことばに代表される学校の言語世界と生徒たち自身の生活文脈の言語世界を自律的に相互参照できる能力の獲得ととらえた。そして中学生を対象として行われた力の概念を教授する授業における生徒間の対話を分析する中で，田島（2008a，2010）が指摘したような，科学的知識に基づく言語世界と，日常経験知に基づく言語世界を行き来できる生徒の思考言語を「科学的な中間言語」とよんだ。リンケの調査においてみられる理解像も，表層的な知識情報の蓄積だけではなく，その知識に関連する生活文脈と教室文脈という異なる観点の関係について相

互検証を行うことができる学習者の思考能力の獲得を重視している点で，ヴィゴツキーの議論と響き合うものといえるだろう。

6.4.2　分かったつもりから理解へ至る発達過程の具体的な姿

またヴィゴツキー論の観点からみるならば，生徒たちがいったん分かったつもりになることは，後に，理解へと発達していく土台となっている可能性もある。

実際，中学2年生の電気概念に関する理科授業のフィールドワーク調査を行った田島（2008 a, 2010）は，生徒たちの分かったつもり的な学習は，現在は十分に理解ができなくても，勉強を続けることで，将来には自分なりに納得できる解釈を行えるだろうという，未来への期待に基づく戦略により行われている可能性を示している。このことは，以下の事例の生徒の発言において，典型的に読みとることができる。

調査者：先生の言っていることと，自分の考えとが結びつかないときって，どうするの？
木　村：ああ，結びつかないときは，そのまま教科書通り読んで，理解して，「ああ，そうなんかな」と思って次に進む，というのも手ですね。
調査者：なるほど，じゃあ，完全に納得しなくても，次に進むんだ？
木　村：次に行って，そこから，復習から，復習やるじゃないですか，そこでこう完璧に理解できるときもある。

（田島，2010 より一部改変）

田島（2008 a, 2010）は，このような生徒の学習戦略を，表面的には教員の導入した概念と一致した解釈を行うが，内面的には自らの日常経験知との葛藤を抱え続けるという意味で擬一致とよぶ。またスコットら（Scott et al., 2006）は，意味のある学習では，教員が提示する単一の概念解釈の模倣から出発して，生徒たちなりの，複数文脈の観点からの解釈を生み出す対話過程

がみられると主張する。

　以上の指摘から，ヴィゴツキーが示唆するように，分かったつもりとなることにより，世界に対する豊かな解釈可能性を得る生徒の成長プロセスの存在が示唆される。そして学校教育において教員は，このような学習可能性を現実のものとして開花させるような働きかけを行うことが必要になるのだといえる。

6.4.3　理解を促進する対話型の理科教育

　しかし学校教育における問題は，生徒たちのこの分かったつもり状態を放置したまま，学習を終わらせてしまうことが多い点にあるのではないだろうか。6.1においても述べたように，多くの生徒たちが分かったつもりの状態にとどまっている実態は，否定できない事実であろう。したがって，生徒たちの理解の達成を促進するためには，この問題に対応できるための活動の導入が必要になるだろう。

　本章でとらえることばの理解とは，異文脈を背景とする他者との対話において機能し，また習得されるものといえる。したがって，分かったつもりとなっている生徒たちに対し，このような他者を相手とした対話経験を，授業において提供する教育支援には効果があると考えられる。

　田島（2010）は，上述のフィールドワーク調査の結果から，分かったつもりの段階から意識の自覚性と随意性の獲得段階へと至る発達過程の様相を具体的に明らかにしている。この調査では，分かったつもりとなった複数の生徒を対象に，その授業を受けず，日常経験の文脈から主張を行う他者の解釈を紹介し，科学的知識と日常経験知との関係を解釈するよう求めるインタビューを行った。その結果，当初は日常経験知との関係を解釈できなかった（分かったつもりであった）生徒たちが，次第に，対象となる知識と関連する情報を結びつけ，最終的には，全員が自覚的な解釈を行えるようになったことが明らかになったのである。

　また村津ら（村津，2014；村津ら，2013）や小野田（2015）も，科学的

知識の再生を行うだけではなく，その知識とは対立する意見をもつ相手（異文脈を背景とする他者）との議論を行う場面を授業に導入することで，分かったつもりに類する，相手の意見を無視して自説を強弁するような生徒たちの態度を，他者の視点から自身の学習知識について多層的・論理的に解釈し直すものへと変化させることができると指摘する。

以上のような，異質な意見をもつ他者との対話活動を授業に導入することで，生徒たちの分かったつもりを，意識の自覚性・随意性を伴う理解へと深化させることができるのだといえる。

6.4.4　理解を促進する要因・阻害する対話的要因

一方，単に対話活動を授業に導入するだけでは，必ずしも生徒間の活発な討論による知識の解釈の深まりを期待できないとする指摘もなされている（Gee, 2005 ; Mercer, 2000）。つまり，生徒たちの対話活動に内在する，理解を促進し得る要因および，阻害する要因を特定する必要があると考えられる。

この種の要因について検証したものとして，対立意見に対する推論・交渉発話の形態を分類した**トランザクション対話**（Berkowitz, M. W., & Gibbs, J. C., 1983 ; Berkowitz & Simmons, 2003）に基づく調査があげられる。バーコウィッツらは，トランザクション対話の代表的なカテゴリーとして，対立意見と自分の意見を比較検討し，論理的な検証を通して，自らの意見に取り込もうとするような形態の発話で構成される**操作的トランザクション**，相手の意見との対立を避けようとする**表象的トランザクション**をあげている。この他，アズミチアとモントゴメリー（Azmitia, M., & Montgomery, R., 1993）やティーズリー（Teasley, S. D., 1997）の議論をもとに田島ら（田島，2010；田島・茂呂，2006）がまとめた，相手の意見を無視して自らの意見の正当性を一方的に訴える**非トランザクション**もあげられる。**表6.1**に，トランザクション対話の発話カテゴリー事例を示す。なお本事例における，生徒1の発話に対する生徒2の応答発話が，トランザクション対話とし

表6.1　トランザクション対話の代表的な発話カテゴリー事例（田島, 2010より一部改変）

【表象的トランザクション】
生徒1：電流が減らないなら，電池の容量が減ることが説明できないのではないですか。
生徒2：よほど長い間電池を使うのでない限りは，電流は一定だと思うけど，でも，長い間使用する場合は，電流が減ることもありえるでしょうね。

【操作的トランザクション】
生徒1：電池の性能は劣化するのに，なぜ電流は豆電球のところで減らないといえるのですか。
生徒2：豆電球は電流を消費するわけではなく電圧を消費すると考えてみては。例えば電球を通ることによって，電池の電圧は変わるけれど，回路を回る電流は変わらないと考えては。

【非トランザクション】
生徒1：電流は豆電球の部分で消費されないのですか。
生徒2：教科書には，電流は減らないと書かれてあるから，とにかく減らないのです。

ての発話カテゴリーを示す。

　高垣ら（高垣，2006；高垣・中島，2004；高垣・田原，2005）はこのトランザクション対話を使用し，小学4年生を対象とした討論過程の事例分析を行った。高垣・中島（2004）では力の作用・反作用に関する概念，高垣・田原（2005）では電流保存に関する概念，高垣（2006）では水の状態変化に関する概念を課題としたが，いずれの調査においても，操作的トランザクションに該当する発話が，生徒間の対話活動においてみられることが，科学的知識に関する彼らの多面的な解釈（本章でいう理解に該当する）を促進させる可能性を示唆している。

　一方，田島ら（田島，2010；田島・茂呂，2006）は，このトランザクション対話を，理解を達成できる学習者とできない学習者の特徴を把握するために使用した。田島らの実験は，中学2,3年生20名を対象に，電流の保存に関する概念を対象課題としたものであった。この実験では，科学的知識に基づく主張を行う実験参加者には日常経験知に基づく反論を，また日常経験知に基づく主張を行う実験参加者には科学的知識に基づく反論を調査者が提

示し，両者の関係を解釈するよう求めた。そしてトランザクション対話の枠組みを使用して，この実験でみられた実験参加者の交渉発話を分類した。

その結果，日常経験知と科学的知識の両観点を取り入れた解釈を行い，理解を達成したと判断された実験参加者は，理解を達成しなかったと判断された者と比較して，操作的トランザクションを有意に多く使用していたことが明らかになった。一方，表象的トランザクションおよび非トランザクションを多く発した者は，理解を達成しなかったと判断されたことも明らかになった。

6.4.5 理解を促進するための再声化（リヴォイシング）

以上の調査結果から，理解を生じさせるためには，授業において対話活動を導入するだけではなく，それらの対話において，操作的トランザクションのような交渉発話をより多く使用するよう，また非トランザクションや表象的トランザクションのような交渉発話の使用を抑制するよう指導を行う必要があるということがわかる。

生徒間の対話の質を向上させ，彼らの理解を深めていく上で効果が期待される教育支援法として，教員が積極的に生徒らの発言を組織し，そのままでは散漫になりがちな対話の方向性をより明確なものにしていく方法（Forman, E. A. et al., 1998；O'Connor, M. C., & Michaels, S., 1996）があげられる。このような教員の支援は，**再声化（リヴォイシング）** とよばれる。

田島（2008 b，2010）は，フォアマンらや，オコーナーとマイケルスが紹介した指導事例を参考に，生徒たちの対話活動を促進することを目的として実施された，教員の介入発話の機能をカテゴリー分類し，**再声化介入法**として新たに提案した。この介入法は，生徒の不明確な発話内容を明確に言語化する「再編集」，生徒の断片的な発話から得られる新たな視点を提供し，生徒相互の意見の検討を誘う「拡張的引用」，生徒らの解釈が，設定課題を解決していないと判断された場合，指導者が対話の方向性を具体的に示唆する「深化」の発話カテゴリーから構成されている。

表 6.2 再声化介入法の発話カテゴリー事例（田島，2010より一部改変）

【再編集】
生　徒：電流が減るのは，古くなるからじゃない。
指導者：古くなる。それは電池が古くなるということですか。

【拡張的引用】
生徒1：電流は，そりゃ使えば減るだろう。
生徒2：しかし授業では，豆電球のところで電流は減らないと習ったよ。
指導者：電流は電気エネルギーを使えば減ると思うけど，学校では豆電球で電気エネルギーを使っても，そこで電流量は減らないと習った。この矛盾するように見える関係をどのように解釈できるでしょうか。

【深化】
生　徒：電流は水の流れ，消費される電気エネルギーは水の流れによって生じる水車の回転に例えればいい。
指導者：しかし水車のたとえでは，モーターの場合なら良いかもしれませんが，豆電球で光を生み出す電気エネルギーについては，直感的に分かりにくいですね。目に見えるエネルギー消費現象と関連づけて，分かりやすい説明になるよう，検討を加えてください。

表 6.2 に，再声化介入法の発話カテゴリーの事例をあげる。なお本表における，生徒の発言に対する指導者の介入発話が，再声化介入法としてのカテゴリーとなっている。

これらの教員の介入発話には，教員の解釈が入り込むため，生徒自身の解釈の割合は一定程度，低下する。一方，再声化介入法は生徒の活発な解釈活動を促進することを目指して実施される技法であり，新たな課題や他の生徒との発話と関連づけを行うことによって，さらなる対話交渉を誘う効果が期待できる。そのため，生徒間の対話を操作的トランザクションのような交渉発話を多用した対話に導く上でも効果があると考えられた。

田島（2008b，2010）は，面接実験により，この再声化介入法の効果を実証している。この実験では，2名1組の実験参加者組に分かれた大学生26名が，対話を通して，電流保存概念と日常経験知との関係を解釈するよう求められた。そして，この課題の解決に成功していないと判断された場合，再

声化介入法に基づく支援を調査者が行った。その結果，介入前は課題解決できたと判断された実験参加者は0名だったのに対し，介入後は，16名（8組）が解決したと判断された。また対話プロトコルを対象とした統計分析の結果，再声化介入法には，操作的トランザクションを有意に増加させ，また表象的トランザクションを有意に減少させる効果があることが明らかになった。

また田島ら（田島, 2010；田島・森田, 2009）は，実際の授業で実施された，生徒間の対話活動の質を深める教員の介入効果を，再声化の観点から分析している。この授業は小学5年生40名を対象とし，母親と胎児の間の栄養交換に関する知識の理解促進を目指したものであった。田島らは，生徒間の対話をトランザクション対話の発話カテゴリーに分類し，教員の再声化による介入前後の対話の質の違いについて分析を行った。その結果，教員の介入には，生徒間の対話において非トランザクション的応答を有意に減少させ，操作的トランザクション的応答を有意に増加させる効果があることが明らかになった。

たとえば以下の事例では，教員は生徒2の発話に対し，再声化を行うことで，素朴概念の影響が強いと思われた生徒1の論理の破綻を指摘している。本事例の対話は，教員の介入がなければ，生徒2の「言っていることの意味が分からない」という非トランザクションに分類される発話で終わっていた可能性があった。しかし教員による再声化（「拡張的引用」）により，操作的トランザクションを伴う，生徒間のさらなる議論を生じさせ，ターゲットとする科学的知識に対する，多面的な解釈を深めることができた。

生徒1：胎児が母親と胃で直接つながっていないのは，胃につながった状態では胎児は真横になっていなければいけないが，その状態では出産できないからじゃないの。
生徒2：え，でも逆子の場合でも，胎児は胎盤とつながっているんでしょ？
生徒1：言っていることの意味が分からない。
生徒2：だからあ……

教　員：……だから生徒2は生徒1の，胃につながっていると横になるから，出産できないという論理はおかしいといっている。だって，逆子の場合だって生まれてくるのだから，どの位置に胎児がいても生まれてくることができないことはない，ということでしょう。

（田島，2010より一部改変）

　以上のように，教員による再声化は，生徒たちの対話を活性化し，また彼らの理解を促進させる上で有効な介入手法であることが認められるのである。

6.4.6　他者との生き方を学ぶ場としての理科の学習

　この再声化による介入は，生徒たちが生産的な学びに向かうための人間関係を構築する上でも，重要な役割を果たすと考えられる。

　野村・丸野（2014）は，大学生700名以上を対象とした質問紙調査により，試験という定型的な授業文脈での知識適用の妥当性のみを価値づける信念をもつ学習者は，他者との対話活動を，非効率で意味がないものと否定的にとらえる傾向にあることを明らかにしている。その上で，多様な文脈を背景とする人々との共同作業において知識を適用することを価値づけ，協同学習の必然性を高める教育方法・評価法の実施の必要性を主張している。この野村らの調査結果は，授業において対話活動を導入する上で，教員が生徒たちの協同学習の意義を肯定的に価値づけ，また彼らの学びに対する信念を，異質な文脈への適用を考慮した知識解釈を行うことを重視するものにしていく介入が必要であることを示すものといえる。

　そしてこのような教員の介入を効果的に実施できる方法として，再声化に基づく支援は有効に機能し得ると考えられる。

　松尾（2010）は，教員の再声化による支援を通し，他者との積極的な意見交換を肯定的に価値づけるようなグラウンドルールを，生徒たちに意識させることができると指摘している。グラウンドルールとは，エドワーズとマーサー（Edwards, D., & Mercer, N., 1987）によって提唱された概念であり，

対話に参加するメンバーが，その運用に関して共有する暗黙的な規則・雰囲気を示す。このグラウンドルールが，たとえば「多様な考えを述べるよりも，正解を述べるべきである」というものであれば，生徒たちの学びに対する信念も自ずと保守的なものとなり，自らが考えた素直な意見を述べるよりも，教科書的定義に基づく発言しかしなくなる可能性が高くなる。しかし教員が，再声化による介入を通し「さまざまな文脈を背景とする相手の意見を積極的に傾聴し，自分の意見と対話的に交渉すべきである」というようなグラウンドルールを価値づけることができる場合，生徒たちの積極的な対話への参加を促進し，結果的に，彼らの概念解釈を深めることができるだろう。

すなわち再声化介入による教員の指導とは，科学的知識の習得・理解を通し，生徒間の対人関係スキルの育成を目指すものなのだといえるかもしれない。理科の学習とは（必ずしも理科に限らないかもしれないが），生徒たちが新たな科学的知識を学びとると同時に，それらの知識を介した，他者との生き方（対話のあり方）をも学びとる場であり，教員のことばは，本来，そのような学びを下支えするものとして機能すべきなのだろう。

道徳の学習

　「少年犯罪」や「いじめ」といったような事件が発生するたび，学校教育における道徳教育の不十分さが指摘されたり，また同時に道徳教育のさらなる強化や改善を求める声が出てくる。
　人が他者と共に社会生活を送る中で，道徳を学習しそれを実践していくことは不可欠なことである。では，人は道徳をどのようにして学んでいくのだろうか。またどのように学んでいくことが，道徳の学習にとって効果的なのだろうか。
　心理学において，こうした問題は長年考えられてきた。本章で紹介するように，道徳に関する研究知見は非常に多く蓄積されてきている。しかし近年になって，その理論的な課題も指摘されるようになってきており，新しい切り口での研究が求められてきている。
　本章では今日までの主要な道徳性研究の流れを確認しつつ，その特徴を確認する。そして現在，どのような点が道徳性研究の課題となっているのか，またそうした課題を克服する立場としてどのような研究アプローチが登場してきているのかを説明する。そして新しい切り口での道徳の学習理論の一つとして，社会文化的アプローチからの研究を紹介したい。
　道徳の学習は社会のメンバー全員に関係する問題である。道徳教育に関係する方はもちろんのこと，「人を育てる」立場にある方すべてに考えていただきたい問題である。
　人がどのように「良さ」を判断しているのか，またそうした判断の仕方をどのように学習していくのかについて考えるきっかけとなれば幸いである。

7.1 道徳性の発達
7.1.1 研究の流れ

　心理学の立場から最初に道徳性研究に着手したのは，ハーツホーンとメイ（Hartshorn, H., & May, M. A., 1928）だとされている。このハーツホーンらは，道徳的価値を教え込むことを主眼とするキャラクターエデュケーション（人格教育）と子どもの道徳的行為の関連性を検証しようとした。この結果によれば，キャラクターエデュケーションを受けた子どもとそうでない子どもの間には，道徳的行為の生起頻度には差が生じなかったとされる。

　今日まで道徳性に関する研究は非常に多く出されており，道徳性というテーマはかなり手垢のついたテーマといえるであろう。こうした数多くの研究を，二宮（1999）や藤永（2001）は①精神分析理論，②社会的学習理論，③認知発達理論と，大きく3つの理論に分類している。また大西（1992a）は，この3つの理論の他に④社会心理学理論，⑤人格理論を加えている。

　ここでは，代表的な研究として，精神分析理論，社会的学習理論，社会心理学理論，認知発達理論の4つのアプローチから，道徳性研究がどのように行われてきたのかを紹介する。

7.1.2 精神分析理論

　まず精神分析理論からのアプローチをみていく。このアプローチの代表はフロイト（Freud, S.）である。フロイトが道徳性について考えるようになったきっかけは，神経症の解明のプロセスにおいて，自己が自己を罰するようになるメカニズムに関心をもったことにあるとされている（藤永, 2001）。フロイトは人間の心の構造を，無意識・自我・超自我という3層に分け，そのうちの超自我が，いわゆる「良心」としての役割を果たし，道徳的な判断を行う主体であると考えた（図7.1）。

　よってフロイトにおいては，道徳性の発達とは，この超自我が形成されていくことにほかならない。未だ無道徳な状態である幼児は，自分自身を律す

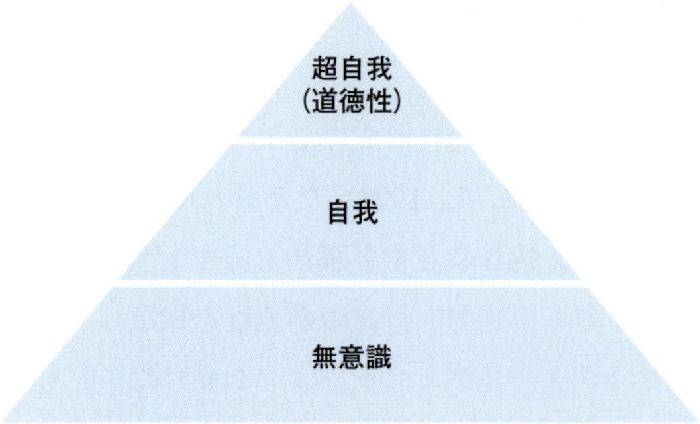

```
        超自我
        (道徳性)

         自我

         無意識
```

図7.1　フロイトによる心の3層構造

る力をもってはおらず，両親のような外的な力が幼児の行動を抑制する。しかし5歳から6歳の段階になり，異性の親に性愛感情を抱き，同性の親に嫉妬するエディプス・コンプレックスが解決されるようになると，自身の内部に規範や価値が内面化され，超自我が形成される。

　フロイトは，この超自我の形成に影響を与えるのは家庭における両親だけではなく学校教育における教師なども含めている。またこの超自我が律するものは文化や社会によって異なるとしている。

　現在，この精神分析理論アプローチによる道徳性研究はほとんどみられないが，道徳性の発達に関して，人間の主体的な働きかけを指摘した点は，後の研究に大きな影響を与えたとされている（戸田，1997）。

7.1.3　社会的学習理論

　次に**社会的学習理論**からのアプローチについて述べる。このアプローチでは道徳性を利他行為や愛他的行動といったような社会規範としてとらえ，それらが罰や報酬を通して学習され，内面化されるという立場がとられる。

　このアプローチの代表はバンデューラ（Bandura, A.）である。バンデューラはまず，ピアジェ（Piaget, J.）やコールバーグ（Kohlberg, L.）に代表

される認知発達アプローチによる道徳性研究を批判した。後述するように，ピアジェとコールバーグによれば道徳性の発達とは，行為の善悪の判断基準が，結果がどれくらい甚大なものであるかという観点から，なぜそのような行為をしてしまったのかという動機に基づく観点へと，段階的かつ非可逆的に変化していくこととされている。よって道徳性の発達とは，自己中心的思考からの脱中心化という個体発生的要因である（戸田，1997）。しかし，バンデューラは道徳性とは攻撃性などと同様に，社会的強化の随伴性とモデルの観察という社会的学習によって形成されると主張した。たとえば，バンデューラはピアジェが提唱した，子どもの道徳的判断が結果に基づいてなされる段階から，動機に基づいてなされる段階へと発達するというテーゼに対して反証する実験を試みている。その結果として，いわゆる結果に基づいて道徳的判断を行う児童は確かに年齢と共に減少し，動機に基づいて道徳的判断を行う児童が増大するものの，どの年齢層にも両者の判断様式が混在しており，必ずしもピアジェのテーゼが正しいとはいえないことを明らかにした。またバンデューラは，モデリングによっては，児童は両方の判断様式を使い分けるということも示した。

バンデューラの社会的学習理論はその後，モデリングを中心とする理論から，個人内の認知過程を重視する社会的認知理論の方向へシフトし，道徳性に関しても現在はこの社会的認知理論から概念化が行われている（明田，1992 a）。

7.1.4 社会心理学理論

3つ目のアプローチは，社会心理学理論からのアプローチである。このアプローチの特徴は，道徳性を社会や他者との相互作用の観点からとらえていこうとしている点にある。

コーエン（Cohen, R. L.）は，公正（justice）に関して，私たちの公正感というものが，その原因や責任の帰属に深く関係していることを主張した（明田，1992 b）。またハーン（Haan, N.）は，道徳性というものを人間が現

実に行っている実践としてとらえるべきだと主張し，たとえば言論の自由は認めるべきかといったような，コミュニティのメンバー間で同意を求める対話によって道徳性が達成されると考えた（大西，1992 b）。このハーンの主張は，ピアジェやコールバーグが演繹的にとらえた道徳的判断を，他者や状況との相互作用によってなされるものとしている点で，非常にユニークであるといえるだろう。

ホフマン（Hoffman, M. L.）は，道徳性の発達とは，個人がどのように葛藤を処理していくのかという方法の変化であると考えた。個人が自身の行動を外的な権威や他者によって統制するという段階から，次第に行動を自己統制していくようになるという，道徳的内面化のプロセスこそが，ホフマンにとっての道徳性の発達であった（高橋，1992）。

7.1.5 認知発達理論

最後に現在，道徳性研究のアプローチでもっとも支配的である**認知発達理論**を紹介する。このアプローチの先駆者であるピアジェは，1932年に『児童の道徳判断』を著し，子どもの道徳的判断の発達的変化を考察した。ピアジェは道徳性の発達は，自己中心性を脱して，他者の立場を考えることができるようになるという，いわゆる「他律から自律へ」という流れで進むと考えた（戸田，1997）。藤永（2001）はピアジェの道徳性に関する理論の特徴を表7.1の5点にまとめている。

ピアジェの認知発達理論を継承し，道徳性の認知発達理論を確立したのがコールバーグである。ピアジェが道徳性研究の対象としていたのが，13歳くらいまでの児童であったのに対して，コールバーグは16歳くらいまでの児童・生徒を対象にして，道徳性の発達の3レベル6段階を設定した（表7.2）。

第1段階の「罰と服従への志向」と第2段階の「手段的相対主義への志向」は，第Ⅰレベルの「前慣習的水準」に属し，このレベルの子どもたちは，善悪を自己の欲求や快楽から自己中心的な判断をする。次の段階である第3

表7.1 ピアジェの道徳性理論の特徴 (戸田, 1997；藤永, 2001)

1. 道徳性の発達の段階説。
2. 他律から自律への変化。
3. 道徳性の発達とは判断構造の組み替えであり,より複合した視点で,均衡した判断を下せるようになること。
4. 認知発達は道徳性の発達の必要条件である。
5. 道徳性の発達は,規則や権威への一方的な尊敬から,仲間との協同へという道筋をたどる。

表7.2 コールバーグの発達段階説 (Kohlberg, 1969を改変)

レベル		段階	判断の根拠
Ⅰ.前慣習的水準 (7歳から10歳)	1	罰と服従への志向	自分の行動が罰せられるか,または褒められるか
	2	手段的相対主義への志向	行為が自分の欲求や利益を道具的に満たすか
Ⅱ.慣習的水準 (10歳から16歳以降)	3	よい子への志向	自分の行為が他者から承認されるか
	4	法と秩序への志向	行為が社会的な規則に抵触するか
Ⅲ.脱慣習的水準 (16歳またはそれ以降)	5	社会契約的な遵法主義への志向	行為が社会全体から承認されるかどうか
	6	普遍的な倫理的原理への志向	行為が普遍的な倫理原則に従うか

段階の「よい子への志向」と第4段階の「法と秩序への志向」は第Ⅱレベルの「慣習的水準」に属し,このレベルでは子どもたちは自分たちの所属する集団に従うようになり,その集団の秩序を維持しようとする。第3段階では,子どもたちは集団の視点をとり,黄金律(自分が他者に望むことを,他者にもせよ)に従って行動をとるようになり,道徳的判断の理由づけとして,集団における規則や慣習をあげる。次の段階である第4段階では,子どもたちは社会というものを利害が対立する集団を含むシステムであるととらえるよ

うになり，そうした対立は法廷のような調停機関において解消されるべきだと考えるようになる。この段階の子どもたちは規則は変えることができるものではあるが，いったん決まった規則は守るべきだと考える（ロゴフ，2003）。第Ⅲレベルの「脱慣習的水準」では，道徳的判断は自身が所属する集団や権威というものに縛られずに，行われるようになる。この第Ⅲレベルには，第5段階「社会契約的な遵法主義への志向」と第6段階「普遍的な倫理的原理への志向」が含まれる。第5段階は，功利主義的な立場から道徳的判断がなされる傾向があり，合法的・民主的に同意されたことを除いては，個人の問題として扱われる。藤永（2001）によれば，アメリカ合衆国憲法の公式な道徳性がこの第5段階であるという。第6段階では，道徳的判断は普遍性に訴えるだけではなく，個人の良心によってなされる。藤永（2001）にしたがって，コールバーグの主張をまとめると以下の**表7.3**のようになる。

岩佐（1992）は，1960年代から1970年代にかけては，道徳性の研究はまさにコールバーグの理論を中心に展開してきたと述べている。またコールバーグは自身の理論を，「学級における道徳の授業」と「学校全体における道徳教育」という2つの切り口から道徳教育実践にも応用しようとした（松尾，2007）。まず学級における道徳の授業に対しては，学級で道徳的葛藤場面に

表7.3　コールバーグの道徳性理論の特徴（藤永，2001より作成）

1	道徳性の発達段階の普遍性 発達段階は文化を越えて普遍であり，段階の順序は不可逆的である。
2	道徳性の発達の必要条件としての認知能力の発達 道徳性の発達には認知能力の発達が必要な条件である。
3	経験による認知構造の均衡化としての道徳性の発達 認知発達は経験によって認知構造に不均衡が生じ，それを均衡化することにより達成される。
4	道徳性の発達における役割取得の重要性 道徳性の発達は，他者への関心や尊重を持つ役割取得能力が必要である。

ついて討論しあうことで道徳性の発達を促す道徳的討論プログラムを提唱した（ライマーら，2004）。これはわが国でも，荒木らによって「モラルジレンマ授業」として幅広く実践されている（荒木，1988）。

一方の学校全体における道徳教育に対しては，正義的共同社会（ジャストコミュニティ）アプローチを提唱した。これは，学校を生徒と教師が同じ権利をもつという民主主義に基づく自治組織ととらえたうえで，週に1度，2時間開かれる学校のメンバーが全員参加するコミュニティミーティングを開き，そこで学校の運営についてのさまざまな問題を話し合うというものである（ライマーら，2004）。

しかしその一方でコールバーグの理論に対しては，今日までいくつかの課題が指摘されてきている。次項では，コールバーグに代表される認知発達理論における道徳性研究の課題を示す。

7.1.6 認知発達理論の課題

ピアジェやコールバーグに代表される認知発達理論は，道徳を普遍的な妥当性をもった判断を志向する正義の原理に関わるものとし，さらに道徳性を個人の認知的構造と定義したことにより，今日まで数多くの道徳性研究がなされ，またこの立場に基づく道徳教育実践も数多くなされてきている。しかし，これらの研究にはいくつかの課題も指摘できる。

まず1点目の課題は，道徳をめぐる意味づけに関して，そのバリエーションや構築過程を，認知発達理論では十分に扱えないという点である。

コールバーグによる道徳性研究が成功した最大の要因は，道徳的判断をその「内容」ではなく「形式」でとらえた点にある。たとえば認知発達理論では，子どもの発言から既存の形式主義の尺度に照らして道徳性段階を特定しようとする。この立場は，非常に明快であり，客観的な評価がしやすいという利点がある。しかしそれは見方を変えれば，ことばの表象的な面だけをみるものである。なぜそのようなことばが選択されたのかといったような，文脈や背景は十分に勘案されない。

表7.4　ハインツのジレンマ（林, 2009）

　ハインツの奥さんが病気で亡くなりかけています。ハインツは，医者から，ある薬で助かるかもしれないと聞かされます。そこで，ハインツは，その薬を買いに行くのですが，値段が高くて買えません。負けてくれるように頼んでも，薬屋は「私がその薬を発見しました。私はそれでお金もうけをしようと思っているのです」と言って，負けてくれません。
　そこで，その夜，ハインツは薬屋の倉庫に盗みに入りました。あなたは，ハインツのとった行為に賛成ですが，反対ですか。

　ワーチ（Wertsch, J. V., 2004）はギリガン（Gilligan, C., 1986）の研究を引用しつつ，コールバーグによるモラルジレンマ課題（「ハインツのジレンマ」）（表7.4）において，男子と女子の間で比較すると男子のほうが道徳性の発達段階が高くなってしまうことにふれ，この発達段階の性差の背景には，男子と女子の間のジレンマ課題の意味づけ方の違いがあるとしている。ワーチによれば，男子はこのジレンマ課題を，「数学問題のように」（p.105）意味づけて，あくまでも主人公のハインツのみの視点から抽象的な規則に照らして明解に解こうとするのに対し，女子はこの課題をハインツのみの視点に限定せず，「人間のつながりで成り立っている世界」という視点から関係論的に意味づけ，ハインツの妻の視点や薬屋の視点，果てはお金を貸す業者の視点までを取り入れながら，全員が納得できるような解決策を出そうとする。しかしコールバーグの理論では，道徳判断に際して自律的で抽象的な判断が高い段階と想定されているために，男子の回答は高く評価される一方で，多数の視点を出すことで主人公の責任を分散させてしまうような女子の回答は低く評価されてしまうのである。
　2点目の課題は，親や教師などの存在のとらえ方についてである。認知発達理論はその名前のとおり，道徳性の発達を子どもの認知の発達と並行するものとしてとらえる。これは言い換えれば，認知発達理論では道徳性の発達は最終的には子ども個人の認知発達に還元され，親や教師による道徳教育や

道徳的養育は子どもの道徳性の発達にとってそれほど積極的な役割があるとは考えられていない（山岸, 2009）。ピアジェやコールバーグにとっては, 道徳性を発達させるきっかけになり得るのは, 主に子どもたち同士の相互作用であり, 大人からの積極的な働きかけは子どもの自律をむしろ阻害する恐れがあるものと考えられている。これは, 道徳性の発達に対して道徳教育の役割を過小評価してしまうことに繋がり得る（石黒, 2004）。

7.2 道徳性研究の新しい流れ

こうした認知的発達理論における課題を克服するアプローチの一つとして, 社会文化的アプローチからの道徳性研究の流れがある。**社会文化的アプローチ**とは, ヴィゴツキーのアイディアをそのルーツとする立場であり, 人間がある社会や文化の文脈の中で, その社会や文化に特有の道具を用いて行う活動に注目するアプローチである。

この試みを行ったのはアメリカのコルビー大学のタッパン（Tappan, M. B.）である。タッパン（Tappan, 2006）は, 社会文化的アプローチによる道徳性研究の前提として次の4つをあげている（表7.5）。

タッパンはまず道徳性を高次精神機能の一つに据えた上で, それが言語によって媒介されると考えた。たとえば, 私たちがある行為を「良い／悪い」と判断する際には, 必ずその行為への意味づけを行う。そして意味づけには必ずことばが必要とされる。そして道徳性を媒介することばのことをタッパンはオークショット（Oakeshott, M., 1975）を引用しつつ, **日常的な道徳言語**（vernacular moral language）と名づけている。日常的な道徳言語とは, 抽象的または普遍的な意味をもつ言語ではなく, 私たちが日常生活の中で他者とのやりとりの際に用いているような話しことば（口語）の形をとるという。ここから, 前提3の社会的なコミュニケーションや関係性から道徳性は生じるという主張が導き出されるのである。またことばという道具は, それを共有する社会文化的コミュニティの内部でしか機能しない文化的な道具で

表7.5 社会文化的アプローチによる道徳性研究の前提

前提1	道徳性は高次精神機能の一つであり、必ずことば（words）、言語（language）、ディスコース形態（forms of discourse）によって媒介される。
前提2	この媒介は主に内的な道徳的対話（inner moral dialogue）という形をとった内言で起こる。
前提3	社会的なコミュニケーションや社会的な関係性は、必ず道徳性を生じさせる。
前提4	道徳性の発達は、ある社会・文化・歴史的文脈によって形成される。

あることに注意しよう。たとえば日本語ということばは、日本語を理解できるコミュニティの内部でしか通用しない。私たちは、あるコミュニティの中に生まれ、そこで流通することばを学んでいく中で、そのコミュニティでの振る舞い方、つまりはそこでのローカルな道徳を学んでいくのである。ここから前提4の、道徳性の発達はある社会・文化・歴史的文脈によって形成されるという主張が導出されるのである。

7.2.1 社会文化的アプローチが考える道徳性

ピアジェやコールバーグらの認知発達アプローチでは、道徳性とは、道徳的な葛藤を解決するための個人の認知能力として定義されていた。では社会文化的アプローチでは道徳性をどうとらえるのか。

タッパン（Tappan, 1992）は、道徳性を人が道徳的な判断や行為を行う際に必要となる心理的なプロセスであり、このプロセスは認知（cognition）・情動（emotion）・行為（action）という3つの次元から成り立つものと定義した（図7.2）。

このタッパンの道徳性の定義で注目すべき点は、道徳性の要素を、認知発達理論のように認知だけに限定していない点である。タッパンは認知に加えて、認知発達理論が排除してしまった情動と行為を道徳性の構成要素に含めることで、道徳性を生き生きとした「日常的なもの（ヴァナキュラーなも

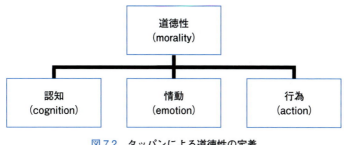

図 7.2　タッパンによる道徳性の定義

の)」ととらえようとしている。

　つまり社会文化的アプローチにおいて道徳性とは，ことばという文化的道具を使って，ある物事を「道徳的か否か」または「良いか否か」と意味づける行為と定義できるだろう。また道徳性が媒介されるのは，「文化的な」道具であるため，文化や社会によって道徳性が異なるものになるのは自明といえる。

7.2.2　社会文化的アプローチが考える道徳性の発達

　認知発達理論における道徳性の発達は，道徳的ジレンマを解決するための「個人」の認知推論形式の発達であった。

　しかしタッパン（Tappan, 2006）はまず道徳性の発達の単位の変更を提唱する。タッパンはバフチン（Bakhtin, M. M., 1981）やハーマンスとケンペン（Hermans, H., & Kempen, H., 1993）のアイディアから，認知発達理論では「個人」とされていた道徳性の単位を，「対話的な主体（dialogical self）」とした。これは，道徳性は個人の中で発達するものではなく，常に他者との関係性の中でしか意味を持ち得ないことを意味している。そしてそこからタッパン（2006）は道徳性の発達を，この対話的な自己が，道徳性を媒介することば（ことば，言語，ディスコース）を習得していく過程であると

定義した。タッパンは，このような道徳性を媒介する諸々のことばを習得し，自分のものとしていくことを，バフチン，ワーチ，ロゴフなどにならって**アプロプリエーション**（専有）と定義した。

またタッパン（Tappan, 1991）は，対話的な自己が道徳性を媒介することばを獲得していく中で同時に，自らの道徳的知見に関して「著者性（authorship）」「権威（authority）」「応答責任（responsibility）」の3つも獲得していくとしている。

まず著者性とは，当初は他者のものであった道徳的なことばを，自分なりに意味づけをしていくことで，次第に自分のものにすることである。次に権威とは，自分が考えたり行ったりする道徳的実践に対して，一定の自信をもつことである。そしてタッパンがもっとも重視しているのが，最後の応答責任である。これはバフチンに由来する概念であり，人は常に他者の存在があって成り立つものであり，常に他者の問いかけに対して応答する（答える）責任をもっているというものである。この応答責任を提唱することで，タッパンは著者性や権威というような多様性を尊重しつつも，他者に対して常に対話を志向しそれを継続するというゴールも提案している。

またタッパンは道徳性の発達として，単に子どもが社会や文化に特有の文化的実践をアプロプリエーションしていくというマクロな面だけでなく，「著者性」「権威」「応答責任」という個人の面にも焦点を当てていることで，親や仲間といった他者とのミクロな相互作用も視野に入れている。

7.3 社会文化的アプローチによる道徳性研究の紹介

ここでは現在までの社会文化的アプローチからの道徳性研究をいくつか紹介する。

バティア（Bhatia, S., 2000）は，認知発達理論における道徳性研究では，子どもの認知面での研究は行ってきたものの，養育者からのことばによる道徳的働きかけがどのように子どもの道徳性の発達に作用するかについては

ほとんど研究されてこなかったことを指摘した。そしてインド人の親子の相互作用を分析することで，さまざまなディスコース（命令文や疑問文など）を養育者が用いながら，子どもに対して道徳的意味を伝達していることを明らかにしている。

またブッゼッリ（Buzzelli, C. A., 1995）は，幼稚園における教師と子どもの間の相互作用を分析し，教師がどのようなディスコースを用いて教室の道徳的学びを管理しているのかを考察している。

また日本においても道徳教育や道徳性の研究に対して，従来とは異なるアプローチの必要性が提唱されてきている（奥野，2004；上地，2005；臼井・茂呂，2006）。またわずかではあるが，経験的なデータに基づく論文も発表されていている。

たとえば吉國（2008, 2009）は社会文化的アプローチの観点から，ディスコース分析を用いて小学校の道徳の授業における子どもの道徳の学びのプロセスを描き出している。

また菊池と廣瀬（2006）は，中学校の道徳の授業において生徒たちの発言や感想文を分析することで，生徒たちが他者の発言から自分の道徳観を協同的に構成していく様子を描き出している。

7.4 おわりに

ここまで道徳の学習について，範囲を学校教育に限定せずに議論をしてきたが，学校教育における道徳については歴史的な転換点にあるといえるだろう。小学校においては2018年度，中学校においては2019年度から道徳が教科化されることが決まっている。

教科化にあたっては，授業の中に問題解決型学習や体験的な学習などを取り入れることで，いじめ問題への対応といったような現実場面での道徳的実践力を養おうとしている。

しかしそうした授業の内容や進め方について，まずどのようなものを選択

し，どのように教師が展開していくべきなのかについては，まだまだ議論が必要と思われる。

　近年の社会文化的アプローチに基づく道徳性研究が示しているように，道徳の学習とは子どもたちの「頭の中」だけで生じるものではなく，子どもたちの周囲を取り巻くさまざまなものごと（社会，文化，大人，日常会話など）の中で生じるものである。

　望ましい道徳教育を検討するにあたっては，子どもたちはどのような背景や観点から事象の善悪を判断するのかを，子どもたちが発することばの表層的な意味を超えて，理解しようとする必要があるのではないだろうか。

　また同時に私たちは社会を構成する一員として，子どもの道徳性の学習に対して常に関与している存在であるといえる。この事実について，あらためて自覚する必要もあるだろう。

第IV部
学習の支援

総合学習の支援 8

　総合学習は，子どもの生活や経験を基盤として，教科の枠を越えて行われる学習である。総合学習には教科書がない。あらかじめ決められた内容を教師が教えるのではなく，学習者の求めに応じて学習活動が作られていくからである。探究課題は，学習者の「知りたい」「解決したい」という願いに基づいて設定され，探究する中で教科を越えた広がりをもつようになる。総合学習の基盤には，子どもは本来「こうしたい」「わかりたい」「できるようになりたい」という願いをもち，自ら環境や他者に働きかけ，成長していく存在であるという「子ども観」がある。

　総合学習の主役は学習者である。だからといって，すべて学習者まかせで教師は何もしない，というわけではない。学習者が「自ら課題を見つけ，自ら学び，自ら考え，主体的に判断し，よりよく問題を解決」できるようになるには，教師の適切な支援が必要である。

　平成10年の学習指導要領改訂において，総合学習を行うまとまった時間として，「総合的な学習の時間」が創設された。これにより，一部の先進校だけで取り組まれていた総合学習が日本全国の学校で行われるようになった。総合的な学習の時間には，各学校が独自のカリキュラムを作ることが求められている。どのような課題を設定し，どのような学習活動を展開すれば，子どもたちにこれからの社会で必要とされる資質・能力を育むことができるのだろうか。

　本章では，まず「総合学習とは何か」を解説する。その後，「総合的な学習の時間」のカリキュラムを対象として，総合学習における学びと支援の在り方について考えていく。

8.1 総合学習とは

8.1.1 総合学習で育つ子どもの姿

　本章を一つの事例から始めたい。取り上げる事例は、長野県諏訪市立高島小学校で行われた白紙単元学習[1]「もここちゃんとのくらし」の実践である（松倉, 2014）。松倉利和教諭の学級では、小学校1年生から3年生までの3年間、羊のもここちゃんと一緒に暮らし、毎日のお世話を続けながら、「名前をつける」「寒い冬を越すために準備する」「口蹄疫から命を守る」「毛刈りをする」「刈った毛でマスコットを作る」といったさまざまな活動に取り組んだ。

　3年生の毛刈りの活動のとき、前年度の毛刈りで、もここちゃんに怪我をさせてしまった子どもたちは、「今年は絶対に痛い思いや怪我をさせない」という強い思いをもっていた。毛刈りをする場所についての話し合いは、「油で滑らないようにブルーシートの上に板を置いて、板の上で作業をしたほうがいい」という意見と、「板のトゲが刺さるから板の上はふさわしくない」という意見が出て、白熱した。松倉教諭は2つの意見の立場のズレが新たな課題の追究になると考えて、実際にブルーシートと板で確かめてみようと子どもたちに提案する。作業場でブルーシートと板を準備していると、香さんの指に板のトゲが刺さってしまい、子どもたちは「板を使わないほうがいい」という意見に傾いた。このとき、明さんがブルーシートの下に板を置くという、教室の話し合いでは想定していなかった新しい方法を提案する。そこで、明さんの提案のように板をブルーシートの下に置いて、一人ひとりが寝転んでみた。板のないところはゴツゴツして痛いが、板を置いたところは直接地面にあたらないので痛くない。全員が体験したことで、ブルーシー

---

[1] 白紙単元学習は、子どもと教師がともに創り上げる同校独自の総合学習である。同校では「文字通り何も染まっていない白紙の状態から、子どもの興味・関心を大切に学習材を発掘し、活動の歩みを見つめながら子どもと教師がともに計画し、創り上げる学習」と定義している（諏訪市立高島小学校学習指導研究会, 2013）。

トの下に板を置いて毛刈りをすることになった。当初トゲが刺さるからと板の上での毛刈りに強く反対していた愛菜さんは，「明君，いい方法だね，ありがとう」と話し，振り返りには次のように記した。

「私は板をブルーシートの上に置いて毛刈りをすることしか考えていなかったけれども，板をブルーシートの下に置いて自分も寝てみたら，全然痛くなかったし板のトゲも刺さらなくて，もここちゃんがケガをしなくて毛刈りができてよかった。自分の意見を変えてよかった。」

　もここちゃんとのくらしは，教科の学習にも展開した。羊を貸してもらうために牧場主の方に手紙を書く（国語），音楽会で羊をテーマに発表する（音楽）といった教科学習が行われた。また，もここちゃんを口蹄疫から守る活動では，小屋の周り30 cmのところに石灰を撒く必要があった。子どもたちはまだ算数で「長さ」の学習をしていなかったが，必死に30 cmを探した。「全校へのお願い」の作文を書いて口蹄疫予防のため協力をよびかけた。
　松倉学級の白紙単元学習からは，子どもの切実な思いから発し，課題を協働的に追究し，自己の課題や成長を肯定的に受け止める，子どもの姿を見出すことができる。このような総合学習はどうすれば実現できるのだろうか。

8.1.2　教科の枠を越える学習

　教科学習では親学問を基盤として系統的に教育内容が組織されるのに対して，**総合学習**では教科の枠を越えて学習が行われる。総合学習が教科の枠にとらわれない学習であるというとき，そこには2つの意味が込められている（奈須，2002）。一つは，学習者の生活や経験を基盤として学習を組織する生活教育や経験カリキュラムの考え方である。この立場では，子どもの興味・関心・願い・必要などから出発して，生活をよりよいものにしていく学習が目指される。子ども自身が問いを設定し探究を進める総合学習であり，教科

学習とは異なる教育観や子ども観に立脚している。もう一つの意味は，教科のねらいをよりよく達成するための教育方法上の工夫としての総合学習である。たとえば，国際理解，情報，環境，福祉・健康などの現代的な学習課題は，1つの教科等の枠には収まりきらない。教科を越えて単元や1コマの学習活動を構成したり（合科的な指導），各教科の指導を相互に関連づけたり（関連的な指導）することによって，多角的・多面的な理解を促す。これは「総合教科単元としての総合学習」（平野，1997）であり，教科学習の考え方の延長に位置づくものといえる。

本章では，上記の2つの意味をあわせもつものとして「総合学習」という語を用いる。教育課程上は，「総合的な学習の時間」に限らず，小学校1，2年の生活科，各教科における合科的な指導や関連的な指導を通して，総合学習が行われる。

8.1.3 総合的な学習の時間

総合的な学習の時間は，総合学習を行うまとまった時間として，平成10年（高等学校は平成11年）の学習指導要領改訂で創設された。各学校では，「地域や学校，児童生徒の実態等に応じて，横断的・総合的な学習や児童生徒の興味・関心等に基づく学習など創意工夫を生かした教育活動を行うものとする」とされた。また，平成20年（高等学校は平成21年）の学習指導要領改訂では，「探究的な学習」を行うことや，「協同的」に取り組む態度を育てることなど，目標や内容の改善がはかられた。さらに，平成29年（高等学校は平成29年度中を予定）の学習指導要領改訂では，探究的な学習の過程が一層重視され，総合的な学習の時間を通して育成を目指す資質・能力の明確化が行われた。「児童生徒の興味・関心に基づく学習」「探究的な学習」「横断的・総合的な学習」といったキーワードから，8.1.2に示したような，子ども自身が課題を設定して探究を進め，教科等の枠を越えて行われる学習が意図されていることが読みとれる。

8.2 総合的な学習の時間のカリキュラム

8.2.1 総合的な学習の時間の目標

小学校学習指導要領（文部科学省，2017 a）及び中学校学習指導要領（文部科学省，2017 c）では，総合的な学習の時間の目標を以下のように定めている。

第1　目標

探究的な見方・考え方を働かせ，横断的・総合的な学習を行うことを通して，よりよく課題を解決し，自己の生き方を考えていくための資質・能力を次のとおり育成することを目指す。

(1) 探究的な学習の過程において，課題の解決に必要な知識及び技能を身に付け，課題に関わる概念を形成し，探究的な学習のよさを理解するようにする。
(2) 実社会や実生活の中から問いを見いだし，自分で課題を立て，情報を集め，整理・分析して，まとめ・表現することができるようにする。
(3) 探究的な学習に主体的・協働的に取り組むとともに，互いのよさを生かしながら，積極的に社会に参画しようとする態度を養う。

第1の目標は，2つの要素から構成されている。1つめの要素は，「探究的な見方・考え方を働かせ，横断的・総合的な学習を行うことを通して，よりよく課題を解決し，自己の生き方を考えていくための資質・能力」を育成するという，総合的な学習の時間の特質を踏まえた学習過程の在り方である。2つめの要素は，このような学習過程を前提として，総合的な学習の時間を通して育成することを目指す資質・能力である。「よりよく課題を解決し，自己の生き方を考えていくための資質・能力」という記述や，「実社会や実生活の中から問いを見いだし，自分で課題を立て」という記述からは，学習者の主体性を重視する生活教育，経験カリキュラムの考え方を見出すことが

できる。また，「探究的な見方・考え方を働かせ，横断的・総合的な学習を行う」という記述からは，教科等の枠を越えて探究課題に取り組む「総合教科単元としての総合学習」が期待されていることがわかる。

8.2.2　資質・能力の育成

平成29年の学習指導要領改訂では，他教科等と同様に，総則に示された「知識及び技能」「思考力，判断力，表現力等」「学びに向かう力，人間性等」という3つの柱に即して，総合的な学習の時間を通して育成することを目指す資質・能力が整理され，目標に明記された。表8.1は，学習指導要領改訂の方向性を示した中央教育審議会（2016）が，総合的な学習の時間で育成を目指す資質・能力を，これまで「育てようとする資質や能力及び態度」として例示されていた3つの視点（「学習方法に関すること」「自分自身に関すること」「他者や社会とのかかわりに関すること」）と上述した資質・能力の3つの柱に即して整理したものである。

近年，OECDの**キー・コンピテンシー**[2]（表8.2）やATC 21 Sプロジェクトの**21世紀型スキル**（表8.3）など，これからの社会で求められる能力が相次いで提案されており，各国で資質・能力の育成を重視する教育改革が進められている（国立教育政策研究所，2014）。総合的な学習の時間における資質・能力の育成は，このような世界の潮流と軌を一にするものである。資質・能力の育成は教育課程全体を通して行うべきことであるが，総合的な学習の時間への期待はとくに大きい（安彦，2014）。総合的な学習の時間は，実社会で活用できる能力（**汎用的能力**）を育成する要の時間と考えられるようになってきている（田村学，2014）。

---

[2] 「キー・コンピテンシー」は，OECDのDeSeCo（コンピテンシーの定義と選択）プロジェクト（1997〜2003年）において提案された，人生の成功と機能する社会のために，個人が身に付けるべき力である。キー・コンピテンシーは，PISA（生徒の学習到達度調査）やPIAAC（国際成人力調査）といった国際的な教育調査の理論的・概念的な基盤であり，日本の教育政策にも大きな影響を与えている。

表 8.1 総合的な学習の時間において育成を目指す資質・能力
(中央教育審議会,2016,別添 18-1)

	知識・技能	思考力・判断力・表現力等	学びに向かう力・人間性等
高等学校	○課題について横断的・総合的な学習や探究的な学習を通して獲得する知識(及び概念) ○課題について横断的・総合的な学習や探究的な学習を通して獲得する技能 ○探究することの意義や価値の理解	○探究することを通して身に付ける課題を見いだし解決する力 ●課題設定 ●情報収集 ●整理・分析 ●まとめ・表現　など	○主体的に探究することの経験の蓄積を信念や自信,自己肯定感につなげ,さらに高次の課題に取り組もうとする態度を育てる。 ○協同的(協働的)に探究することの経験の蓄積を自己有用感や社会貢献の意識へとつなげ,よりよい社会の実現に努めようとする態度を育てる。 など
中学校	○課題について横断的・総合的な学習や探究的な学習を通して獲得する知識(及び概念) ○課題について横断的・総合的な学習や探究的な学習を通して獲得する技能 ○探究的な学習のよさの理解	○探究的な学習を通して身に付ける課題を見いだし解決する力 ●課題設定 ●情報収集 ●整理・分析 ●まとめ・表現　など	○主体的な探究活動の経験を自己の成長と結び付け,次の課題へ積極的に取り組もうとする態度を育てる。 ○協同的(協働的)な探究活動の経験を社会の形成者としての自覚へとつなげ,積極的に社会参画しようとする態度を育てる。 など
小学校	○課題について横断的・総合的な学習や探究的な学習を通して獲得する知識(及び概念) ○課題について横断的・総合的な学習や探究的な学習を通して獲得する技能 ○探究的な学習のよさの理解	○探究的な学習を通して身に付ける課題を見いだし解決する力 ●課題設定 ●情報収集 ●整理・分析 ●まとめ・表現　など	○主体的な探究活動の経験を自信につなげ,次の課題へ進んで取り組もうとする態度を育てる。 ○協同的(協働的)な探究活動の経験を実社会・実生活への興味・関心へとつなげ,進んで地域の活動に参加しようとする態度を育てる。 など

　総合的な学習の時間を通して,どのような資質や能力が育成されるのだろうか。日本生活科・総合的学習学会は,平成 26 年に全国の小学校を対象として,総合的な学習の時間の教育効果について調査を行った(村川ら,2015)。

表 8.2 OECD のキー・コンピテンシー (Rychen & Salganik, 2003)

3つのカテゴリー	コンピテンシーの内容
カテゴリー1： 相互作用的に道具を用いる	A. 言語，シンボル，テキストを相互作用的に用いる B. 知識や情報を相互作用的に用いる C. 技術を相互作用的に用いる
カテゴリー2： 異質な集団で交流する	A. 他人といい関係を作る B. 協力する。チームで働く C. 争いを処理し，解決する
カテゴリー3： 自律的に活動する	A. 大きな展望の中で活動する B. 人生計画や個人のプロジェクトを設計し実行する C. 自らの権利，利害，限界やニーズを表明する

表 8.3 ATC 21 S プロジェクトの 21 世紀型スキル (Griffin et al., 2012)

4つのカテゴリー	10個のスキル
思考の方法	1. 創造性とイノベーション 2. 批判的思考，問題解決，意思決定 3. 学び方の学習，メタ認知
働く方法	4. コミュニケーション 5. コラボレーション（チームワーク）
働くためのツール	6. 情報リテラシー（ソース，証拠，バイアスに関する研究を含む） 7. ICT リテラシー
世界の中で生きる	8. 地域とグローバルのよい市民であること（シチズンシップ） 9. 人生とキャリア発達 10. 個人の責任と社会的責任（異文化理解と異文化適応能力を含む）

　総合学習のトップ校（総合的な学習を長年実施し，高い評価を得ている学校），先進校（地域の中で総合的な学習を積極的に実施し，一定の評価を得ている学校），一般校（地域において平均的な取組みを行っている学校）を比較した結果，探究的・協同的な学習活動など総合的な学習の時間の趣旨に沿った学習活動を展開している学校では，「質の高い思考力」「質の高い情報活用能力」「協同的な問題解決能力」「地域社会へ貢献しようとする意識」

「新しい社会的課題へ挑戦する意欲」が育っていることが明らかになった。また，村川・鎌田（2015）は，中学校で3年間「未来総合科」（調査対象校の総合的な学習の時間の名称）を学習した卒業生に対して追跡調査を行った。卒業から18年が経過していたが，卒業生たちは未来総合科での学習を通して「問題解決力」「対人関係形成力・協調性・コミュニケーション力」「自主性・主体性」「さまざまな社会問題への興味・関心，社会とのつながり」「職業意識」などの汎用的能力が身についたと回答した。また，未来総合科の学習は学び手のその後の人生や仕事にも影響を与えていた。総合的な学習の時間の教育効果を，学習の直後だけでなく，長期的にみることの重要性が示唆される。

8.2.3 各学校において定める目標及び内容

各学校は，8.2.1で示した第1の目標を踏まえて，各学校の総合的な学習の時間の目標と内容を定め，独自のカリキュラムを作成する必要がある。各学校の目標には，総合的な学習の時間を通して育てたいと願う児童像・生徒像や育成を目指す資質・能力，学習活動の在り方などが表現される。総合的な学習の時間の内容（どの学年で何を指導するのか）は，他教科等と異なり学習指導要領には明示されていない。各学校が「目標を実現するにふさわしい探究課題」と「探究課題の解決を通して育成を目指す具体的な資質・能力」を内容として設定することが求められている。「目標を実現するにふさわしい探究課題」とは，たとえば，小学校であれば，「国際理解，情報，環境，福祉・健康などの現代的な諸課題に対応する横断的・総合的な課題」「地域の人々の暮らし，伝統と文化など地域や学校の特色に応じた課題」「児童の興味・関心に基づく課題」があげられる（文部科学省，2017a）。表8.4に小学校，中学校及び高等学校でよく取り上げられる探究課題を示す。また，「探究課題の解決を通して育成を目指す具体的な資質・能力」を定める際には，次の事項に配慮することが求められている。

表 8.4　総合的な学習の時間の探究課題の例
（文部科学省，2011 a, b, 2013 より作成）

高 等 学 校

1. **横断的・総合的な課題**
   国際，情報，環境，資源エネルギー，福祉，健康，食，科学技術，地域行政・司法，経済・消費，安全・防災
2. **生徒が興味・関心，進路等に応じて設定した課題**
   郷土，都市計画，地域社会，観光，生命・医療，共生，教育・保育
3. **自己の在り方生き方や進路にかかわる課題**
   人生観，社会奉仕，文化の創造，職業，勤労，アイデンティティ

中 学 校

1. **横断的・総合的な課題**
   国際，情報，環境，資源エネルギー，福祉，健康，食，科学技術
2. **生徒の興味・関心に基づく課題**
   ものづくり，生命
3. **地域や学校の特色に応じた課題**
   町づくり，伝統文化，地域経済，防災
4. **職業や自己の将来にかかわる課題**
   職業，勤労

小 学 校

1. **横断的・総合的な課題**
   国際，情報，環境，資源エネルギー，福祉，健康，食，科学技術
2. **児童の興味・関心に基づく課題**
   キャリア，ものづくり，生命
3. **地域や学校の特色に応じた課題**
   町づくり，伝統文化，地域経済，防災

ア　知識及び技能については，他教科等及び総合的な学習の時間で習得する知識及び技能が相互に関連付けられ，社会の中で生きて働くものとして形成されるようにすること。

イ　思考力，判断力，表現力等については，課題の設定，情報の収集，整理・分析，まとめ・表現などの探究的な学習の過程において発揮され，未知の状況において活用できるものとして身に付けられるようにすること。

ウ　学びに向かう力，人間性等については，自分自身に関すること及び他者

や社会との関わりに関することの両方の視点を踏まえること。

各学校では，このように設定した目標と内容に基づいて実際の学習活動（単元）を計画し，実施する。

8.3 総合的な学習の時間における学び

8.3.1 探究的・協働的な学習

　総合的な学習の時間には，児童生徒が自ら課題をみつけ，体験したり調査をしたりして情報を集め，整理・分析し，自分なりに納得のいく答えを作りだし，そこからまた新たな問いを見出すような**探究的な学習**が求められている。「よりよく課題を解決し，自己の生き方を考えていくための資質・能力」を育成するには，学校の外の現実世界で行われている本物の探究の過程を経験することが重要である。学校で学習者が接する問題の多くは，すでに教師が答えを知っているか，教科書や本に答えが書いてあって調べればすぐにわかる問いである。一方，学校の外の本物の問題（生活や仕事の場で直面する問題，市民として解決していかなくてはならない社会的な問題，科学の文脈で探究されている問題など）は，関わっている誰もが答えを知らなかったり，簡単には答えがみつからなかったりする問いである。宮崎（2005）は，前者を known question，後者を unknown question とよび，unknown question が本当の探究を引き起こし，対象のより深い理解を可能にすると指摘している。

　また，学校の外の世界における探究の過程では，まったく他者と関わらずに一人で問題解決を行うことはない。たとえば家庭や仕事場で直面する問題，社会的な問題は，関係する人々が共有するものであり，問題解決は協働的に行われる。科学の文脈では研究者が孤独に探究を行っているイメージがあるかもしれない。しかし，他の研究者が書いた論文を読む，道具（人工物）を使って実験をする，研究室のメンバーと議論をする，学会で他の研究者に対

して発見を伝えるなど，科学的な知識は実に社会的な実践の中で生成され，流通されている。探究には他者との関わりが不可欠なのである。総合的な学習の時間には，子どもたちはともに学ぶ仲間や教師，そして学校の外の専門家や地域の人々と関わりながら探究を進める（**協働的な学習**）。これらの人々との出会いや相互作用をコーディネートすることは教師の大切な役割である。

8.3.2　発達を導く学習

　本物の探究の過程では，答えがわからないだけでなく，どうすれば答えにたどりつけるのかわからないまま試行錯誤しながら進まざるを得ないという場合も少なくない。途中で問いを設定し直したり，解決したと思ったら新たな問いが生まれて思わぬ方向に展開したり，問題解決の道のりは事前に予測できない不透明さと面白さをもっている。

　探究が始まる前には，誰一人，どうすれば答えが得られるのか正確には知らない。にもかかわらず，なぜ私たちは探究を行うことができるのだろうか。その秘密は，他者との協働にある。やり方を知らないことが可能になる典型的な例は，幼い子どもの母語の学習である（1.2.1 参照）。赤ちゃんは十分に話せるようになる前（つまり語彙や文法などの言語に関する知識を習得するよりも前）から，周りの人々と「会話」している。これは，周りの人たちが，赤ちゃんを「話し手」とみなし，赤ちゃんの口から出る意味にならない音に対して，あたかも会話をしているかのように応答することにより成立する。大人たちは赤ちゃんの出した音を無視したり，「あなたはまだ話せない」と言って否定したりしない。演劇のインプロのように，赤ちゃんの出した音を提案（オファー）として受け止め，協働的に「会話」というシーンを創り上げている。

　ホルツマンは，ヴィゴツキーの**発達の最近接領域**という概念を，このように学習者と周囲の大人が協働的にアンサンブルを作り出すことだと解釈している（Holzman, 2009 ; Lobman & Lundquist, 2007）。赤ちゃんは，まだや

り方を知らないことであっても，周囲に助けられながら演じる（パフォーマンスする）ことによって，「話し手」となる。つまり，やり方を知らないことをすること（学習）が，実際には話すことのできない現在の自分を超えて話し手となること（発達）を導いている。重要な点は，発達を導く学習は，やり方を知らないことをパフォーマンスする環境を協働的に創造することと表裏一体の関係にあるということである。

　子どもたちの探究の過程でも同じことがいえる。まず探究の方法を知り，それから探究するのではない。たとえ探究のやり方がわからなくとも，見よう見まねで問題に取り組み，他者の助けを借りながら「探究」をパフォーマンスする。幼児のごっこ遊びのように，「探究」を演じる中で探究の仕方を学び，同時に「探究者」となっていくのである。教師や大人たちの役割は，探究者としての自らの姿を見せること，そして「探究」をパフォーマンスする環境を子どもたちと協働的に創造することである。

8.4　総合的な学習の時間の評価

8.4.1　学習状況の評価

　総合的な学習の時間の評価は，各学校の目標や内容に基づいて定められた観点により，学習状況（児童生徒にどのような資質・能力が身についたのか）を把握する観点別評価である。評価の観点は，各学校が目標や内容に基づいて独自に定める。たとえば，「小学校，中学校，高等学校及び特別支援学校等における児童生徒の学習評価及び指導要録の改善等について（通知）」（初等中等教育局長，平成22年5月11日）では，観点設定の考え方として次の3種類が示されている。

1. 学習指導要領に示された総合的な学習の時間の目標を踏まえた観点
　「よりよく問題を解決する資質や能力」「学び方やものの考え方」「主体的，創造的，協同的に取り組む態度」「自己の生き方」など

2. 各学校で定めた「育てようとする資質や能力及び態度」を踏まえた観点
   「学習方法」「自分自身」「他者や社会とのかかわり」など
3. 各教科の評価の観点との関連を明確にした観点
   「関心・意欲・態度」「思考・判断・表現」「技能」「知識・理解」など

なお，平成29年改訂の学習指導要領にあわせて観点を設定する場合は，育成を目指す資質・能力の3つの柱（「知識及び技能」「思考力，判断力，表現力等」「学びに向かう力，人間性等」）を踏まえた観点とすることが考えられる。

このほか，西岡（2016）は，総合学習の実践例を踏まえ，探究の深まりと学習者の伸びをとらえる評価の観点として，以下の6つを提案している。

1. 課題そのものの質はどうか？（課題設定力）
2. 論理的に考えられているか？（論理的思考力）
3. 充実した資料を収集できているか？（資料収集力）
4. 集団で協力しているか？（協働する力）
5. 学習者が自分の実態を把握する力をどの程度身につけているか？（自己評価力）
6. 教科の基礎的な知識・スキル・理解

8.4.2 評価の機能

総合的な学習の時間における学習状況の評価は，教育目標がどの程度実現しているのかを評価する目標に準拠した評価である。目標に準拠した評価には，診断的評価（diagnostic evaluation），形成的評価（formative evaluation），総括的評価（summative evaluation）の3つの機能がある（Bloom et al., 1971；田中，2008）。診断的評価は，単元などまとまりのある学習活動を始める前に行われ，学習活動に必要な能力や技能，あらかじめ習得されているレベルなど，学習者の準備状況を確認するものである。形成的評価は，学習

活動を展開していく過程で行われる。評価データを用いて学習活動を改善することを目的としている。総括的評価は学習活動の終了時に行われ，評価結果は成績づけや教育プログラムの有効性の検討などに用いられる。このような目的の違いから，診断的評価と形成的評価は「学習のための評価」，総括的評価は「学習の評価」ともよばれる。さらに，評価活動を学習者のメタ認知能力（自らの学びを評価し改善する力）を育成する場としてとらえる，「学習としての評価」という考え方も注目されている（二宮，2015）。

総合的な学習の時間のカリキュラムは，各学校において教師が学習者とともに作り上げていくものである。診断的評価と形成的評価は，学習者の状況を踏まえてカリキュラムの改善を図るために欠かせないものである。

また，評価は教師だけが行うのではないことも意識すべきだろう。「学び方」を身に付けるためには，学習者自身が評価活動に参加することが大切である。さらに，保護者，地域の方，外部人材などに評価活動に加わってもらうことは，カリキュラムを社会に開いていくことにつながる。今後は，誰が評価するのか，何のために評価するのかが一層問われることになるだろう。

8.4.3　評価の方法

総合的な学習の時間の評価では，目指す資質・能力が育成されているのか，探究的な学びにより概念が形成されたり内容理解が深まっているかなどを把握する。これらをいわゆるペーパーテストで数値的に評価することは適当ではないため，多様な評価方法を組み合わせて学習状況を把握することが必要となる。たとえば，次のような評価の方法がある（文部科学省，2017 b，d）。

- 発表やプレゼンテーションなどの表現による評価
- 話合い，学習や活動の状況などの観察による評価
- レポート，ワークシート，ノート，絵などの制作物による評価
- 学習活動の過程や成果などの記録や作品を計画的に集積したポートフォリオを活用した評価

- 評価カードや学習記録などによる児童生徒の自己評価や相互評価
- 教師や地域の人々等による他者評価

　総合的な学習の時間の評価では，目指す資質・能力が育成されているかを把握することや，学習状況の結果だけでなく学習の過程を評価することが求められる。このような目的に適した評価方法として，パフォーマンス評価とポートフォリオ評価が注目されている。

　パフォーマンス評価とは，課題に対する学習者の振る舞い（パフォーマンス）を観察することで，パフォーマンスを可能にしている学力を評価する方法である。本来測定したい学力そのものは目に見えない。そこで，パフォーマンス課題を用いて学力をパフォーマンスのかたちにして可視化し，パフォーマンスからその背後にある学力を推論することで評価を行うのである（松下，2007）。パフォーマンス課題には，プレゼンテーションやディベートなどの実演を求める課題，レポートや学習成果をまとめた新聞などの作品を制作する課題，思考過程を筆記により表現する課題などがある。パフォーマンス課題は「複数の知識やスキルを総合して使いこなすことを求めるような複雑な課題」（西岡，2016）であり，従来の客観テストでは扱えなかった高次の学力を評価することができる。

　また，**ポートフォリオ評価**は，学習過程の記録や作品を系統的に蓄積し，学習者の成長を評価する方法である。ポートフォリオには，日々の学習記録，課題のために集めた資料，学習成果をまとめた新聞やレポート，発表用のスライド，絵，写真，映像，友達や教師からのコメントなどさまざまなものが含まれ得るが，あらゆる記録や作品を集めて綴じればよいというわけではない。学習者が評価活動に参加するという点からも，評価の目的に沿って，学習者自身が資料を編集する機会をもつことが大切になる。また，「子どもが，教師や友達，親や地域の人とポートフォリオについて話し合うことを通じて，今までの活動を振り返り，今後の課題を明確にする場」である**ポートフォリオ検討会**を定期的にもつことが重要である（西岡，1999）。ポートフォリオ

検討会は，子どもと教師が一対一で面談する，子どものグループに教師が入る，発表会でポートフォリオを紹介するなど，さまざまな形式で行うことができる。

8.5 総合的な学習の時間の推進

8.5.1 総合的な学習の時間におけるカリキュラム・マネジメントの必要性

　他教科等に比べ学校の裁量が格段に大きい総合的な学習の時間を効果的に展開するには，カリキュラム・マネジメントが肝になる。カリキュラム・マネジメントとは，「可能な限り適切かつ効果的なカリキュラムを創造し，実施し，それを維持及び改善していく営み」のことをいう（田村知子，2014）。総合的な学習の時間には，「児童生徒や学校，地域の実態等に応じて，（中略）創意工夫を生かした教育活動の充実を図ること」（文部科学省，2017 a, c）が求められており，各学校で独自に目標や内容を設定し，カリキュラムを創る。目標をよりよく達成するには，実施したカリキュラムを点検し，うまくいっている点は維持し，不十分な点があれば変えていかなければならない。

　カリキュラム・マネジメントには，教育内容や方法のマネジメントに加え，これと対応してより効果的に目標を達成するための条件整備が含まれる（中留，2003）。田村知子（2014）は，カリキュラム・マネジメントの実践の際に配慮すべき要素を図8.1のように構造化し，教育活動，これを支える学校内部の条件整備活動，学校外部の規定要因として示している。

8.5.2 これからのカリキュラム・マネジメント

　中央教育審議会（2016）は，新しい学習指導要領等の理念を踏まえ，これからのカリキュラム・マネジメントは，次の3つの側面からとらえることができるとしている。

1. 各教科等の教育内容を相互の関係でとらえ，学校教育目標を踏まえた教

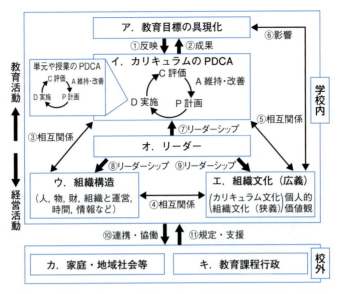

図 8.1　**カリキュラム・マネジメント・モデル図**（田村知子, 2014）

科等横断的な視点で，その目標の達成に必要な教育の内容を組織的に配列していくこと。
2. 教育内容の質の向上に向けて，子どもたちの姿や地域の現状等に関する調査や各種データ等に基づき，教育課程を編成し，実施し，評価して改善を図る一連の PDCA サイクルを確立すること。
3. 教育内容と，教育活動に必要な人的・物的資源等を，地域等の外部の資源も含めて活用しながら効果的に組み合わせること。

1. **教科横断的な視点**

　教育目標の実現に向けて各教科等の教育内容を相互に関連づけ，配置することにより，教育課程全体として効果的に教育活動を実施することができる。教科の教育内容には，総合的な学習の時間で扱う課題に関連する内容があちこちに散らばって含まれている。これらを教育計画上でも，子どもの意識の

上でも，互いに結びつけることで，1つのテーマを多角的にとらえ，理解を深めることができる。また，資質・能力の向上には，多様な課題の中でそれらを繰返し発揮することが必要である。教科で習得した知識や技能を総合的な学習の時間に活用したり，総合的な学習の時間で身につけたスキルを教科の学習でも用いたりすれば，文脈を越えて活用可能な生きた知識や技能となるだろう。資質・能力を育成するためにも，教科横断的な視点が重要だといえる。

各教科等の教育内容がどのように関連しているのかを可視化し，教職員間で共有していくツールとして，視覚的カリキュラムがある。図8.2は，新潟県上越市立大手町小学校の視覚的カリキュラム表である。同校では，文部科学省より研究開発の指定を受けて教科・領域を再編し，「生活・総合」「数理」「ことば」「創造・表現」「健康」「ふれあい」の6つの領域と「学びの時間」から構成される教育課程を編成・実施した（平成25年度～28年度）。中でも，「自ら学び，共によりよく生きようとする子ども」の育成を目指し，「生活・総合」は教育課程の中核に，「ふれあい」は基盤に位置づけられている。視覚的カリキュラム表でも，「生活・総合」と「ふれあい」は中央に位置し大きな面積を占めている。また，実際の視覚的カリキュラム表では「生活・総合との関連」が赤色の囲み，「ふれあいとの関連」が緑色の囲みで示されている。各領域の中の関連する学習内容は同じ色で囲われ，教科を越えた結びつきが一目でわかるようになっている。この表は年度当初に作成した後も，教育活動の展開にあわせて適宜見直され，改善のために活用される。

2. PDCAサイクルの確立

カリキュラムのPDCA（計画-実施-評価-改善）は，カリキュラムをより効果的なものに変えていく基本的なプロセスである（田村，2016）。総合的な学習の時間の場合，①指導計画（全体計画，年間指導計画，単元計画）[3]を作成する，②指導計画を踏まえて学習活動を実施する，③目標（育成することを目指す資質・能力）がどの程度実現しているかを把握する，④子どもが伸びているまたはあまり伸びていない要因を探り次の計画に生かす，とい

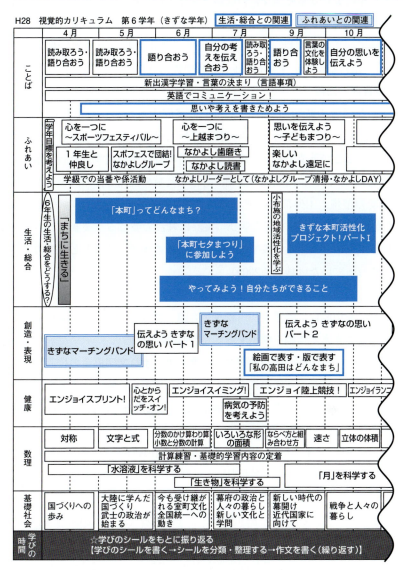

図 8.2　上越市立大手町小学校の視覚的カリキュラム表
（上越市立大手町小学校，2017 より作成）

うサイクルによりカリキュラムの改善を図る。ただし，学校現場で，カリキュラムをゼロから立ち上げるのではなく，現行のカリキュラムをベースに改善を図っていく場合には，マネジメントサイクルの起点を評価におくこと（評価から始めるマネジメントサイクル）が提案されている（田村，2016）。

3. 教育資源の活用

総合的な学習の時間の目標をよりよく達成するためには，教育活動のPDCAを回すこととあわせて，人，物，予算，組織などの資源を効果的に活用していくことが重要である。総合的な学習の時間を推進するための体制づくりの視点には，①校内組織の整備，②授業時数の確保と弾力的な運用，③学習環境の整備，④外部との連携の構築の4つがある（図8.3）。たとえば，6年生が地域に縁のある文楽を学び，実際に舞台で演じる「文楽学習」を行っている大阪市立高津小学校では，推進のための体制づくりとして次のような工夫を行っていた（城間，2009）。

- 学級担任を中心に，教務主任，校長・教頭，管理作業員など，学校全体で文楽学習を支える体制を構築する。（校内組織の整備）
- 人形・太夫・三味線の演技や演奏の指導は専門家（文楽協会の技芸員）の協力を得，授業の前後の打合せなどを通して丁寧に関係づくりを行う。ほかにも文楽劇場のスタッフ（劇場見学），地域の方（衣装づくり），卒業

---

[3] 全体計画とは，学校として，総合的な学習の時間の教育活動の基本的な在り方を示すもの。具体的には，各学校において定める目標，「目標を実現するにふさわしい探究課題」及び「探究課題の解決を通して育成を目指す資質・能力」で構成する内容，学習活動，指導方法，指導体制，学習の評価等を示す。

年間指導計画とは，1年間の流れの中に単元を位置付けて示したものであり，どのような学習活動を，どのような時期に，どのくらいの時数で実施するのかなど，年間を通しての学習活動に関する指導の計画を分かりやすく示したもの。

単元計画とは，課題の解決や探究的な学習が発展的に繰り返される一連の学習活動のまとまりである単元についての指導計画。

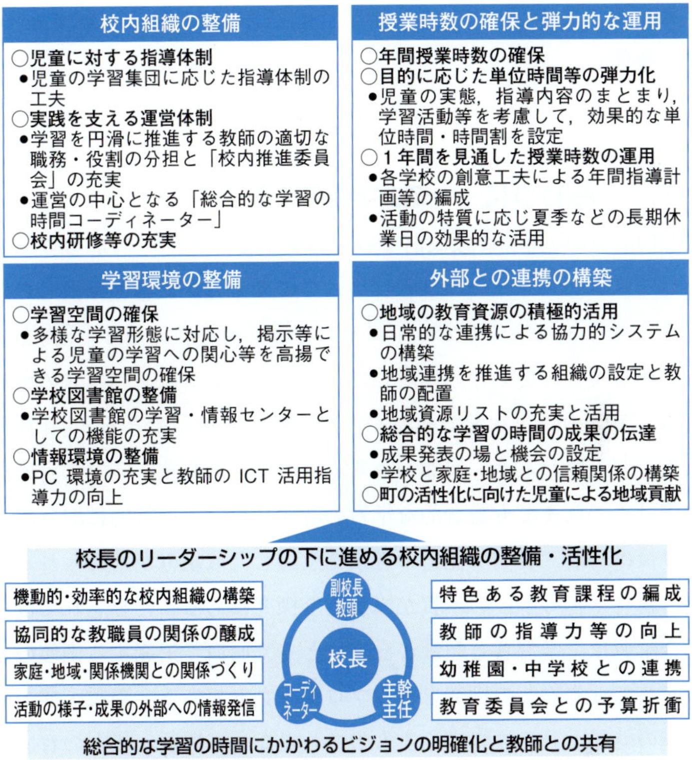

校内組織の整備
○児童に対する指導体制
- 児童の学習集団に応じた指導体制の工夫

○実践を支える運営体制
- 学習を円滑に推進する教師の適切な職務・役割の分担と「校内推進委員会」の充実
- 運営の中心となる「総合的な学習の時間コーディネーター」

○校内研修等の充実

授業時数の確保と弾力的な運用
○年間授業時数の確保
○目的に応じた単位時間等の弾力化
- 児童の実態，指導内容のまとまり，学習活動等を考慮して，効果的な単位時間・時間割を設定

○1年間を見通した授業時数の運用
- 各学校の創意工夫による年間指導計画等の編成
- 活動の特質に応じ夏季などの長期休業日の効果的な活用

学習環境の整備
○学習空間の確保
- 多様な学習形態に対応し，掲示等による児童の学習への関心等を高揚できる学習空間の確保

○学校図書館の整備
- 学校図書館の学習・情報センターとしての機能の充実

○情報環境の整備
- PC環境の充実と教師のICT活用指導力の向上

外部との連携の構築
○地域の教育資源の積極的活用
- 日常的な連携による協力的システムの構築
- 地域連携を推進する組織の設定と教師の配置
- 地域資源リストの充実と活用

○総合的な学習の時間の成果の伝達
- 成果発表の場と機会の設定
- 学校と家庭・地域との信頼関係の構築
- 町の活性化に向けた児童による地域貢献

校長のリーダーシップの下に進める校内組織の整備・活性化

- 機動的・効率的な校内組織の構築
- 協同的な教職員の関係の醸成
- 家庭・地域・関係機関との関係づくり
- 活動の様子・成果の外部への情報発信

（副校長・教頭／校長／コーディネーター／主幹主任）

- 特色ある教育課程の編成
- 教師の指導力等の向上
- 幼稚園・中学校との連携
- 教育委員会との予算折衝

総合的な学習の時間にかかわるビジョンの明確化と教師との共有

図 8.3　小学校における体制整備のための 4 つの視点
（文部科学省，2011 a）

生（夏休みの自主練習），保護者（本番の着付け）など，さまざまな人の協力を得る。（外部との連携の構築）
- 専門家が公演等で学校に来られない時期も考慮に入れて，年間計画を作成する。具体的には，5 年生の 12 月から文楽学習をスタート。1 月に専門家との顔合わせ。6 年生の 4 月に本格的な練習が始まり，専門家が来られない時期には自主練習。10 月頃から三業（人形・太夫・三味線）の合同練習。11 月に発表会。12 月に文楽伝達式を行い，次の学年に引き継ぐ。（授

業時数の確保と弾力的な運用）
- 空き教室を「文楽室」とし，文楽学習に必要な道具類を保管する。（学習環境の整備）

8.6 おわりに――総合学習の支援

　平成29年の学習指導要領改訂では，コンテンツ・ベースからコンピテンシー・ベースへと，カリキュラムについての考え方が大きく転換した。従来のカリキュラム・ベースのカリキュラムでは「何を教えるか」「何を知っているか」が重視されていたのに対して，コンピテンシー・ベースのカリキュラムでは「実際の問題状況で知識や技能を使って何ができるか」「社会や自分の人生とどう関わるか」が問われる。このような資質・能力の育成を重視する教育は，これまでも総合的な学習の時間において先行的に取り組まれてきた。今後は一層，資質・能力の育成を意識した取組みが求められることとなるが，総合学習の学びの本質が協働的な探究にあることを忘れてはならない。総合学習は，学習者と教師が双方にとって面白く追究する価値のある問いを設定して「本物」の探究を行うプロジェクトである。資質・能力の向上は，探究の結果としてついてくるものでしかない。資質・能力の育成は重要であるが，それ自体を目的にしてしまうと，探究は学校向けの「偽物」へとすぐに変質してしまうだろう。教師には，子どもたちが安心して「今の自分よりも頭一つの背伸び」（Holzman, 2009）ができるように，子どもたちが自分たちの手で発達を導く学習環境を創造していけるように，彼らをよく見て，特定の型にとらわれることなく，柔軟に学びを支援していただきたい。

メディア・リテラシーと心理学 9

　日本では，テレビを始めとする映像は見れば簡単にわかると思われてきた。現在の視聴者は，リモコンを使ってチャンネルを頻繁に切り替えながらテレビを見ている。これはザッピング（zapping）という視聴行動である。放送局はその対策として番組を細切れにしてザッピングされないようにしている。そうすると，はたして視聴者は，本当にストーリーがわかっているといえるのだろうか。

　一方，教育現場では，教材をダウンロードして見せることは当たり前となり，反転学習では教師が映像をネットにあげて，予習させている。文字しか教えていないのに，映像を読みとらせているのである。映像は動画だけでなく，イラスト，音楽，効果音，文字もついている複合情報である。映像は簡単だという思い込みが，映像という複合情報の読み書きを教えない前提となっている。

　この章では，映像の読みとりの難しさを示し，子どもの読みとりを支えてきたシステムについて説明する。

9.1　メディア・リテラシーとは何か

　映像を含むメディアの読み書きを**メディア・リテラシー**（media literacy）という。メディア（media）と識字（literacy）を組み合わせたことばである。

　学校教育の初期には，文字ばかりの教科書を用いて教育していた。文字もメディアであるが抽象的なものである。子どもに実物を見せて理解を助ける実物教育としてメディアの利用が始まった。博物館の品物を学校で展示する移動博物館（out reach）や世界地図，人体解剖図などの掛け軸である。そして写真，スライドショー，ラジオ，テレビ，VTR，インターネットと発展した。しかし，世界地図も人体解剖図も提示しただけでは，子どもは読みと

れないので，教師が解説をして学習を支援した。視聴覚教材を使った教育を視聴覚教育（audio-visual education），テレビ番組を使った教育を放送教育（broadcast education）という。

現代では情報が文字だけでなく，映像，イラスト，音楽，効果音を組み合わせて伝えられるようになった。情報の総合的な読み書きが基礎能力となっている。新しい学習心理学が必要なのである。

9.1.1 メディア・リテラシーの歴史

映画は 1895 年にフランスのリュミエール兄弟が発明した。そのため映画の初期，ヨーロッパ諸国は映画大国であった。しかし第 1 次世界大戦で制作が停滞する間に，映画はハリウッドの西部劇に席巻されてしまった。映画は字の読めない人に広く受け入れられたが，教育制度の普及とともに字を読める人が増えて新聞が隆盛するようになった。しかし，発行部数を伸ばしたのは一般紙ではなく大衆紙であった。そこで，ヨーロッパでは低俗な大衆文化から子どもを守るために，自国の良質な映画や文学に積極的に触れさせ，自国文化を防衛しようとする動きが高まった。これがメディア・リテラシーの始まりである。

第 2 次世界大戦では，敵国民の戦意を低下させるためにラジオや映画などのメディアが使われた。これに対抗して，メディアにだまされない視聴能力（批判的視聴；critical viewing）の育成が必要となった。それは，その後の東西冷戦時代から現代に至るまで続いている。

学校のカリキュラムに位置づけられている国も多い。メディア・リテラシー教育で有名なカナダは，アメリカの隣にあり，アメリカの電波が届き，国民はアメリカのテレビを視聴する。しかし，番組の中でカナダはヘラジカとメープルシロップしかない田舎として描かれることが多く，若者はアメリカ文化にあこがれ，有名な歌手やスポーツ選手もカナダ出身であることを隠してしまう。自国への誇りをもたせ，自国文化を守るために，教師とテレビ局と政府が協力して番組の批判的視聴に取り組んでいるのである。

日本は島国なため，外国の電波が届く地域が限られる。また映像制作力もあり，番組を輸入に頼らなくてよいため，メディア・リテラシーを育成する必要性が弱かったといえる。

9.1.2 定　義

メディア・リテラシーは，時代によって宣伝戦へ抵抗力をつけるためのものであったり，巨大なマスコミが流す情報にだまされて市民が不利益を被らないようにするためのものであったりした。一方で，映画や漫画やアニメなどサブカルチャーの芸術性を認め，理解し楽しみ，制作することを促進してきた。インターネットのない時代から市民の映像作りや発信を対象とし，テレビ局やケーブルテレビ局（以下，CATVと略）と協力した発信の場作り（public access，後述）の根拠となってきた。

したがって，時代や国によって，メディア・リテラシーの定義は異なる。中橋（2014）は，多くの定義を分析した上で「メディアの意味と特性を理解した上で，受け手として情報を読み解き，送り手として情報を表現・発信するとともに，メディアの在り方を考え，行動してゆくことができる能力のことである」と定義している。そして，「今，求められるメディア・リテラシーとは何かと問い直すことが重要である」（p.29）と述べている。

SNSなどのメディアは，急速に変化する。それに伴って，人間も人間関係も変化する。そのため，メディア・リテラシーの定義については常に問い直すという視点が重要であろう。

9.2　テレビ研究と心理学

9.2.1　日本のテレビ研究

1. 時間研究

わが国では1953年にテレビ放送が始まり，テレビ受像器の普及にともなって，視聴時間が伸び，視聴時間の調査が行われた。テレビ視聴の弊害とし

て別の有意義な活動に使える時間を奪うという時間代替説が唱えられ，テレビ視聴の代わりに遊び，読書，家の手伝いが推奨された。しかし，塾通い，交通事故の危険，校庭の使用禁止などにより，時間，仲間，空間の3つの間が失われていく社会状況の中では，有効な対策にならなかった。視聴時間研究は，その後も続けられ，1990年ごろから国民の1日の視聴時間は平均3時間半でほぼ安定している（NHK世論調査部，1991，2014）。

2. 影響研究

バンデューラ（Bandura, A.）は暴力的映像を視聴すると子どもが暴力的な行動をとることを示した（モデリング理論）。短期的な影響はみられたが，長期的な影響はパネル研究（panel study）を行っても決定的な結果は示せていない。

BPO（放送倫理・番組向上機構）の青少年委員会（2005）が2000年度から2003年度の4年間，小学校5年生から中学校2年生まで1,000人を追跡して，「社会的ルール違反傾向」「不安な気持ちの現れ」とテレビに関するパネル研究を行った。短期的な結果としては，「だらだらとテレビを見る」「バラエティ番組でのからかいや暴力を容認する」などの特徴が，違反傾向や不安傾向へ影響を与えていた。しかし4年間でみれば，もともと違反傾向や不安傾向の高い子どもが4年後も違反傾向や不安傾向が高い傾向を示すだけであり，テレビの影響は消えたのである。学校や家庭など，社会の中にテレビの影響を中和する力があると考えるべきであろう。

日本では，テレビドラマを見た少年が，そこで使われていた特殊なナイフで教師を刺殺した黒磯事件（1997）やテレビ画面の点滅が光てんかんを引き起こしたポケットモンスター事件（1997）等をきっかけに，2000年にBPO（放送倫理・番組向上機構）が発足した。BPOに寄せられる市民の意見が基になって，テレビ番組の暴力数は減少し（笠松，2002），性描写も減少した。世論を背景にメディアの悪影響を減らしたのである。これは社会的に問題を解決する好例といえよう。

9.2.2 人間が映るメディア

　発達心理学の立場からは，人間が映るメディアが家庭に入ったことへの関心も生じた。それ以前にあった肖像画や人形，鏡に比べると，テレビの映像は，実際の人間に類似していて，働きかける力が強かったためである。

　私たちは，人間がそこに存在しているかどうかを視覚と聴覚で判断している。目に見えて，声が聞こえるから，存在しているとわかるのである。私たちは，エレベーターや満員電車でもない限り，香水や体臭を嗅ぐ（嗅覚）距離に入ることは少ない。親子や恋人でもない限り，体が出す赤外線を感じる（温感）距離に入ったり，相手に触って（触覚）確認したりすることはない。テレビは視覚と聴覚を使うメディアである。光と音で人間を表現し，人間が存在していることを認識するために必要な情報を提供しているのである。テレビの中の人間の映像は，実は本当の人間と区別することが難しいのである。

　したがって，次の事例のような反応が生じる。

【事例1：テレビのある部屋でパジャマに着替えるのをいやがった
　　　　　――大学1年生の回想】

　私が2, 3歳の頃，自宅で両親とニュース番組を見ていたときのことである。テレビが映像を映し出す受信機であり，向こう側（テレビ）からこちら側は見えないのだということは親に聞いて知っていたのだが，アナウンサーが顔を上げ，ニュースを話すとき，こちらをじっと見，テレビを見ている自分と目線が合うので，テレビのある部屋でパジャマに着替えるのをいやがった記憶がある。向こうからこちら側が見えるわけはないと分かっていても，目線が合うので何となくいやだった気がする。

　幼児はテレビの中の人を実在視するが，この事例は視線を手がかりにして向こうからこちらを見られていると思っていた例といえる。次の高齢者の事例も同様である。

【事例2：あの人，こっちを見ている
　　　――Yさんの義理のおばあさんが90歳代の頃】
　おばあさんが着替えようとするとき，テレビのほうを見て，画面に映っている男の人を指さし，「あの人がこっちを見ていて恥ずかしいので，着替えれん」と言った。

　現代では，身の回りに映像があふれている。モニター画面の中の人間は，視聴者を見つめ，視聴者を無視して話し続ける。一方，視聴者は番組であれCMであれ，画面の中の人間を無視しなければ日常生活を行えない。テレビなどの映像を見るためには，人がそこに存在しているが無視するという能力を身につけなければならないのである。

9.2.3　保護者の関心の低さ

　テレビは誰でも簡単にわかるという認識が，発達研究やメディア・リテラシー教育を阻害してきた。それは，保護者の映像に対する関心の低さをもたらしている。赤ちゃんを無用にテレビやスマートフォンにさらし，赤ちゃんの目がそちらを向いていれば，見ている，わかっているという認識を保護者にもたせるまでになっている。

　乳児のテレビ視聴に対して，日本小児学会（2004）が，乳幼児期からのテレビ視聴はことばの発達に影響を及ぼすとして，2歳前の子どもにテレビ視聴を制限する提言を行った。その根拠は，テレビ視聴が1日4時間以上のグループでは，有意味言語の出現が遅れる子どもの割合が約2倍あるというデータに基づいていた。

　この提言を受けて，乳児のテレビ視聴研究が行われるようになった。NHKの子どもに良い放送プロジェクト（2008）は，0歳児が集中してテレビを見る時間，つまり専念視聴は，12分にすぎず，ながら視聴も56分であることを示した。1, 2歳児でも専念視聴は24分しかなく，ながら視聴も1時間ほどであった。1日4時間以上とは，かなりの長時間視聴ということが

分かる。

　横山（2003）は，0歳児（平均月齢5カ月）の保護者1,368人を対象に映像メディア視聴日誌をつけてもらう方法によりテレビ接触状況の調査を行った。その結果，0歳児がテレビに接触（専念視聴，ながら視聴，ついているだけ）している時間は1日平均で3時間4分であることがわかった。赤ちゃんだけで見ている個別接触は平均45分で，専念して見ているのは全体の6％，つまり10分程度と保護者は判断しており，多くの時間はテレビにさらされているだけであることがわかったのである。

　横山は，赤ちゃんの接触率の高い番組上位100位もあげている。Eテレ（旧NHK教育テレビ）の『おかあさんといっしょ』『プチプチ・アニメ』『いないいないばぁ』が1位から3位を占めている。他もEテレの番組が上位を占めているが，民放のワイドショーやお笑いタレントのトーク番組もあげられていた。これらを赤ちゃんが専念視聴しているという回答もあったのである。接触時間のうち，「ついているだけ」が65％を占めていることからも，親に付き合わされて接触していることがわかる。

　今の保護者は，生まれたときからテレビがあり，テレビは環境の一部であった。テレビ批判もあまり経験していない世代である。映像は読みとるものであり，人との関わりの中で理解していくものだという認識を伝えていく必要があろう。

9.2.4　映像発信の一般化

　一方，現代では市民が映像を制作し，CATVで放送したり，インターネットで発信したりするのは当たり前になっている。

　誰もが，インターネットで自由に意見を述べたり，写真や映像作品を発表したりできる背景には，CATVのパブリック・アクセス（public access）がある（津田・平塚，1998）。パブリック・アクセスとは，市民が番組を作って放送することで，メディア社会へ参画し，多様な意見表明の権利を保障することである。

アメリカでは，1972年に連邦通信委員会（FCC）がCATVにチャンネルを市民へ開放することを義務づけて以来，市民や児童・生徒が番組を制作し，放送することが行われている。ヨーロッパではオープン・チャンネルとよばれており，映像作品の制作と放送は，以前から行われている。この発想がそのままインターネットへ引き継がれたのである。

日本でも市民や児童・生徒が作品を放送することは行われている。福井県では，2000年から児童・生徒が制作した学校紹介や地域紹介番組を地上波で週1回，130番組放送した（村野井ら，2001）。NHK福井放送局と福井大学，教師の組織である福井県教育工学研究会が協力して行った。子どもたちの映像技術はうまくはないが，子どもたちのありのままの姿が出ており，好評であった。

マスコミで描かれる学校や子どものイメージはおおむね良くない。いじめや登校拒否，教師の不祥事など悪い面が多い。しかし，多くの子どもたちは，毎日，元気に学校へ通っている。現代では，学校が学校の楽しさや，子どもたちの明るい姿，学校の個性ある取組みを地域の人たちに伝える努力をしなければならない。これは，子どもの普段の姿を見せることで，県民に安心してもらい，学校への信頼を高めた試みであった。

この中で特筆すべき点として，教師が視聴者（オーディエンス）から使い手（ユーザー）に変わったことがある。学校が保護者に放送日を教えて視聴を促したり，視聴を前提に学校評価のアンケートをとったり，映像を新入生説明会で上映し，中学校への不安を低下させたりする実践が行われた。PTA総会で上映し，行事参加者を増やした学校もある。発信者の立場を体験すると，作品をどう使うかという視点が生じてくるのである。まさにメディア・リテラシーの実践といえよう。

このほか，CATVを使って幼児を視聴者から説明者に変えて，家庭の会話を引き起こす試み（吉村，2002）やPTAがケーブルテスト（cable test）を行った実践（小谷，2002）もある。ケーブルテストとは，一定の地域の視聴者に事前に放送日時を知らせて番組を視聴してもらい，番組を評価させるこ

とである。アメリカでは，高額な制作費をかけた映画を公開する前に，CATVを使って事前評価を行い，結果によってはストーリーの修正を行う。日本でのこの試みも，PTAが自分たちの番組をPTA会員に評価してもらうために，事前に通知し，評価を求めたのである。番組制作をすることで，視聴者から使い手へ変わった例といえよう。

　すでに，学校では，モニターテレビに電子教科書を映したり，ネットからビデオクリップをダウンロードしたりしている。タブレットPCによる撮影や発表は珍しくない。反転授業では，自宅で映像によって学んだ後に教室で討論や演習を行っている。映像の読み書きを教えていないのに，読みとりを前提とした教育が行われているのである。

9.3　テレビ理解

　はたして映像を読みとるのは簡単なことなのであろうか。ここでは初めに視聴者のザッピングという視聴行動を通して，1. ストーリー理解，2. クレショフ効果，3. 虚構と現実の区別について述べる。次に，映像の手がかりと映像を使ったテストの注意点について述べる。

9.3.1　ザッピングとクレショフ効果

1. ストーリー理解

　リモコンの登場とともに視聴者の視聴スタイルも，番組の作り方も変わり，テレビは理解しにくいものになっている。視聴者はリモコンを使って，頻繁にチャンネルを切り替えながらテレビを「つまみ見」している。この視聴行動を**ザッピング**という。大学生は，チャンネルを1時間あたり16.8回替えており，60回以上替える者もいる（村野井，2016）。視聴者は，そのチャンネルの番組を見るかどうかを，非常に短い時間で判断しており，番組内容ではなく，明るさや雰囲気で判断していると考えられている。チャンネルを変えながら，2つの番組を交互に視聴するフリッピング（flipping）も行ってい

る。このような見方をして，視聴者は番組の内容が理解できているのだろうか。

民間放送局は，ザッピングに対して対策を立てている。ザッピングを防ぐために，人気コーナーを細切れにして番組内に散らしたり，前の番組終了後，CMを入れずに次の番組を始めたりして，チャンネルを替える隙を作らないようにしている。オープニングも開始後10分ほどしないと入らなくなっている。

ザッピングする人を捕まえるためには，「8時またぎ」が使われる。他局の番組が終わりかける頃，たとえば7時56分に8時をまたいで番組を始め，ザッピングする人を捕まえるのである。ザッピングしてきた人のために番組内容のリピート（ダイジェストともいう）も行っている。画面を明るくしたり，水槽の中の泡や魚により画面に動きをつけることも，ザッピングを止める対策である。ただ，そのため番組はつながりが悪く，理解しにくいものになってしまっている。

2. クレショフ効果

ザッピングは新たな問題を引き起こしている。そもそも，テレビや映画は，短く切った映像をつなげてイメージを作っている。それは映画理論ではモンタージュ（montage）理論，心理学ではクレショフ効果（Kuleshov effect）といわれる技法であり，映像作品作りの基本となっている。

一つ例をあげる。2枚の絵を用意する。絵1は右へ歩く男性である。絵2は左へ歩く女性である。絵1と絵2を交互に提示し，絵の交代を徐々に早くする。すると私たちは，恋人たちがデートの待ち合わせ場所に急ぐ場面と解釈するのである。このように，テレビや映画は，無関係な映像をつなぐことで意味をもたせるように作られている。

ところが，現在の視聴者は，リモコンでチャンネルを頻繁に変え，ニュース，バラエティ番組，刑事物，クイズ番組などを次々と見ている。ザッピングは，視聴者のストーリーの理解に疑問を生じさせるだけでなく，自分でクレショフ効果を生じさせ，印象の融合・混乱を招いている可能性もあるので

ある。

3. **虚構と現実の区別**

　テレビを巡る問題に，虚構と現実の区別がつかないという議論がある。しかし，刑事物でもサスペンス物でも番組は虚構と現実の区別がつくように作られている。また，番組のエンドロールには役の名前と役者名が表示される。さらに，衣装を提供した会社名から撮影に協力した自治体名まで書かれている。どのスポンサーが番組を提供したのかも説明されている。つまり，番組を最後まで見れば，虚構であることはわかるのである。

　ザッピングは，CMとエンドロールを飛ばしてしまう。ザッピングをし始めると番組を最後まで見なくなるため，虚構と現実の区別がつかない人が現れる可能性はあるといえる。子どものうちに，番組を最後まで見る体験をさせる必要があるといえよう。

9.3.2 『ドラえもん』——道具という名の段落わけ

　テレビ番組は場所や時間を省略しながら組み立てられている。したがって，空間移動や時間移動の理解は，テレビを見る基礎能力である。大人は空間・時間移動をカットつなぎするだけで理解できるが，子ども向け番組には，空間移動，時間移動を教える工夫がなされている。

　アニメ『ドラえもん』は，「どこでもドア」「タケコプター」「タイムマシン」という3大道具で有名である。このアニメは，テレビ朝日系で1973年から放送されている長寿番組であり，幼児から小学校中学年に人気がある。

　「どこでもドア」と「タケコプター」は，別の場所へ行くことを示している。「タイムマシン」は時間を移動することを見せてくれる。つまり，3大道具とは文章でいえば，段落わけの目印なのである。大人には不要な手がかりが，子ども向け番組にはついているのである。

　児童はこれらの手がかりを使えるのであろうか。小学1年生34名，3年生28人，5年生31人，計93名に，これらの道具が使われている映像を見せて，その理解を確かめた（三田村ら，2000）。

1. **どこでもドアの理解**

　宝探しに行ったのび太とドラえもんが，ジャングルからのび太の部屋へ帰ってくるシーン（47秒）を用いた。映像を見せてすぐに，「のび太とドラえもんはどこでもドアを使って，どこからどこへ行きましたか？」と尋ねた。解答用紙に印刷された「ジャングル」「のび太の部屋」ダミーの「公園」から「どこから」で1カ所，「どこへ」で1カ所を選ぶ選択式であった。正解は「ジャングル」から「のび太の部屋」へ，であった。その結果，1年生は23.5%，3年生では7.7%しか理解していなかった。5年生では58.1%と比較的高くなるが，理解度は低いといえる。

2. **タイムマシンの理解**

　映像は，タイムマシンを使って「のび太の部屋から昔の農家へ」移動する場面（23秒）であった。現代の昼から昔の夜へと画面の対比がはっきりしていた。映像を見せてすぐに，「のび太とドラえもんはタイムマシンを使って，いつのどこからいつのどこへ行きましたか？」と尋ねた。その結果，1年生は32%，3年生は46%，5年生は55%と学年が上がるにつれて正答率が高くなっていくが，統計上の差はなかった。

　映像につけられた手がかりは，小学校高学年でもうまく使えていないといえよう。

3. **テストリテラシー**

　ちなみに，大人に対して同じ条件で実験したところ，どこでもドアもタイムマシンも正答率は100%だった。これは，大人にはわかっているが児童にはわかっていない典型例といえる。とくに，どこでもドアの正答率の低さと3年生が1年生よりも低いという結果が目を引く。正解は，「ジャングル」から「のび太の部屋」へ行くことであった。提示された映像には，その部分しか映っていないのである。ところが，児童の多くは，「のび太の部屋」から「ジャングル」へ行くと答えたのである。提示された映像にない部分を使って答えていたのである。

　この結果は映像のテストを考える上で重要である。大人は出題された範囲

で答える。国語のテストでは，テストに出た文章の範囲内で答えなければならない。範囲にはないが，自分の知っている物語の結末を答えてはいけないのである。これはテストの約束，**テストリテラシー**の問題である。子どもは映像のテストを受けた経験がないので，いつもの番組のパターン，つまり「のび太の部屋」から「どこか」へ冒険に行ったと答えていたのである。

これは，映像でテスト問題を出すときに気をつけなければならない課題といえよう。

9.4 テレビの見方を支援してきたシステム

学校で教えていないにもかかわらず，私たちはテレビも映画も見て理解している。それでは，なぜ，私たちにはそれがわかるのであろうか。ここでは，社会の中にあるテレビの見方の支援システムについて述べていく。

9.4.1 子ども同士の論争

子どもは一人ではテレビを見る力が弱いが，子ども同士で話したり，兄弟が教えたり，児童向け雑誌が特集を組んだりして，映像の見方を教えてきた。しかし少子化のもと兄弟の教え合いは弱くなり，保護者の認識も低下している。

そのような中でも，子ども同士は論争という形で教え合いをしている。子ども同士が，キャラクター実在視の間違いを直す過程を調べた研究がある。足立・麻生（2007）は，子どもを2人1組にしてインタビューする「子ども対話法」によりテレビキャラクターの実在性の認識を調べた。この方法は，1人がインタビューを受けているときの，もう1人の子どもの様子がわかる。また，子ども同士のかかわりを許すので，相互交渉の経過がわかるという利点もある。

そこで，『それいけ！アンパンマン』（日本テレビ系）のアンパンマンの実在性について，幼稚園年長児14組，年中児12組に尋ねた。その中から，す

でにアンパンマンは実在していないと思っている子どもが，実在視している子どもを説得する例を紹介する。

【事例3：アンパンマンが実在しないと思っているK（女児：6歳4カ月）と実在すると思っているH（女児：5歳10カ月）の会話】
　2人の意見が割れて，迷い始めたHへ，
K：「人形かぶってる？」（Hに向かって）
H：「知らーん」（上を向きながら考え，その視線がKの顔に行き着く）
K：「人形かぶってるんちゃ～うん」（Hの肩をぽんと叩く）
H：（真顔でジーっと考えて，突然目を大きく開けて実験者のほうを向き）
　「人形かぶってる！」（両手でひざをバンバンと強く叩く）
K：（ソファーにどーんと座り，満足そうに微笑む）
実験者：「そうかー」

　大人は子どもの夢を大切にするので，「アンパンマンはいない」などと教えることはない。しかし，子ども同士は厳しく追及する。肩を叩いて「人形かぶってるんちゃ～うん」などという説得は，大人なみの説得法といえる。
　厳しくみえるが，子どもはこのような論争を行う。子ども同士でテレビの見方を修正できる点は安心すべきであろう。

9.4.2　放送教育
　発達心理学的には，子どもはテレビを読みとる力が弱いため，テレビをみんなで見て，間違いを修正する必要がある。
　小平（2014）は，学校放送利用状況調査の分析から「幼児が自分で選んで家庭で視聴している番組と保育所・幼稚園で保育者が目的を持ってみせる番組は同一でなく，同年齢集団の子どもたちと一緒に番組を視聴することの教育的な意味も存在する」（同，p.31）と述べている。放送を利用する場合，保育者は番組を選んで視聴させているのである。

放送教育は，教育内容を放送で伝えるだけでなく，保育士や教師が意図をもって番組を使うことで，テレビの見方を教えてきている。テレビを見て子どもが間違う例と大人の関わり方について2つの事例を紹介する（村野井，2009）。事例4は，大人が関与した例である。

【事例4：大人がまとめた例——コオロギの卵】

　4歳児クラス，NHK教育テレビの視聴。コオロギの産卵場面で卵がアップになった。番組終了後，
保育士：「コオロギの卵はどれくらいだった？」
子どもたち：両手でバレーボールほどの大きさを示し，「これくらーい」，
　　　　　　「これくらい」
1人の子ども：親指と人差し指をくっつけて「こんなにちっちゃいんだよ
　　　　　　　〜」
　その後，保育士は図鑑を見たり，コオロギを探しに行こうという方向でまとめた。

　この事例から，子どもは，コオロギの卵をテレビ画面に現れた大きさそのものと考えていることがわかる。大人が卵の大きさを話題にしないと，子どもはテレビを誤解したままになるのである。大人が介入しないと事例5のようになる。

【事例5：大人の介入がない例——人形の糸】

　4歳児クラス，NHK教育テレビの人形劇の視聴。
子ども：「あー，この人形，糸がついている」
　半年後，別の人形劇の番組で，
別の子ども：「この人形，糸がついているー」

　最初の子どもは，他の子にも十分聞こえる大きな声で言ったので，観察し

ていた筆者は他の子にも伝わったと思っていた。ところが，半年後に同じ発言が別の子からなされたのである。子どものひとり言をその場で大人が取り上げないと，他の子には伝わらないため，個別に理解していくことになることがわかる。

現在，Eテレ（旧NHK教育テレビ）では子どもが大きさを誤解しないようにカットつなぎではなく，ズームインを使っている。さらに，Eテレの人形劇では，糸が見えている。棒操り人形では棒が見えている。細い糸や透明な棒を使うことは可能であろう。実際，民放の戦隊物やライダー物ではCGを使って，背中のチャックや怪人の喉元の黒いメッシュは見えなくなっている。

子ども向け番組では，人形劇を人形劇のまま撮影し，糸や棒はそのまま見えていたほうが良いのである。番組の作り方にメディア・リテラシーの要素が含まれているからである。

9.4.3 子ども向け番組の作り方

子どもに番組を見てもらうためには，子どもがわかるように作らなければない。わかる作り方は，子どものテレビ理解を助けているのである。

1. CM前後の場面

山本（1994）は子ども向け番組と大人向け番組において，CM前後の場面に違いがあることを示した。大人向け番組では，CM前の場面とCM後の場面は異なっていた。しかし，子ども向け番組では，CM前とCM後は同じ場面から始まることを示した。子どもがストーリーをつなげやすくするため，制作者は配慮しているのである。

2. 2次元の画面を3次元に読む

テレビ画面は平面である。視聴者は平面を見ながら，立体として認識している。2次元を3次元に変換しながらテレビを見ているのである。「2010年は3Dテレビ元年」といわれ，3次元テレビが販売された。映画も2D版と3D版がある。ここからわかるように普通のテレビ画面は平面，つまり2次

元である。テレビを見るためには，2次元の画面から3次元の立体に変換する能力が必要なのである。

　通常，物が立体に見えるのは両眼視差と輻輳を手がかりにしている。両眼視差とは両目が 10 cm ほど離れていて，物体の側面のそれぞれ少しずれた像を見ることをいう。ずれた像を脳で統合して立体と認識するのである。輻輳とは，両眼が内側に回転して物を見ることで，回転する角度やスピードを手がかりに物の大きさや奥行きを認識する。

　ところが，テレビ画面を見ても，両眼視差と輻輳による奥行きの情報は眼に入ってこない。立体としての情報はないにもかかわらず，私たちは立体として見ている。テレビを立体的に見るのは，学習があると考えなければならない。

　子どもが2次元の読みとりを間違う例を以下に示す。これは絵本の読み間違いである。

【事例6：ハチの大きさ——3歳8カ月】

　図鑑をいっしょに見る。ハチの絵を見ているとき，巣に帰ってくるハチのことを話す。巣に近くて大きく描かれているハチと，遠くにいて小さく描かれているハチがある。
子ども：「これは子どものハチ。身長を比べてみればちっちゃいからわかる」
大人：「これは遠いから小さく書いてあるんじゃないの」
子ども：「ちがうの。子どもなの」

　大小を遠近と解釈することがわからず，大きいハチは大人，小さいハチは子どもと解釈している。

【事例7：重なりの理解——3歳8カ月】

　赤いコイの上に黒いコイが重なっている絵を見て，
子ども：「なんで（黒いコイが赤いコイを）かじっているの」
大人：「黒いコイが赤いコイの上にいるんだよ」

コイの重なりを「かじっている」と受け止めている例である。

このように3歳後半でも，2次元の絵を3次元として読みとることを間違うのである。

Eテレの乳幼児向け番組『おかあさんといっしょ』や『みいつけた！』は，実写場面が多い。つまり，2次元の画面に映し出された人間を3次元として読まなければならない番組である。子どもによっては，絵本を読むよりもテレビを見ることが先になっていることもある。番組を見ると，主人公は正面を向くことが多い。衣装や背景は派手に見えるが，色数が少なく，キャラクターと背景を区別しやすい。キャラクターを識別させる衣装といえる。歌のお姉さんや体操のお兄さんはその場で動き，その場で回る。昔は会場を大きく使って動いていたが，2歳児向けに制作されるようになってからは動かなくなっている（白井，1987）。人物の重なりやすれ違い，奥行きという3次元表現が少ないため，乳幼児は3次元的読みとりをする必要がなく，見やすくなっている。

自然を扱う番組でも，シャボン玉や昆虫など動くものを映すときは，画面は固定されており，対象が大きく，明瞭に映され，背景と紛れないようになっている。何を映しているのか，何が映っているのかはっきりしている。動く物体は，画面の枠内で動く絵となっている。アリが歩く場面など，カメラが動かなければならない場合でも画面の動きは，ゆっくりである。物体は，テレビのフレームの中へ写実的に描かれた絵画のようになっている。

森田（2002）は，自然環境に関する内容を扱う『しぜんとあそぼ』は，静止観察的であり，映像技法の使用率が少ないことを示した。ズームイン時の秒間拡大率は1秒あたり平均110.1％であり，幼児向けテレビ番組全体平均の140.9％にくらべ，ゆったりとしていることを示した。

つまり，幼児向け番組は，物をゆっくり見せる番組と歌や踊りを見せる番組では，作り方を変えているのである。自然を扱う番組は，3次元のものを2次元へ近づけた表現をしているといえる。Eテレは，2次元から3次元へ

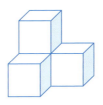

図 9.1　つみきかぞえ（小学校 1 年生，さんすう）

の橋渡しの役割を果たしていると考えられる。

　一方，E テレの番組では，アニメや絵本など 2 次元の世界にお姉さん（3 次元）が入ったり，逆に実写のスタジオへ 2 次元のアニメキャラクターが登場して，人間と会話したりするといった次元の混合が起きることがある。大人の番組では現れない表現方法である。村野井・藤井（2016）は，次元の混合に注目して，制作者の役割を述べている。E テレ「幼児・子どもゾーン」で放送された 119 番組を分析した結果，次元の混合が番組の 29% で起きることを示し，その 8 割が 4 歳児以上向けの番組で生じていることを示した。

　小学校では，1 年生の算数に「つみきかぞえ」があり，図 9.1 のような 2 次元の絵を 3 次元に読みとる能力が前提となっている。年齢に応じた番組作りが，教育機能を果たしているのである。

9.4.4　公共放送と民間放送の並立

　民間放送では，ストーリーの途中にストーリーとは無関係な CM が入る。たとえば，ラブストーリーでは恋人が初キスへという場面で，CM が入る。清涼飲料水，掃除機，自動車，化粧品の CM が入った後，ストーリーに戻り，2 人はキスをする。大人はこの場面で CM をストーリーに混ぜないことができる。しかし，映像の通りに解釈すれば，恋人たちは，清涼飲料水を飲み，掃除機を買い，自動車でドライブをし，化粧をしてからキスをしたことになる。長い道のりを経てキスにたどり着いたことになる。恋はなんと面倒

で金がかかると視聴者が解釈してもおかしくないのである。

　民放の番組を見るためには，CM前のストーリーを一時記憶しておいて，2～4個続くCMを識別し，これをストーリーに混ぜない能力が必要である。CM終了後に，一時記憶していたストーリーへ新しいストーリーを付け加えるという操作をしてテレビを見ているのである。

　民間放送局しかない国では，CMがついた番組しかないためにCMを識別することが難しい。したがって，CMがメディア・リテラシーの対象になり，子どもにCMを意識化させ，その商業主義や健康への影響を問題にして，批判的視聴能力を育成しようとする。

　日本の特殊性として，公共放送と民間放送の並立がある。公共放送のNHKが一定の力をもち，Eテレは乳幼児番組を作る力がある。乳幼児は乳幼児番組を視聴し，児童・生徒も学校放送番組を見る。子どもたちは民間放送も視聴する。CMがつく放送局とつかない放送局を見ているのである。

　つまり，民間放送と公共放送の並立している状態がCMの存在に気づきやすくしていると考えられるのである。

9.5　おわりに

　心理学が，テレビは簡単で，学習などしなくとも自然にわかると考えているうちに，市民や学校は映像を制作し，発信を始めてしまった。一方で，テレビが複雑になってしまい，理解しにくくなっている。これからの社会において映像による表現は欠かせない。子どもから高齢者までの映像の理解の発達と衰退，映像制作の基本となる制作者と視聴者の間にある約束ごとの解明など，メディア・リテラシーについての研究を心理学は支えていかなくてはならないだろう。

学習と「なること」 10

　これまで学習は，特定のまとまりをもった知識や技能を，学習者個人の頭の中に入れ，それらの知識や技能を身につけることである，と考えられてきた。しかし近年，このような知識や技能を頭の中に入れるという学習観とは異なり，「何者かになる」ことを学習としてとらえる立場が注目されている。それは「文化的実践への参加」としての学習である。本章ではこの学習観に立ち，学習と「何者かになること」としてのアイデンティティの形成についてふれる。そして，学習の支援として，どのような学習環境のデザインが可能となるか考えてみたい。

10.1　学習とアイデンティティ

10.1.1　学習と一体のアイデンティティの形成

　レイヴとウェンガー（Lave, J., & Wenger, E., 1991/1993）は正統的周辺参加理論（4.2.1 参照）において，学習を「知識を内化する過程」という伝統的な認知心理学のもつ見かたではなく，「特定の人びとの，特定の状況での活動」という，実践共同体への参加としてとらえる。この中での学習とは，特定の活動だけに注目するのではなく，社会的共同体の活動全体における新参者（周辺的な位置）から熟練者（中心的な位置）への位置の変化や，自分と他の共同体成員（後輩，同期，先輩などあらゆる位置にいる他者）との関係性から自分を振り返り，どのように共同体の中で振る舞うべきか，ゆくゆくはどうなりたいのかについて考えるような，共同体との関係づけをも意味する。

すなわち（学習とは），十全的参加者になること，成員になること，なにがしかの一人前になることを意味している。この見かたからすると，新しい活動に参入できるようになるとか，新しい作業や機能を遂行できるようになるとか，新しい理解に習熟するとかというのは，学習の意味づけのほんの一部——多くの場合，偶然的なもの——にすぎない。活動，作業，機能，さらに理解は，孤立して存在しているわけではない。むしろそれらはより広い諸関係の体系（その中で，それらが意味づけられているのだが）の部分なのである。これら諸関係の体系は，社会的共同体から生まれ，またその中で再生産され発展させられるのだが，それらの一部は人間同士の関係の体系である。人間はこれらの関係によって定義づけられると同時に，これらの関係を定義づける。かくして学習は，これらの関係の体系によって可能になるものに関しては別の人格になる，ということを意味している。（中略）学習を正統的周辺参加とみることは，学習がたんに成員性の条件であるだけでなく，それ（学習）自体，成員性の　発展的形態であることを意味する。

（レイヴとウェンガー（著）佐伯　胖（訳），1993，p.29-30）

レイヴとウェンガーが述べるように，学習とは，何か新しいことができるようになるということだけではなく，その共同体の関係性の中で，継続的に「何者かになり」続け，共同体への参加の仕方が変わり続けるという，**アイデンティティ**の形成と切り離せないものである。たとえばソーヤー（2006）は，この議論において，アイデンティティの形成とは，共同体の中の「あるポジション」を獲得することであり，そのポジションの獲得は，共同体における活動やリソースへのアクセス（これもまた学習の一側面）の問題と関わっていると述べている。たとえば，あるポジションにあれば，そのポジションに見合った活動やリソースにアクセスすることができるが，これはまた，これらの活動やリソースにアクセスできるということ自体が，その人がどんな人で，共同体の中でどのようなポジションを占めているかを示すともいえる。このように，アイデンティティは学習の一側面であり，学習とアイデン

ティティの形成は，分離不可能なものなのである。

10.1.2 学習過程におけるアイデンティティの形成

　学習とアイデンティティ形成が分離不可能であることを示すために，まずはじめに，学習過程の中で同時にアイデンティティが形成されている事例を紹介しよう。佐伯（1995）は，日本語学習過程において，生徒たちが学級生との共同作業や，さまざまなモノ，コトを利用することによって，「なってみたい自分」を振る舞うことができたと指摘する（詳しくは佐伯（1995）を参照していただきたい）。

【「日本語読み書き学級」の事例から抜粋】

　（日本語読み書き学級開講の）最初の年は，日常生活に関係深いあいさつ，買い物，交通機関の乗り降り，電話のかけ方などについての自作のテキストを使って，言語表現と日常会話の基礎文型を練習させ，そのあと，それを使ってのワープロによる自由作文をする，という日課で進めていた（中略）。いわゆる「コミュニカティブ・アプローチ」に近い考え方に従ったものだったが，やはり脱落者が多く，学習意欲が持続しない。……（中略）ある日のこと，自由時間にイラン人のモテバリ君が袋からサブレを出してみんなに「どうぞ」と配った。みんなが「うまい」と大声でいってよろこんでいた。そこで先生が「どうしたのですか」とたずねると，「わたしの会社でつくっています。」と答えた。しめた，と思った先生はすぐに，「これは　サブレです。　わたしの会社で　つくっています。」と板書し，みんなに「聞きたいことはありませんか？」とたずねると，彼の仕事についての質問がどんどん日本語で出てきた。彼も必死で日本語で答えている。その後，韓国人の学級生がキムチを持ち込んだり，中国人の学級生はギョウザづくりの指導をしたりする。また，高層ビル工事で「とび職」をしているアザリ君（イラン人）は，自分の仕事ぶりをビデオで撮ったものをみんなに見せる。夜明け前にライトバンに乗って走る高速道路の風景から，朝日の中の仕事場，危険きわま

りない仕事ぶり，夕日の中の帰路までが実に生き生きと映っていた。彼らはそのような「自分の物語」をきれいな紙にワープロで打ってイラストつきで作品にし，教室の財産として残していったが，それぞれが，生き生きした文章であった。(略)

(佐伯，1995，pp.15-17)

　佐伯は，この学級生たちの「日本語ができるようになる」という学習プロセスを，「互いの学び合い」に，一人ひとりが「自分も，自分らしさを発揮しつつ，参加した」プロセスであるとみる。日本語は人前で自分を語る（自分らしさを発揮する）という実践によって学ばれたといえるが，この実践には，聞き手と協力し合い，場合によっては身振りや図を使って自分の意思を伝え，他人と語り合うことが含まれる（互いの学び合い）。さらに，「自分の物語」を作品にするという実践活動に即して，日本語の読み書きが実際にできるようになった。こうして生徒たちは日本語を読み書きする人という「なってみたい自分」になり，この学級に「よいもの」を残し，学級全体が「よりよくなる」ことに参加，貢献した，といえる。このように学習を，「わたしが，どうなる」という個人的レベルと，共同的な営みに「自分らしさ」を生かしながら加わっていくという社会的・文化的な志向性を含んだレベルの，両方でとらえることの重要性を佐伯は強調する。また美馬・山内（2005）は，「アイデンティティは，自ら学び続けていくためには欠かせないものであり，「学習のための背骨」である」と述べている。

　以上より，学習の一側面である「何者かになること」というアイデンティティの形成について考えることは，学習の支援について議論するために役に立つといえるだろう。そこで次節からは，いくつかのアイデンティティのとらえ方について触れ，学習としてのアイデンティティの形成のために，どのような学習環境のデザインが可能であるか考えてみよう。

10.2 いろいろなアイデンティティの形成

　従来アイデンティティは,「自分は誰か」「何をするべきなのか」といった個人的で, ひとたび習得されると, その人の一部となり, 生涯変わらず, その人の行為の原因となるという本質主義的なとらえ方をされてきた。しかし近年, アイデンティティは, 関係性的で, 可変的で, 時には矛盾し, 多様性をもつものであるという, 社会構成主義的なとらえ方もされている（たとえば上野, 2005）。まずは後者の, 社会構成主義的な観点における, アイデンティティの形成の見かたについて, いくつかふれてみよう。

10.2.1　ナラティブ実践としてのアイデンティティ形成

　このアイデンティティの見かたでは, アイデンティティは自分自身について物語るセルフ・ナラティブによってつくり出される, と考える。物語形式で「自分というもの」を, キャラクターや筋の明確化を通して,「構成」するのである。ここで重要となる概念は, 会話に伴って生み出されるストーリーの流れの中で, 自分自身を何者かに位置づけるという, ポジショニング（positioning）である。この概念は, デイビスとハレ（Davis, B., & Harré, R., 1990）やバー（Burr, V., 1997）などによって議論されている。バンバーグ（Bamberg, M., 1997）は, 他者との関係において自分自身を位置づけることによって, 他者や自分自身を, 社会的存在としてその都度生みだす（アイデンティティをつくり出す）と述べている。また亀井（2006）は, 実践共同体への参加過程において, さまざまな人やモノとの関係性から能動的に示される自己の位置づけをアイデンティティとしてとらえる。

　筆者が以前, 船員を対象に行ったインタビューでのやりとりを, ポジショニングの事例としてみてみよう。このインタビュー調査は, 船員の間でこれまで使われてきた「シーマンシップ」ということばについて, どのような意味をもつことばであるか, どのように使った（使われた）経験があるか, について聞き取りを行ったものである。以下の例は, インタビュー場面におけ

る調査者と，ある二等航海士とのやりとりである．

01 船　　員：うーん，シーマンシップ…シーマンシップの中の一つかなあ…常に
02 　　　　　気力と体力を，うん．
03 調査者：普段の生活ではあまり使われない
04 船　　員：そうですねえ…あのー，えー…一般の方とか，に，あのー，お話を
05 　　　　　させていただくことがありましたら，えー，船って言うのはシーマ
06 　　　　　ンシップですよ，シーマンシップをもって船は動かしますよーって
07 　　　　　いう…ことは言いますけど，漠然としてシーマンシップって何かな
08 　　　　　あという，考えた時に，そこでまあ，そういう精神的な，色んな方
09 　　　　　が言われるところも勿論ありますし，それをもって最終的には船を
10 　　　　　安全に運航させる，うーん，技術，につながっていくところかなあ
11 　　　　　という，はい…
12 調査者：技術？につながる…精神？
13 船　　員：そうですねえ…んー，シーマンシップ，そうですね，必然と培われ
14 　　　　　たものですよね…自分の中，私の中では，うん，えー，まあシーマ
15 　　　　　ンシップ，それぞれ持ってるところはあると思うんですけれども，
16 　　　　　えー，最終的にはそのー，船長が判断，全てのことについて，最高
17 　　　　　責任者ですから，えー，下すわけですから，いずれは（私も）そこにい
18 　　　　　く，ところで，うん，まあその，船長の持ってる視点という，そう
19 　　　　　いうのもやっぱり見ておかないと，うん，もう，すぐ，明日やって
20 　　　　　とか言われても，ふふっ，その 10 年，10 年でねえ，できることでき
21 　　　　　ないことってありますから．

　01〜13 行まで，船員は，まず「シーマンシップ」ということばについて，「常に気力と体力を」「精神的なもの」「船を安全に運航させる技術につながるもの」というような，ことばの意味について語っている．その流れにおいて，14 行目で，「私」について語り始めている．シーマンシップということばの意味を説明しようとすることで，船の中のヒエラルキー（船長がトップである世界）が思い描かれ，その中での自己の位置づけ（ポジショニング）

が起こっているといえるだろう。この語りにおけるポジショニングでは、いずれは船長になる「私」、という未来の自己の位置づけと、船員になって10年目の「私」、という現在の自己の位置づけが起こっているといえる。このインタビューでの語りにみるように、ポジショニングとしてのアイデンティティの形成とは、自己についての語りに限らず、さまざまな会話の中で、他者やモノとの関係性から複数の「私」がつくり出される実践だといえる。

10.2.2 やりとりから生み出されるアイデンティティ

アイデンティティには、場面や状況（ローカルなその場その時ごとに生み出され、作りかえられ得る場面や状況）や、そこでの具体的なやりとりによってつくり出されるものとしてのアイデンティティという見かたがある。

たとえば好井（1999）は、「医者であること」とは、「医師の国家試験に合格しているから、医学博士号をもっているからではなく、病院や診療所での診察という場面で、会話などの具体的なやりとりを通して、医者であることを経験的に表示し、達成しつつあることである」と述べている。

西阪（2010）は、医者と患者のやりとりの中にも、さまざまなアイデンティティが形成され得るという、さらに詳細な分析を通したアイデンティティについて議論している。その分析では、特定の活動に見合った形でつくり出される「参加アイデンティティ」が示されている。参加アイデンティティとは、特定の活動への参加者たちは、その活動にふさわしいやり方で互いの志向（人やモノへの働きかけの方向）の分配を調整するが、その志向の分配がなされている環境内の身体の空間的配列（これを参加フレームという）によってつくり出される、という。これについて西阪は、産婦人科の医院における、妊娠末期の妊婦検診の一部である超音波検査の場面を事例に説明している。この部分を少しみてみよう（ここでは読みやすいように、事例では会話分析の表記を割愛する形で示す。詳しくは西阪（2010）を参照していただきたい）。

```
01 医師：はい，ええーっとー
02 　　　（1.0 秒の間）
03 妊婦：み…みんなにお腹がちっちゃいって言われるから
04 医師：ん？うん
05 妊婦：ちっちゃいのかなーと思ったりしてるんですけど…
06 医師：いやー，でも，ほら，
07 　　　皮があんまりないから，あの，みなさん，お饅頭の
08 　　　皮じゃないけど，外側が太っちゃって，それで，あの…
09 　　　大きく見えるのよ。それで，
10 　　　外側？
11 　　　うん。そう。お腹のそ，皮膚。脂肪。
12 妊婦：う…ん，ん
13 医師：要するに，だから，お腹，大きい，と，小さい（って）
```

　超音波モニターに映る陰影が見やすくなるよう，部屋の電気が消された直後である。01行目で医師は，（中略）モニターを見つめ，右手にプローブを持ち，（中略）プローブを妊婦の腹上で行き来させる（中略）。（この場面において，）プローブで妊婦の内部を捉えようと試みている最中である（中略）。（ここでは）医師は「妊婦に対して超音波検査を行う者」という参加アイデンティティを担っており，他方，妊婦は「医師の超音波検査の対象である者」かつ「超音波検査の聞き手である者」という，二重の意味で「超音波検査を受ける者」という参加アイデンティティを担っている（中略）。（そのあと）お腹が小さいことの心配を表明する（中略）（妊婦の）問題提示に対して（中略），お腹が小さいことは，お腹の表面の問題であり，内部（胎児や子宮）とは関係ないと言って，問題を否定している。06～07行目で（中略），医師は，視線をモニターから妊婦のほうに移す。「皮」と言うのと同時に，左手で妊婦の右脇腹を摘み，「あんまりないから」と言いながら，そこを摩る。（中略）いまや，医師の最も先鋭的な志向は，視線と，左手の指先および手のひらにより，目の前の妊婦の腹部の特定位置に向かうことになる。医

師は「目の前にいる妊婦の腹部の皮膚を吟味する者」という参加アイデンティティを担い，それに対応して，妊婦は「腹部の皮膚を吟味される者」という参加アイデンティティを担う。

(西阪，2010, pp.48-50)

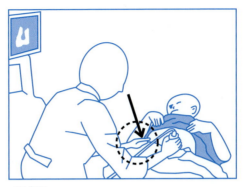

06 行目
医師は，「皮が」と言いながら，妊婦の脇腹の皮膚を摘む。
(西阪，2010)

　以上の事例では，医師は「妊婦に対して超音波検査を行う者」という参加アイデンティティから，「目の前にいる妊婦の腹部の皮膚を吟味する者」という参加アイデンティティへ，妊婦は「医師の超音波検査の対象である者」かつ「超音波検査の聞き手である者」という二重の意味での「超音波検査を受ける者」という参加アイデンティティから「腹部の皮膚を吟味される者」という参加アイデンティティへと変化したことが示唆されている。このように医師と妊婦のやりとりには，会話やそれぞれの体の向き，動作によるさまざまな身体の在り方が見出され，その都度，その身体の在り方に見合ったアイデンティティがつくり出される，と考えられる。つまり，ここでとらえられるアイデンティティとは，人々のやりとりの中で，環境や文脈に制約された身体の在り方によって，いくつも形成されるものなのである。また，似た議論（会話のシークエンスにおけるアイデンティティの形成）として，岡田(2006)で引用されている「ローカルなアイデンティティ」概念があげられ

る。こちらも是非参照していただきたい。

10.2.3 社会的なカテゴリーによるアイデンティティ形成

　ある人を特徴づけるとき，人やモノを表すカテゴリーを使うことがある。たとえば「あの人は男性で大人で日本人だ」というとき，男性と女性というカテゴリー集合から成る「性別」，子ども，大人といったカテゴリー集合から成る「発達段階」，日本，フランス，アメリカといったカテゴリー集合から成る「国籍」，これら3つのカテゴリー集合（この集合を成員カテゴリー化装置という（サックス（Sacks, 1972/1997））によってある人を特徴づけたといえる。このような**カテゴリー**によって達成されるアイデンティティについてみてみよう。

1. カテゴリーを用いた境界の可視化によるアイデンティティの形成

　社会的なカテゴリーを相手や自分に付与することによって可視化されるものとして，アイデンティティをとらえることができる。まずは，ベッカー（Becker, H. S., 1963/2011）の描くダンスミュージシャンのコミュニティについて引用してみよう。ベッカーはここで，ミュージシャンとはどのような人間か，聴衆とはどのような人間かを要約するものとしての「スクウェア」ということばが，どのように用いられているかを記述している。以下はミュージシャンであるジョーとディックのやりとりの一場面である。

ジョー：ソフトにプレイするんだ。ついでにテナーマンがベースにもち替えたりでもしてみろよ。ステージから降りてゆくときには，きっと声がかかるぜ，「お若いの，あんたの楽団が気にいったよ」ってな。スクウェアな連中のお好みはそんなところよ。
ディック：そいつは，俺がMクラブにでていたときみたいなものだな。ハイスクールで一緒だった連中が集まってバンドをつくったのだけど，俺がいままでやった中で最低のバンドだった。それをみんな

　　　　　してスゴイって思いこんでいたんだ。
ジョー：ああ，そいつらは所詮スクウェアの集まりだったんだよ。
　　　　　　　　　　　　（ベッカー（著）村上直之（訳），2011, p.88）

　上野（2006）は，このように自分たちを一般の「スクウェアなやつら」から区別するような言い方を頻繁にすることは，自分たちと「スクウェア」なカテゴリーの境界を組織化し，維持する実践であり，こうしたことを語ることでミュージシャンになり，なりつづける（アイデンティティを示す，示しつづける）と指摘している。また上野は似た議論として，ウィリス（Willis, P. E., 1977/1996）の高校生によるコミュニティの境界化もあげている。ここでは，労働者階級出身の高校生が「いい高校生」について言及する場面である。

ウィル：ああ，つまり〈耳穴っ子〉みたいだってことさ。悪いことには耳
　　　　も目もかさないいい子ちゃんってことだよ。ほかの男っぽい野郎
　　　　どもはレゲエが好きだよ，わかるかな，レゲエやソウルを聞くの
　　　　が好きなんだ。オカマみたいな優さ男どもはそんな風変わりな音
　　　　楽を聞こうとはしないね。あいつらの好みはオズモンド・ブラザ
　　　　ーズだとか，わかるだろ，ゲアリ・グリターだとか……
　　　　　　　　　　　（ウィリス（著）熊沢　誠・山田　潤（訳），1996, p.99）

　ソーヤー（2006）は，このような高校生の語りによって，自分たちのコミュニティと学校での「良い子」のコミュニティとの境界が際立たせられ，労働者階級出身の高校生であるウィル自身のアイデンティティが組織化されている，と指摘している。
　また，このようなカテゴリーの間に境界をつくり出すために，カテゴリーの付与ではなく，所属するカテゴリーの中のコード（掟）を語ったり，使ったりする実践についての記述がある。ウィーダー（Wieder, D. L., 1974/

1987）は，仮出獄中の麻薬患者のリハビリテーションセンターにおける患者と調査者とのやりとりについてこう記している。ここでの住人とは，麻薬患者のことである。

　住人たちと話しているとき，彼らが「チクッたりなんかしないことぐらいわかっているだろ」と言うことで，しばしば私や職員との会話の比較的親しげな調子が終わりをつげることがあった。そうしたことばを聞くことで，われわれは住人たちと直接，今，どのような相互行為をしているのかに，はっと気づかされたのである。つまり，「チクッたりなんかしないことぐらいわかってるだろ」という発話が，直接的な環境やそれを取りまくさまざまな社会構造，相互行為自体と周囲の社会構造間の結びつきを同時に定式化した。
（ウィーダー（著）山田富秋・好井裕明・山崎敬一（編訳），1987，p.175）

　ソーヤーは，このように「チクらない」というコードを使うことは，麻薬患者がコミュニティ間（つまり，住人（麻薬患者）のカテゴリーと，職員のカテゴリーの間）の境界を可視化し，彼らのアイデンティティを組織化する実践である，と指摘している。

2. カテゴリー成員として「振る舞う」実践によるアイデンティティ

　外からカテゴリーのメンバーが同質のものとしてみられるだけでなく，その人自身が割り当てられたり，選んだりして引き受けた，社会的カテゴリー成員に期待された通りに行為すること自体を，アイデンティティの形成とみる立場がある。ここでは，ガーフィンケル（Garfinkel, H., 1967/1987）の研究である「アグネスはいかに語るか」を見てみよう。これは性転換者のアグネス（仮名）が，ガーフィンケルの勤める大学の医学部に，女性に変わることを望んで相談に来たときの話である。外見やしぐさ，語りかたなど，まったくの女性であったが，彼女には男性器があった。アグネスは性転換後，女性として暮らすようになる。ただ，常に自分に男性器があることを隠し，

周りに隠していることがばれないように，より「女性らしく」，女性を演じつづける必要があった。この「女性になりすます」エピソードがここで多く語られている。その一部を引用してみよう。

　彼女のことばを用いれば「レディーのように振舞う」ことを学ぼうとしたのである……（中略）……この点に関して大切な人はかなりいたわとアグネスはいった。彼女は，彼らと一緒にいるときにレディーとして振舞い，またそれだけでなく彼らからどうすればレディーのように振舞えるかを学んだのである。彼女にとって重要なパートナーであり，かつインストラクターであったのは，ビルの母親だった。将来の義理の娘として，アグネスは彼女の家で多くの時間を過ごした。ビルの母親は旧オランダ領インドネシアの出身で，洋裁をして生計を立てていた。ビルを喜ばすため，オランダ料理の作り方を教わるなかで，アグネスは生まれてはじめて料理の仕方というものを彼女から学んだ。アグネスは，ビルのお母さんは，洋裁や服地についても教えてくれたといった。彼女はまた，アグネスがどんな服を着たらよいかも教えてくれた。アグネスとビルの母親は一緒に，洋品店や買い物やアグネスにどんなスタイルが似合うかを話題にして話した。そしてまた，家事のやり繰りの仕方についても話した……（中略）……ルームメートやまわりの女友だちと，アグネスは，いろいろなお喋りをし，男の子たちの噂話をしたり，パーティーやデートのあと検分をした。アグネスは，そうしたとき，相手から教えを受けるという受け身的な態度を取った。しかもそれだけでなく，受け身的な態度が，望まれるべき女性的特徴として重要な価値をもっていることも学んだ。いとこの女の子とのライバル関係において，彼女は傷つけられはしたものの，いとこの悪いところを反面教師にすることで自分を振り返り反省することができた。そして，自分がいとこの欠点だと見ていたことと反対の性格を，自分はもちたいと思うようになった。
（ガーフィンケル（著）山田富秋・好井裕明・山崎敬一（編訳），1987，pp.260-263）

アグネスのこのような自分の外見に対して払った細かな詮索を，ガーフィンケルは，「女性としてのアイデンティティの実践」であると述べている。アグネスは，女性としての行動や外見，技量や感情，動機や願望に関するしきたりがどんなものなのかを学び，それを実践しつづけることで，女性になり，またなりつづけたのである。女性として「あたりまえ」であると考えられている規範や知識，信念，常識を，言語的のみならず非言語的手段によって用い，人とかかわり合う中で，女性としてのアイデンティティをつくりだし（つづけ）たといえる。

　このような，女性というカテゴリーの成員として語り振る舞う実践について，バトラー（Butler, J., 1990/1999）は次のように述べている。女性としてのアイデンティティとは，そのカテゴリーに自明視されたこと（中村（2001）のメンバー資源や，鈴木（2007）のカテゴリーに結びついた行動がこれに当たる）を「語り」，「行う」ことによってつくり出される。つまり，女性カテゴリーについて，社会である程度共有されていることを反復することによって「女性になる」のである。これはジェンダーに限らず，他のカテゴリーアイデンティティについてもいえるだろう。

　以上のいくつかのアイデンティティの見かたから，アイデンティティとは，ことばや行動の目に見えるさまざまな表示法を通して行われるものであり，場面や文脈によって常に行われつづけるものであることがわかる。アイデンティティの形成とは，アイデンティティを表示しつづける「実践」なのである。自己を周りの他者やモノとの関係から位置づけることによって達成されるアイデンティティ，日常的もしくは制度的な場面に適した会話や振る舞うこと自体によって達成されるアイデンティティ，自分と相手にそれぞれカテゴリーを付与して違いを際立たせることによって達成されるアイデンティティ，当てはめられたり選んだりしたカテゴリーどおりに行為することによって達成されるアイデンティティ……など，さまざまな方法でアイデンティティがつくり出され得る。これらのアイデンティティの形成に共通することは，どれもが，社会的なものと自分との関係のアンサンブルによって起こるとい

うことである。その社会的なものの一つとして，所属コミュニティの成員に共有されている「物の見かた」「価値観」「イメージ」「話しかたや振る舞いかた」「メタファー」などに関する言説（discourse）があげられる。何者かになる（なろうとする）とき，このような言説に制約される。なぜなら，それらの言説を用いて，自己の物語を語ったり，カテゴリー（カテゴリー自体が言説ともいえるが）を用いて可視化したり，カテゴリーどおりに振る舞ったりして，アイデンティティがつくり出されるからである。

以上をふまえ，学習におけるアイデンティティの形成について考えるとき，どのような点から学習環境のデザインが考えられるだろうか。

10.3 アイデンティティ形成の観点における学習環境のデザイン

学習の支援となるような，アイデンティティ形成の観点における学習環境のデザインを考えるにあたり，どのような点に注目するとよいだろうか。ここではアイデンティティ形成に欠かせない実践である，当該のコミュニティの成員に共有されているさまざまな言説へのアクセスの点と，アクセスできた言説の組織化の点に注目したい。前節までに見てきたアイデンティティの形成はどれも，言説に制約されながらつくり出され（つづけ）るものであった。つまり，アクセス可能な言説を用いて，自己を語り，カテゴリー成員のように振る舞い，カテゴリー間の違いを可視化することによって，「何者かになる」。

それでは逆に，「何者かになろうとする」機会によって，新しい言説へのアクセスや組織化をしようとする「動機」のようなものが生まれる，とは考えられないだろうか。アイデンティティを形成するということは，佐伯のいう一つの文化的実践である。「何者かになろうとする」ことで，ものごとの意味の根源に立ち返り，ものごとを再吟味し，味わい直し，世界と関わろうとする。これは一つの学習といえるだろう。その上，新しいものに触れるこ

とによって，今の自分への振り返りや新しいものの見かたをすることを通して発達することができるのである。そこで，このようなアイデンティティと学習の見かたに立ってデザインされた，ユニークなプログラムをみてみよう。

10.3.1　今まで知らなかった「何者か」を演じる

　ホルツマン（Holzman, L., 2009/2014）はニューヨークで，とくに貧困層の子どもたちを対象に学校外の活動プログラムを行っている。そのうちの一つに，（オールスターズ・プロジェクトが行っている活動の一つである）演劇を子どもたち自身で作りあげ，上演するというプログラムがある。このプログラムでは，俳優だけでなく，監督，台本，舞台装置など，劇を作り上げるためのあらゆる役割が子どもたちに与えられ，大人と協力して作業を行う。ここでホルツマンは，役者として演じた子どもが，さまざまな登場人物（カテゴリー成員らしさと言い換えてもよい）を演じることは，新しいアイデンティティを演じることである，と述べている。つまりアイデンティティとは，話すこと，振る舞うことという実践そのものであり，人が発達しつづけるということは，アイデンティティを演じつづけることに巻き込まれることであると考える。役者として演じる中で，子どもたちは，自分と自分ではないものの間を経験し，新しいことを発見すると述べている。

　次に，このプログラムに参加した子どもへのインタビューを見てみよう。この例は *"Our City"* という，*"Our Town"* という劇にインスパイアされて作られた劇に出演した子どもに対するインタビューの一部である。19歳のフランセリーは，ブロンクスにある食料雑貨店の店員であるアラブ系アメリカ人の青年アリと，ブルックリンの世渡り上手（street wise）なアフリカ系アメリカ人のエリカを演じた。

【フランセリー（19歳）】
　「アリとエリカを演じることで，自分自身の人となり，価値を探ることができました。二人のおかげで，違う見方ができるようになったんです。ほと

んど1分ごとに女から男に変身しなければならなかったから，女優としてもとても大変でした。エリカはいくつか私と同じ経験をもっているんですが，私とはまったく違うんです。私はすごく優しいけど，エリカはそうじゃない！…女優としてはすごく難しかったです。というのは，二人になろうとすごく入れ込んだので，彼らのキャラクターに私が入り込みすぎて，二人から自分を切り離して人物になりきるにはどうしたらいいか，見つけ出す必要があったんです。二人からたくさんのことを学びました。たくさんのものをくれました。たとえばアリ。電車に乗って，乗客を観察しながら，アリのように考えるんです。そういうことは前もやってたけれど，今回は深さが違います。なんでかって言うと，他の人，つまりアリとしてやるから。電車に乗って，観察して，知らない人に声をかけ，ニューヨークをアリの目で見るんです。アリが考えるように私も考え，彼の語り口で話すんです。エリカになると，百万長者のように通りを闊歩して他の人は無視します。二人になりきることで，女優としてだけでなく，人として発達し成長できたと思います。」

（ホルツマン（著）茂呂雄二（訳），2014，pp.74-75）

フランセリーは，アリとエリカという2つの役柄を演じることによって，役柄の目を通してものを見，役柄のように考え，話すようになった。このフランセリーの語りから，わからないことを実際にやってみる（これまで知らなかったカテゴリーのアイデンティティを演じてみる）ことによって，「今まで知らなかったカテゴリーメンバーに共有される言説について考える」ようになったといえないだろうか。つまり，「何者かになる」こととは，自分になじみのないものごとについて知ろうとすること，また，そのような新奇なものごとの意味の根源に立ち返り，ものごとを再吟味し，味わい直し，世界と関わろうとすることを促すようデザインされている，といえないだろうか。「何者か」を演じることによって，このような学習が起こるよう促されるのである。

またこの学習には，自己への振り返りも含まれる。もちろんこの事例のよ

うに，何でも演劇にすればよいというのではなく，たとえば，学校の算数の授業なら「数学者になってみる」ことを授業に組み入れてみる（佐伯(1995)を参照していただきたい），職業教育なら当該の「職業人になって」振る舞うことは，とくに実習においては当たり前であるから，とくにその職業世界で価値づけられているものごとについての対話の機会を設ける（言説へのアクセスの機会を増やす）ことやその世界に流通するものごとの意味づけ方を促すようなプログラムを組み入れてみる（言説の組織化の機会を増やす），ということなどが考えられる。このように，学習を支援するような学習環境のデザインを考える上で，アイデンティティ形成の観点を用いることは意義があるといえる。学習環境をデザインする上で，いかに新しい言説にアクセスするか（させるか），その言説をどのように組織化するか（させるか），ということに注目することは，学習と発達を促すために有用だと考えられる。

コラム① 組織の学習

1. 組織による学習

学習の主体となるのは何も個人ばかりではなく，組織も学習の主体として考えることができる。どのような組織であれ，組織というものは何らかの目的を達成するために存在しているといえる。たとえば営利組織であれば営業利益の獲得を目的としているであろうし，スポーツチームであれば大会での優勝を目的としているかもしれない。そして，組織は目的を達成するために，組織が現在置かれている状況に対応していく（たとえば新製品の開発や新しい作戦の習得など）。これは組織による学習であるととらえることができる。

2. シングルループ学習とダブルループ学習

アージリス（Argyris, C., 1977）はシングルループ学習とダブルループ学習という概念によって組織の学習を論じた（図①.1）。シングルループ学習とは，組織がすでに備えている考え方や枠組みに従って行われる組織学習である。いわゆる改善活動はこのシングルループ学習に該当するものであり，あらかじめ組織として定められた規範や戦略に則って効率向上などを実現する。

これに対してダブルループ学習とは，組織が備えている前提自体を再検討しアップデートするような組織学習である。これはいわば組織改革とよべるものであり，組織がもっている既存の規範や戦略を問いなおすことによって新しい思考様式の導入が実現される。

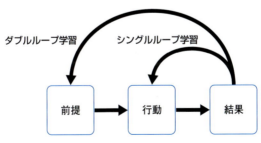

図①.1　シングルループ学習とダブルループ学習の模式図

組織を取り巻く状況が変化しているときには，既存の前提に対する最適化のみを目指すシングルループ学習だけでは不十分であり，前提そのものを見直して組織変革を引き起こすようなダブルループ学習が求められる。

　しかしながら，ダブルループ学習はそれほど容易ではない。既存の枠組みの中での改善活動，すなわちシングルループ学習による状況への対応がうまくいかなかったとしても，組織内においてその事態を問題としてとらえて議論するような動きが生まれてこないことには，前提の見直しは行われないからである。

3. 組織学習とセンスメイキング

　それでは，組織として前提の見直しや状況のとらえ直しを実現するためには何が必要なのだろうか。

　ワイク（Weick, K. E., 1995）はセンスメイキングという概念を用いて組織学習を説明した。センスメイキングとは，主体が状況の中の何らかの対象を取り上げて，そこに意味づけすることである。

　いわゆる改善活動では，たとえば作業スピードが工場の生産性を規定するものとして取り上げられ意味づけられていることがある。その意味づけはある種自明のものとして組織のルーチンの中に埋め込まれており，組織成員による意味づけはほとんど求められない。しかし作業スピードを向上させても生産性が頭打ちとなるような状況ではこの意味づけは機能しなくなる。こうした状況では，組織成員の相互作用を通した新たな意味づけにより，前提となっている生産計画や生産体制を問い直してみるような動きが有効に作用するだろう。

　センスメイキングという概念を用いることで，組織においてルーチンや制度といった形で行われている意味づけが決して自明のものではないこと，また状況を意味づけ直すことが組織の振る舞いに大きく影響を与えるということを理解しやすくなる。

　組織学習というものを組織における意味生成の在り方の再編としてとらえることで，組織の変革を促すための介入のヒントが得られるのではないだろうか。

コラム② 行為の誤帰属と学習

　話し合いながら知識やアイディアを出し合い問題解決をした共同活動後に，参加者に知識やアイディアの出所は誰だったかを思い出してもらうと，実際は相手が提案したものをなぜか「私が提案した」などと誤って思い出す傾向があることが報告されている（行為の誤帰属）。ここでは，このような共同活動後の現象（自己への誤帰属）から子どもの学習をとらえる研究を紹介する。

1. 記憶違い？　それとも……

　誰かと一緒に話していると，よいアイディアや知らなかった知識に出会ったりする。このような会話をした後，誰がはじめにそのアイディアをいったのか思い出そうとしても明確に思い出せないといった経験はないだろうか。

　パーフェクトとスターク（Perfect, T. J., & Stark, L-J., 2008）はこんな実験を行っている。何人かの大人で構成されたグループで，マッチ箱や新聞紙といった道具について新しい使い方を考えてもらう。参加者は順番に各道具についてアイディアを出していった。終了後，実験者は参加者全員の前で「すばらしいアイディア」がどれだったかを評価した。数日後，実験者は参加者一人ひとりを呼び出し，自分がどの道具についてアイディアを出したか思い出してもらったところ，ある傾向がみられた。参加者は，実験終了時に「すばらしいアイディア」と評価された道具を他の人が考えたものも含めて「私が考えたもの」として思い出したのだ（この「すばらしいアイディア」は，実は無作為に選びだされたものだったのだが）。

　心理学における記憶研究の文脈では，このような現象は単なる想起の失敗としてとらえられることが多かった。しかし，このような「私が考えた」と誤帰属してしまう現象を単純な想起の失敗として理解してよいのだろうか？

2. 「私が行った」と誤って思い出す――共同活動との関係

　今度は，子どもと大人が一緒に問題解決を行う共同場面に目をむけてみよう。

　ラトナーら（Ratner, H. H. et al., 2002）は就学前の子どもと大人（実験者）が協力しながらドールハウスに家具を置くという共同場面を用意した。

ここではあらかじめ用意された複数の家具が2人の前に置かれており，この中から台所や寝室といった部屋にふさわしい家具がどれかを子どもと大人で話し合ったうえで，交互に家具を置いていった。この後，子どもに「どっちが家具を置いたの？」と家具を1つずつ見せて尋ねたところ，大人が置いた家具を「私が置いたよ」と答える傾向がみられた。この「私が」と誤って思い出す数は，自分が置いたのにもかかわらず「大人が置いたよ」と答える数より多かった。「誰が置いたか」の思い出し方に偏り（自己への誤帰属＞他者への誤帰属：自己への誤帰属傾向）がみられたのだ。

このような「私」へ誤帰属する現象は，どのような意味があるのだろうか。単なる間違いなのだろうか。それとも，子どもの未発達さのためだけに起こっているのだろうか。

ラトナーらのもう一つの実験をみてみよう。ラトナーら（2002）は，大人と子どもが協力して2人で家具を配置する場面の他に，子どもが1人で家具を配置する場面についても実験をした。ここでは，すでに全体のうち半分の家具がドールハウスにあらかじめ設置されており，残りの家具を子どもが1人でドールハウスに置き，完成させた。その後，先ほどの実験と同じように，子どもがどのように思い出すかを確認した。大変興味深いことに，この実験の結果は共同場面後とは異なっていた。子ども1人で行った場合，思い出し方に偏りがみられなくなったのだ。これは，共同活動の有無によって子どもの思い出し方が変化することを意味している。自己への誤帰属現象は，単純な間違いというよりも，大人と協力することによって起こった現象としてとらえる必要があるだろう。

3.「私が行った」と誤って思い出す――学習という視点から

では「私」へ誤帰属する現象をどのように理解したらよいだろうか？　近年，誤帰属は，他者との協力を通した学習と結びつけられて議論されるようになっている。

まず，自己への誤帰属傾向がみられたのがどのような場面であったかに注目してほしい。先ほどのドールハウスを用いた実験場面は大人と子どもが協力して課題を解決しやりとりする場として設定されていた。大人は子どもには難しい解決方法や観点の提示が可能であるという意味で有能な存在であり，

子どもはそのような大人と協力することで，1人ではできないことを達成することができるようになる，そんな場であったといえる。こうした場面を経て，子ども1人で再度同じ課題を行うときには，以前よりも家具を正しい位置に配置できる数が増えるだろう。

ただし，子どもができるようになることは，見かけ上は大人と同じでも（たとえば同じ場所に家具を置いても），大人の理解と子どもの理解がまったく同じではないことに注意したい。やりとりを通じてできるようになることは，大人の言っていることを丸のみしているというよりも，大人の知識や方略を自分のものとして再変換するような学習プロセスが含まれている。たとえば，先行するやりとりで大人が話した内容を子どもが自分のことばとして使いだすような「占有」(Rogoff, 1990) などがこれにあたる。ラトナーら (2002) は，行為主体が「私」へと置き換わってしまうのは，共同活動場面で占有のような学習プロセスが生起していたためだと指摘した。これは「私のもの」と誤帰属することが，記憶違いであると同時に，「私のものでなかったものが，私のものになっていく」という学びの過程が潜んでいるという仮説である。

現在この仮説の実証的検討が行われている。そこでは自己への誤帰属傾向および共同活動前後での成績の伸びとの関係が検討され，多くの研究で，自己への誤帰属傾向を示した子どものほうが成績の伸びが大きいことが示されている（たとえば，Sommerville & Hammond, 2007；奈田・丸野，2007；奈田ら，2012）。

4. 3つの視点から——やりとり，学習，思い出し方

最後に，共同活動を通した学習と行為主体の誤帰属に子どもと大人のやりとりの過程が与える影響について考えてみたい。

ソマビルとハモンド (Sommerville, J. A., & Hammond, A. J., 2007) は，やりとりへの子どもの関与度を高低2群に分け自己への誤帰属と成績の伸びについて検討した。やりとりへの関与度が高いほうが，より誤帰属し学習するだろうか？ それとも，やりとりへの関与度は関係なく，大人と課題を完成させる活動さえしていれば（つまり共同活動さえしていれば），誤帰属と学習が起きるのだろうか？

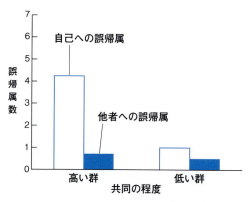

図②.1　やりとりへの関与度と誤帰属の生起
(Sommerville & Hammond, 2007)

　図②.1 を見てほしい。やりとりへの関与度が高い群では自己への誤帰属が他者（大人）への誤帰属より多いが，やりとりへの関与度が低い群では差が見られなかった。また，自己への誤帰属傾向を示していた子どもはより高成績だったことが確認されている。この研究の興味深いところは，自己への誤帰属の生起ならびに学習との関係が，単純な条件つまり大人との共同活動そのものというよりも，共同活動でどのようなやりとりを行ったかに影響を受けている可能性を示した点である。

　今後は，大人とどのようなやりとりをした後に，子どもが「私のもの」と思い出すのか，そして学習するのかを考えていく必要があるだろう。

引用文献

第1章
アリエス，P. 杉山光信・杉山恵美子（訳）（1980）．〈子供〉の誕生――アンシァン・レジーム期の子供と家族生活――　みすず書房

Holzman, L. (2009). *Vygotsky at work and play*. Routledge.
（ホルツマン，L. 茂呂雄二（訳）（2014）．遊ぶヴィゴツキー――生成の心理学へ――　新曜社）

King, M. L., Jr. (1967). The role of the behavioral science in the civil rights movement. Retrieved from http://www.apa.org/monitor/features/king-challenge.aspx.

Lobman, C., & Lundquist, M. (2007). *Unscripted learning*. Teachers College Press.
（ロブマン，C.・ルンドクゥイスト，M. ジャパン・オールスターズ（訳）（2016）．インプロをすべての教室へ――学びを革新する即興ゲーム・ガイド――　新曜社）

茂呂雄二（1988）．なぜ人は書くのか　東京大学出版会

茂呂雄二（1999）．具体性のヴィゴツキー　金子書房

Newman, F., & Holzman, L. (2014). *Lev Vygotsky: Revolutionary scientist* (Classic ed.). New York: Psychology Press.

Salit, C. R. (2016). *Performance breakthrough: A radical approach to success at work*. Hachette.

Sawyer, K. (2014). Introduction: The new science of learning. In K. Sawyer (Ed.), *Cambridge handbook of learning science* (pp.1-18). Cambridge University Press.

上野直樹（1999）．仕事の中での学習――状況論的アプローチ――　東京大学出版会

ヴィゴツキー，L. S. 柴田義松（訳）（2001）．思考と言語［新訳版］　新読書社

第2章
Abrams, M., & Reber, A. S. (1988). Implicit learning: Robustness in the face of psychiatric disorders. *Journal of Psycholinguistic Research*, **17**, 425-439.

Aizenstein, H. J., Stenger, V. A., Cochran, J., Clark, K., Johnson, M., Nebes, R. D., & Carter, C. S. (2004). Regional brain activation during concurrent implicit and explicit sequence learning. *Cerebral Cortex*, **14**, 199-208.

Anderson, J. R. (1983). *The architecture of cognition*. Harvard University Press.

Baddeley, A. D. (2000). The episodic buffer: A new component of working memory? *Trends in Cognitive Sciences*, **4**, 417-423.

Baddeley, A. D., & Hitch, G. J. (1974). Working memory. In G. A. Bower (Ed.), *The psychology of learning and motivation: Advances in research and theory* (Vol.8, pp.47-89). Academic Press.

Bowers, J., & Schacter, D. L. (1993). Priming of novel information in amnesic patients: Issues and data. In P. Graf, & M. E. Masson (Eds.), *Implicit memory: New directions in cognition, development, and neuropsychology* (pp.303-326). Lawrence Erlbaum.

Bransford, J. D., Brown, A. L., & Cocking, R. R. (2000). *How people learn: Brain, mind, experience, and school*. National Academies Press.

Bransford, J., Stevens, R., Schwartz, D., Meltzoff, A. N., Pea, R., Roschelle, J., Vye, N.,

Kuhl, P., Bell, P., Barron, B., Reeves, B., & Sabelli, N. (2006). Learning theories and education: Toward a decade of synergy. In P. Alexander, & P. Winne (Eds.), *Handbook of educational psychology* (2 nd ed., pp.209-244). Routledge.

Brown, R. G., Jahanshahi, M., Limousin-Dowsey, P., Thomas, D., Quinn, N., & Rothwell, J. C. (2003). Pallidotomy and incidental sequence learning in Parkinson's disease. *NeuroReport*, **14**, 21-24.

Cleeremans, A., Destrebecqz, A., & Boyer, M. (1998). Implicit learning: News from the front. *Trends in Cognitive Sciences*, **2**, 406-416.

Cowan, N. (1995). *Attention and memory: An integrated framework*. (M. D'Esposito, D. Schacter, J. Driver, A. Treisman, T. Robbins, & L. Weiskrantz, Series Eds.) Oxford Psychology Series. Vol.26. Oxford University Press.

Cowan, N. (1999). An embedded-process model of working memory. In A. Miyake, & P. Shah (Eds.), *Models of working memory: Mechanisms of active maintenance and executive control* (pp.62-101). Cambridge University Press.

Dehaene, S., Naccache, L., Cohen, L., Le Bihan, D., Mangin, J-F., Poline, J-B., & Rivière, D. (2001). Cerebral mechanisms of word masking and unconscious repetition priming. *Nature Neuroscience*, **4**, 752-758.

Destrebecqz, A., Peigneux, P., Laureys, S., Degueldre, C., Del Fiore, G., Aerts, J., Luxen, A., Van Der Linden, M., Cleeremans, A., & Maquet, P. (2005). The neural correlates of implicit and explicit sequence learning: Interacting networks revealed by the process dissociation procedure. *Learning and Memory*, **12**, 480-490.

Dienes, Z., & Berry, D. C. (1997). Implicit learning: Below the subjective threshold. *Psychonomic Bulletin and Review*, **4**, 3-23.

Fischer, S., Drosopoulos, S., Tsen, J., & Born, J. (2006). Implicit learning-explicit knowing: A role for sleep in memory system interaction. *Journal of Cognitive Neuroscience*, **18**, 311-319.

Foerde, K., & Poldrack, R. A. (2009). Procedural learning in humans. In L. R. Squire (Ed.), *The new encyclopedia of neuroscience* (Vol.7, pp.1083-1091). Academic Press.

Frensch, P. A. (1998). One concept, multiple meanings: On how to define the concept of implicit learning. In M. A. Stadler, & P. A. Frensch (Eds.), *Handbook of implicit learning* (pp.47-104). Sage.

Frensch, P. A., & Miner, C. S. (1994). Effects of presentation rate and individual differences in short-term memory capacity on an indirect measure of serial learning. *Memory and Cognition*, **22**, 95-110.

Garcia, J., Ervin, F. R., & Koelling, R. A. (1966). Learning with prolonged delay of reinforcement. *Psychonomic Science*, **5**, 121-122.

Gebauer, G. F., & Mackintosh, N. J. (2007). Psychometric intelligence dissociates implicit and explicit learning. *Journal of Experimental Psychology: Learning, Memory, and Cognition*, **33**, 34-54.

Graf, P., Squire, L. R., & Mandler, G. (1984). The information that amnesic patients do not forget. *Journal of Experimental Psychology: Learning, Memory, and Cognition*, **10**, 164-178.

Howard, D., & Howard, J. H. (1992). Adult age differences in the rate of learning serial patterns: Evidence from direct and indirect tests. *Psychology and Aging*, **7**, 232

－241.

Knopman, D. S., & Nissen, M. J.（1987）. Implicit learning in patients with probable Alzheimer's disease. *Neurology*, **37**, 784-788.

Knowlton, B. J., Ramus, S. J., & Squire L. R.（1992）. Intact artificial grammar learning in amnesia : Dissociation of classification learning and explicit memory for specific instances. *Psychological Science*, **3**, 172-179.

Knowlton, B. J., & Squire, L. R.（1994）. The information acquired during artificial grammar learning. *Journal of Experimental Psychology : Learning, Memory, and Cognition*, **20**, 79-91.

Meulemans, T., & Van der Linden, M.（2003）. Implicit learning of complex information in amnesia. *Brain and Cognition*, **52**, 250-257.

Miyake, A., & Shah, P.（Eds.）.（1999）. *Models of working memory : Mechanisms of active maintenance and executive control*. Cambridge University Press.

Nissen, M. J., Willingham, D. B., & Hartman, M.（1989）. Explicit and implicit remembering : When is learning preserved in amnesia? *Neuropsychologia*, **27**, 341-352.

Orban, P., Peigneux, P., Lungu, O., Albouy, G., Breton, E., Laberenne, F., ... Doyon, J. （2010）. The multifaceted nature of the relationship between performance and brain activity in motor sequence learning. *NeuroImage*, **49**, 694-702.

Reber, A. S.（1993）. *Implicit learning and tacit knowledge : An essay on the cognitive unconscious*. Oxford University Press.

Reber, A. S., Walkenfeld, F. F., & Hernstadt, R.（1991）. Implicit and explicit learning : Individual differences and IQ. *Journal of Experimental Psychology : Learning, Memory, and Cognition*, **17**, 888-896.

Scribner, S., & Cole, M.（1973）. Cognitive consequences of formal and informal education : New accommodations are needed between school-based learning and learning experiences of everyday life. *Science*, **182**, 553-559.

Seligman, M. E. P.（1970）. On the generality of the laws of learning. *Psychological Review*, **77**, 406-418.

Shanks, D. R., & St. John, M. F.（1994）. Characteristics of dissociable human learning systems. *Behavioral and Brain Sciences*, **17**, 367-447.

Smith, E. E., & Jonides, J.（1999）. Storage and executive processes in the frontal lobes. *Science*, **283**, 1657-1661.

Wagner, U., Gais, S., Haider, H., Verleger, R., & Born, J.（2004）. Sleep inspires insight. *Nature*, **427**, 352-355.

Wilkinson, L., & Jahanshahi, M.（2007）. The striatum and probabilistic implicit sequence learning. *Brain Research*, **1137**, 117-130.

Wilkinson, L., & Shanks, D. R.（2004）. Intentional control and implicit sequence learning. *Journal of Experimental Psychology : Learning, Memory, and Cognition*, **30**, 354-369.

Willingham, D., & Goedert-Eschmann, K.（1999）. The relation between implicit and explicit learning : Evidence for parallel development. *Psychological Science*, **10**, 531-534.

第3章

有元典文（2001）．社会的達成としての学習　上野直樹（編著）状況のインタフェース　金子書房　pp.84-102.

Danziger, K.（1997）．*Naming the mind : How psychology found its language.* Sage Publications.
（ダンジガー，K.　河野哲也（監訳）（2005）．心を名づけること（上）――心理学の社会的構成――　勁草書房）

Holzman, L.（2009）．*Vygotsky at work and play.* Routledge.
（ホルツマン，L.　茂呂雄二（訳）（2014）．遊ぶヴィゴツキー――生成の心理学へ――　新曜社）

Lave, J., & Wenger, E.（1991）．*Situated learning : Legitimate peripheral participation.* Cambridge University Press.
（レイヴ，J.・ウェンガー，E.　佐伯　胖（訳）（1993）．状況に埋め込まれた学習――正統的周辺参加――　産業図書）

無藤　隆・森　敏昭・遠藤由美・玉瀬耕治（2004）．心理学　有斐閣

中島義明・安藤清志・子安増男・坂野雄二・繁桝算男・立花政夫・箱田裕司（編著）（1999）．心理学辞典　有斐閣

上野直樹（1999）．仕事の中での学習――状況論的アプローチ――　東京大学出版会

上野直樹（2012）．学習――状況的学習論の観点から――　茂呂雄二・有元典文・青山征彦・伊藤　崇・香川秀太・岡部大介（編）状況と活動の心理学――コンセプト・方法・実践――（pp.34-43）新曜社

第4章

會津律治・有元典文・尾出由佳（2015）．学校のミシン実習と学校外のヨット実習の分析――越境する眼差し――　香川秀太・青山征彦（編）越境する対話と学び――異質な人・組織・コミュニティをつなぐ――（pp.233-252）新曜社

青山征彦（2007）．教育研修における学習　堤　宇一・久保田　亨・青山征彦　はじめての教育効果測定――教育研修の質を高めるために――（pp.37-50）日科技連

青山征彦・茂呂雄二（2000）．活動と文化の心理学　心理学評論，**43**, 87-104.

Beach, K.（1993）．Becoming a bartender : The role of external memory cues in a work-directed educational activity. *Applied Cognitive Psychology*, **7**, 191-204.

Becker, H. S.（1963）．*Outsiders : Studies in the sociology of deviance.* Free Press.
（ベッカー，H. S.　村上直之（訳）（1993）．新装　アウトサイダーズ――ラベリング理論とはなにか――　新泉社）

Brown, J. S., & Duguid, P.（2000）．*The social life of information.* Harvard Business School Press.
（ブラウン，J. S.・ドゥグッド，P.　宮本喜一（訳）（2002）．なぜITは社会を変えないのか　日本経済新聞社）

Engeström, Y.（1987）．*Learning by expanding : An activity-theoretical approach to developmental research.* Orienta-Konsultit Oy.
（エンゲストローム，Y.　山住勝広・松下佳代・百合草禎二・保坂裕子・庄井良信・手取義宏・高橋　登（訳）（1999）．拡張による学習――活動理論からのアプローチ――　新曜社）

Engeström, Y., Engeström, R., & Kärkkäinen, M.（1995）．Polycontextuality and boundary crossing in expert cognition : Learning and problem solving in complex work activities. *Learning and Instructions*, **5**, 319-336.

福島真人（2010）．学習の生態学――リスク・実験・高信頼性――　東京大学出版会

Henderson, K. (1995). The visual culture of engineers. In S. L. Star (Ed.), *The cultures of computing* (pp.196-218). Blackwell.

堀部保弘（2013）．「仕事、経験、熟達、成長」のデザイン　伊東昌子（編）コミュニケーションの認知心理学（pp.222-223）　ナカニシヤ出版

Hutchins, E. (1994). 高橋和広（訳）　社会分散認知システムにおいて知はどこに存在しているか？　日本認知科学会（編）認知科学の発展　Vol.7　特集　分散認知（pp.67-80）　講談社サイエンティフィク

伊東昌子（2013）．仕事場におけるチームマネジメントとプロジェクト規模　伊東昌子（編）コミュニケーションの認知心理学（pp.207-221）　ナカニシヤ出版

Jordan, B. (1999). *Birth in four cultures : A crosscultural investigation of childbirth in Yucatan, Holland, Sweden, and the United States* (4 th ed.). Waveland Press.
（ジョーダン, B.　宮崎清孝・滝沢美津子（訳）（2001）．助産の文化人類学　日本看護協会出版会）

香川秀太（2011）．状況論の拡大――状況的学習，文脈横断，そして共同体間の「境界」を問う議論へ――　認知科学，**18**，604-623．

香川秀太・青山征彦（編）（2015）．越境する対話と学び――異質な人・組織・コミュニティをつなぐ――　新曜社

紅林裕子・有元典文（2006）．焼肉屋の人工物を介した能力の達成　横浜国立大学教育相談・支援総合センター研究論集，**6**，99-123．

Lave, J., & Wenger, E. (1991). *Situated learning : Legitimate peripheral participation*. Cambridge University Press.
（レイヴ, J.・ウェンガー, E.　佐伯　胖（訳）（1993）．状況に埋め込まれた学習――正統的周辺参加――　産業図書）

Marshall, H. (1972). Structural constraints on learning. In B. Geer (Ed.), *Learning to work*. Sage Publications.

松本雄一（2013）．企業デザイナーとしての熟達　伊東昌子（編）コミュニケーションの認知心理学（pp.189-205）　ナカニシヤ出版

茂呂雄二（2012）．活動　茂呂雄二・有元典文・青山征彦・伊藤　崇・香川秀太・岡部大介（編）状況と活動の心理学――コンセプト・方法・実践――（pp.4-10）　新曜社

中原　淳（2010）．職場学習論　仕事の学びを科学する　東京大学出版会

野中郁次郎・紺野　登（1999）．知識経営のすすめ――ナレッジマネジメントとその時代――　筑摩書房

小口孝司・楠見　孝・今井芳昭（2003）．エミネント・ホワイト――ホワイトカラーへの産業・組織心理学からの提言――　北大路書房

Orr, J. (1996). *Talking about machines : An ethnography of a modern job*. IRL Press/ Cornell University Press.

Star, S. L. (1989). The structure of ill-structured solutions : Boundary objects and heterogeneous distributed problem solving. In L. Gasser, & M. N. Huhns (Eds.), *Distributed artificial intelligence* (pp.37-54). Morgan Kaufmann.

田丸恵理子（2002）．ワークプレイスのデザイン　坂元　昂（監修）高橋秀明・山本博樹（編著）メディア心理学入門（pp.215-241）　学文社

徳舛克幸（2007）．若手小学校教師の実践共同体への参加の軌跡　教育心理学研究，**55**，34-47．
梅本勝博・妹尾　大（2001）．酒造りとナレッジ・マネジメント　日本醸造協会誌，**96**（8），500-505．
Wenger, E., McDermott, R. A., & Snyder, W.（2002）．*Cultivating communities of practice : A guide to managing knowledge.* Harvard Business School Press.
（ウェンガー，E.・マクダーモット，R. A.・スナイダー，W. M.　野村恭彦（監修）野中郁次郎（解説）櫻井祐子（訳）（2002）．コミュニティ・オブ・プラクティス——ナレッジ社会の新たな知識形態の実践——　翔泳社）
Whalen, J., & Vinkhuyzen, E.（2000）．Expert systems in（inter）action : Diagnosing document machine problems over the telephone. In P. Luff, J. Hindmarsh, & C. Heath（Eds.），*Workplace studies : Recovering work practice and informing system design*（pp.92-140）．Cambridge University Press.

第 5 章

浅野俊哉（2006）．スピノザ——共同性のポリティクス——　洛北出版
Beach, K.（2003）．Consequential transitions : A developmental view of knowledge propagation through social organizations. In T. Tuomi-Gröhn, & Y. Engeström（Eds.），*Between school and work : New perspectives on transfer and boundary-crossing*（pp.39-62）．Emerald Group Publishing.
Cole, M.（1996）．*Cultural psychology : A once and future discipline.* Cambridge : Harvard University Press.
（コール，M.　天野　清（訳）（1996）．文化心理学——発達・認知・活動への社会・歴史的アプローチ——　新曜社）
Detterman, D. K.（1993）．The case for the prosecution : Transfer as an epiphenomenon. In D. K. Detterman, & R. J. Sternberg（Eds.），*Transfer on trial : Intelligence, cognition, and instruction*（pp.1-24）．Norwood, NJ : Ablex Publishing.
Engeström, Y.（2008）．*From team to knots : Activity-theoretical studies of collaboration and learning at work.* Cambridge : Cambridge University Press
（エンゲストローム，Y.　山住勝広・山住勝利・蓮見二郎（訳）（2013）．ノットワークする活動理論——チームから結び目へ——　新曜社）
Engeström, Y.（2009）．Wildfire activities : New patterns of mobility and learning. *International Journal of Mobile and Blended Learning*, **1**（2），1-18.
Engeström, Y., Engeström, R., & Kerosuo, H.（2003）．The discursive construction of collaborative care. *Applied Linguistics*, **24**（3），286-315.
フーコー，M.　田村　俶（訳）（1977）．監獄の誕生——監視と処罰——　新潮社
藤澤理恵・香川秀太（2016）．プロボノ活動にみるビジネス／ソーシャルの越境的対話——「交換」に着目して——　日本質的心理学会第 13 回大会抄録，22-23．
Hardt, M., & Negri, A.（2004）．*Multitude : War and democracy in the age of empire.* Penguin Books.
（ネグリ，A.・ハート，M.　幾島幸子（訳）水嶋一憲・市田良彦（監修）（2005）．マルチチュード（上）（下）——〈帝国〉時代の戦争と民主主義——　日本放送出版協会）
Holzman, L.（2009）．*Vygotsky at work and play.* Routledge.

(ホルツマン, L. 茂呂雄二（訳）(2014). 遊ぶヴィゴツキー——生成の心理学へ—— 新曜社)
稲葉陽二（2011）. ソーシャルキャピタル入門——孤立から絆へ—— 中央公論新社
伊藤昌亮（2011）. フラッシュモブズ——儀礼と運動の交わるところ—— NTT出版
Johnson, S. (2002). *Emergence : The connected lives of ants, brains, cities and software*. Penguin.
 (ジョンソン, S. 山形浩生（訳）(2004). 創発——蟻・脳・都市・ソフトウェアの自己組織化ネットワーク—— ソフトバンククリエイティブ)
香川秀太（2008）.「複数の文脈を横断する学習」への活動理論的アプローチ——学習転移論から文脈横断論への変移と差異—— 心理学評論, **51**(4), 463-484.
香川秀太（2012）. 看護学生の越境と葛藤に伴う教科書の「第三の意味」の発達——学内学習-臨地実習間の緊張関係への状況論的アプローチ—— 教育心理学研究, **60**(2), 167-185.
香川秀太（2015）. 矛盾がダンスする反原発デモ（前篇）（後篇） 香川秀太・青山征彦（編著）越境する対話と学び——異質な人・組織・コミュニティをつなぐ—— 新曜社
香川秀太・澁谷 幸・三island理恵・中岡亜希子（2016）.「越境的対話」を通した新人看護師教育システムの協働的な知識創造——活動理論に基づくアクションリサーチと対話過程の分析—— 認知科学, **24**(1), 355-376.
柄谷行人（2006）. 世界共和国へ——資本=ネーション=国家を超えて—— 岩波書店
柄谷行人（2011）. 反原発デモが日本を変える（2011.6.17『週刊読書人』ロングインタビュー） 柄谷行人公式ウェブサイト http://www.kojinkaratani.com/jp/essay/post-64.html
柄谷行人（2014）. 帝国の構造——中心・周辺・亜周辺—— 青土社
Lave, J. (1988). *Cognition in practice : Mind, mathematics and culture in everyday life*. Cambridge University Press.
 (レイヴ, J. 無藤 隆・山下清美・中野 茂・中村美代子（訳）(1995). 日常生活の認知行動——ひとは日常生活でどう計算し，実践するか—— 新曜社)
水野和夫（2014）. 資本主義の終焉と歴史の危機 集英社
Østerlund, C. S. (1996). *Learning across context : A field study of salespeople's learning at work*. Aarhus, Denmark : Aarhus University, Psykologisk Institut.
Rifkin, J. (2015). *The zero marginal cost-society : The internet of things, the collaborative commons, and the eclipse of capitalism*. Griffin.
 (リフキン, J. 柴田裕之（訳）(2015). 限界費用ゼロ社会——〈モノのインターネット〉と共有型経済の台頭—— NHK出版)
Scribner, S. (1985). Vygotsky's uses of history. In J. Wertsch (Ed.), *Culture, communication, and cognition : Vygotskian perspectives* (pp.119-145). University of Cambridge.
杉万俊夫（編著）(2006). コミュニティのグループダイナミックス 京都大学学術出版会
堤 宇一（編著）(2012). 教育効果測定の実践——企業の実例をひも解く—— 日科技連
上野直樹・ソーヤーりえこ・茂呂雄二（2014）. 社会-技術的アレンジメントの再構築としての人工物のデザイン 認知科学, **21**(1), 173-185.
Wertsch, J. V. (1998). *Mind as action*. Oxford University Press.
 (ワーチ, J. V. 佐藤公治・田島信元・黒須俊夫・石橋由美・上村佳代子（訳）(2002).

行為としての心　北大路書房）

第6章

Azmitia, M., & Montgomery, R.（1993）. Friendship, transactive dialogues, and the development of scientific reasoning. *Social Development*, **2**, 202-221.

Berkowitz, M. W., & Gibbs, J. C.（1983）. Measuring the developmental features of moral discussion. *Merrill-Palmer Quarterly*, **29**, 399-410.

Berkowitz, M. W., & Simmons, P. E.（2003）. Integrating science education and character education: The role of peer discussion. In D. L. Zeidler（Ed.）, *The role of moral reasoning on socioscientific issues and discourse in science education*（pp.117-138）. Kluwer Academic Publishers.

Clement, J.（1982）. Students' preconceptions in introductory mechanics. *American Journal of Physics*, **50**, 66-71.

Edwards, D., & Mercer, N.（1987）. *Common knowledge: The development of understanding in the classroom*. Routledge.

Fisher, K. M.（1985）. A misconception in biology: Amino acids and translation. *Journal of Research in Science Teaching*, **22**, 53-62.

Forman, E. A., Larreamendy-Joerns, J., Stein, M. K., & Brown, C. A.（1998）. "You're going to want to find out which and prove it": Collective argumentation in a mathematics classroom. *Learning and Instruction*, **8**, 527-548.

Gee, J. P.（2005）. Language in the science classroom: Academic social languages as the heart of school-based literacy. In R. Yerrick, & W-M. Roth（Eds.）, *Establishing scientific classroom discourse communities: Multiple voices of teaching and learning research*（pp.19-37）. Lawrence Erlbaum Associates.

松尾　剛（2010）．学級文化と授業　高垣マユミ（編）授業デザインの最前線Ⅱ——理論と実践を創造する知のプロセス——（pp.200-211）　北大路書房

Mercer, N.（2000）. *Words and minds: How we use language to think together*. Routledge.

Mortimer, E. F.（1998）. Multivoicedness and univocality in classroom discourse: An example from theory of matter. *International Journal of Science Education*, **20**, 67-82.

Mortimer, E. F., & Scott, P.（2000）. Analysing discourse in the science classroom. In R. Millar, J. Leach, & J. Osborne（Eds.）, *Improving science education: The contribution of research*（pp.126-142）. Open University Press.

村津啓太（2014）．口頭のアーギュメンテーションの評価フレームワーク　理科教育学研究，**55**，3-12.

村津啓太・山口悦司・稲垣成哲・山本智一・坂本美紀・神山真一（2013）．反論を含むアーギュメンテーションを促進するための教授方略——静電気を題材とした小学校第6学年の理科授業を通して——　理科教育学研究，**54**，93-104.

中村和夫（1998）．ヴィゴーツキーの発達論——文化-歴史的理論の形成と展開——　東京大学出版会

中村和夫（2004）．ヴィゴーツキー心理学——完全読本「最近接発達の領域」と「内言」の概念を読み解く——　新読書社

西川　純（1999）．なぜ，理科は難しいと言われるのか？　教師が教えていると思ってい

るものと学習者が本当に学んでいるものの認知的研究　東洋館出版社
野村亮太・丸野俊一（2014）．授業を協同的活動の場として捉えるための認識的信念――仮説的世界観措定仮説の検証――　教育心理学研究，**62**，257-272．
O'Connor, M. C., & Michaels, S.（1996）. Shifting participant frameworks : Orchestrating thinking practices in group discussion. In D. Hicks（Ed.）, *Discourse, learning and schooling*（pp.63-103）. Cambridge University Press.
小野田亮介（2015）．児童の意見文産出におけるマイサイドバイアスの低減――目標提示に伴う方略提示と役割付与の効果に着目して――　教育心理学研究，**63**，121-137．
Osborne, R., & Freyberg, P. S.（1985）. *Learning in science : The implications of children's science*. Heinemann.
　（オズボーン，R.・フライバーグ，P. S.　森本信也・堀　哲夫（訳）（1988）．子ども達はいかに科学理論を構成するか――理科の学習論――　東洋館出版社）
Posner, G. J, Strike, K. A., Hewson, P. W., & Gerzog, W. A.（1982）. Accommodation of a scientific conception : Toward a theory of conceptual change. *Science Education*, **66**, 211-227.
Rincke, K.（2010）. It's rather like learning a language : Development of talk and conceptual understanding in mechanics lessons. *International Journal of Science Education*, **33**, 229-258.
Scott, P. H., Mortimer, E. F., & Aguiar, O. G.（2006）. The tension between authoritative and dialogic discourse : A fundamental characteristic of meaning making interactions in high school science lessons. *Science Education*, **90**, 605-631.
柴田義松（2006）．ヴィゴツキー入門　子どもの未来社
田島充士（2008 a）．単声的学習から始まる多声的な概念理解の発達――バフチンおよびヴィゴツキー理論の観点から――　質的心理学研究，**7**，43-59．
田島充士（2008 b）．再声化介入が概念理解の達成を促進する効果――バフチン理論の視点から――　教育心理学研究，**56**，318-329．
田島充士（2010）．「分かったつもり」のしくみを探る――バフチンおよびヴィゴツキー理論の観点から――　ナカニシヤ出版
田島充士（2011）．再文脈化としての概念変化――ヴィゴツキー理論の観点から――　心理学評論，**54**，342-357．
田島充士（2013）．質的研究概念としての「分かったつもり」　質的心理学フォーラム，**5**，83-84．
田島充士（2014）．ヤクビンスキー・バフチン・ヴィゴツキーの論にみるモノローグ・ダイアローグ概念の展開――社会集団の斉一性と人格の独自性とをめぐって――　ヴィゴツキー学，別巻3，1-20．
田島充士（2016 a）．ヴィゴツキー理論とその展開　田島信元・岩立志津夫・長崎　勤（編）新・発達心理学ハンドブック（pp.73-86）　福村出版
田島充士（2016 b）．言葉の理解およびその教育可能性をヴィゴツキー・内言論から捉える――スタニスラフスキー・ポドテキスト論を補助線として――　ヴィゴツキー学，別巻4，45-57．
田島充士・森田和良（2009）．説明活動が概念理解の促進に及ぼす効果――バフチン理論の「対話」の観点から――　教育心理学研究，**57**，478-490．
田島充士・茂呂雄二（2003）．素朴概念の理論的再検討と概念学習モデルの提案――なぜ我々は「分かったつもり」になるのか？――　筑波大学心理学研究，**26**，83-93．

田島充士・茂呂雄二（2006）．科学的概念と日常経験知間の矛盾を解消するための対話を通した概念理解の検討　教育心理学研究，**54**，12-24．
高垣マユミ（2006）．「水のすがたとゆくえ」の発話事例の解釈的分析――小集団の議論を通した概念変化の様相――　科学教育研究，**30**，27-36．
高垣マユミ・中島朋紀（2004）．理科授業の協同学習における発話事例の解釈的分析　教育心理学研究，**52**，472-484．
高垣マユミ・田原裕登志（2005）．相互教授が小学生の電流概念の変容に及ぼす効果とそのプロセス　教育心理学研究，**53**，551-564．
Teasley, S. D.（1997）．Talking about reasoning : How important is the peer in peer collaboration? In L. B. Resnick, R. Saljo, C. Pontecorvo, & B. Burge（Eds.），*Discourse, tools and reasoning : Essays on situated cognition*（pp.361-384）．Springer Verlag.
ヴィゴツキー，L. S.　柴田義松・森岡修一（訳）（1975）．子どもの知的発達と教授　明治図書出版
ヴィゴツキー，L. S.　柴田義松（訳）（2001）．新訳版　思考と言語　新読書社
ヴィゴツキー，L. S.　土井捷三・神谷栄司（訳）（2003）．「発達の最近接領域」の理論――教授・学習過程における子どもの発達――　三学出版

第7章

明田芳久（1992 a）．社会的認知理論　日本道徳性心理学研究会（編著）道徳性心理学――道徳教育のための心理学――（pp.221-235）．北大路書房
明田芳久（1992 b）．公正理論　大西文行（編）道徳性心理学――道徳教育のための心理学――（pp.265-278）　北大路書房
荒木紀幸（1988）．道徳教育はこうすれば面白い――コールバーグ理論とその実践――　北大路書房
Bakhtin, M. M.（1981）．*The dialogic imagination : Four essays*. Ed. By M. Holquist, translated by C. Emerson & M. Holquist. University of Texas Press.
Bhatia, S.（2000）．Language socialisation and the construction of socio-moral meanings. *Journal of Moral Education*, **29**（2），149-166．
Buzzelli, C. A.（1995）．Teacher-child discourse in the early childhood classroom : A dialogical model of self-regulation and moral development. *Advances in Early Education and Day Care*, **7**, 271-294
藤永芳純（2001）．道徳性の発達　小寺正一・藤永芳純（編）新版　道徳教育を学ぶ人のために（pp.68-98）　世界思想社
Gilligan, C.（1982）．*In a different voice : Psychological theory and women's development*. Harvard University Press.
　（ギリガン，C.　生田久美子・並木美智子（訳）（1986）．もうひとつの声――男女の道徳観のちがいと女性のアイデンティティ――　川島書店）
Hartshorn, H., & May, M. A.（1928）．*Studies in the nature of character*. Vol.1 Cambridge University Press.
林　泰成（2009）．新訂　道徳教育論　日本放送出版協会
Hermans, H., & Kempen, H.（1993）．*The dialogical self : Meaning as movement*. Academic Press.
　（ハーマンス，H.・ケンペン，H.　溝上慎一・水間玲子・森岡正芳（訳）（2006）．対

話的自己——デカルト／ジェームズ／ミードを超えて——　新曜社）
石黒広昭（編著）(2004). 社会文化的アプローチの実際——学習活動の理解と変革のエスノグラフィー——　北大路書房
岩佐信道（1992）．認知的発達理論　日本道徳性心理学研究会（編著）道徳性心理学——道徳教育のための心理学——（pp.47-114）　北大路書房
菊池真貴子・廣瀬隆人（2006）．道徳の授業における対話の可能性　宇都宮大学教育学部教育実践総合センター紀要, **29**, 281-290.
Kohlberg, L. (1969). Stage and sequence: The cognitive-developmental approach to socialization. In D. A. Goslin (Ed.), *Handbook of socialization theory and research* (pp.347-480). Rand McNally.
松尾廣文（2007）．道徳教育　荒木紀幸（編）教育心理学の最先端——自尊感情の育成と学校生活の充実——（pp.203-218）　あいり出版
二宮克美（1999）．道徳性　中島義明・安藤清志・子安増生・坂野雄二・繁桝算男・立花政夫・箱田裕司（編）．心理学辞典（pp.632-633）　有斐閣
Oakeshott, M. (1975). *On human conduct*. Clarendon Press.
奥野佐矢子（2004）．コールバーグにおける理論−実践問題−ニューヨーク州スカースデールオールタナティブスクールにおけるジャスト・コミュニティの実践を中心に　カリキュラム研究, **13**, 15-28.
大西文行（編著）(1992 a)．道徳性心理学——道徳教育のための心理学——　北大路書房
ライマー, J.・パトリオット, D. P.・ハーシュ, R. H.　荒木紀幸（監訳）(2004). 道徳性を発達させる授業のコツ——ピアジェとコールバーグの到達点——　北大路書房
Rogoff, B. (2003). *The cultural nature of human development*. Oxford University Press.
（ロゴフ, B.　當眞千賀子（訳）(2006). 文化的営みとしての発達——個人, 世代, コミュニティ——　新曜社）
高橋丈司（1992）．共感性発達理論　日本道徳性心理学研究会（編著）道徳性心理学——道徳教育のための心理学——（pp.317-327）　北大路書房
Tappan, M. B. (1991). Narrative, authorship, and the development of moral authority. In M. B. Tappan, & M. J. Packer (Eds.), *Narrative and storytelling: Implications for understanding moral development* (pp.5-25). Jossey-Bass.
Tappan, M. B. (1992). Texts and contexts: Language, culture, and the development moral functioning. In L. T. Winegar, & J. Valsiner (Eds.), *Children's development within social contexts: Metatheoretical, theoretical, and methodological issues* (pp.93-117). Lawrence Erlbaum.
Tappan, M. B. (2006). Mediated moralities: Sociocultural approaches to moral development. In M. Killen, & J. Smetana (Eds.), *Handbook of moral development*. Lawrence Erlbaum.
戸田有一（1997）．道徳性の発達　井上健治・久保ゆかり（編）子どもの社会的発達（pp.150-166）　東京大学出版会
上地完治（2005）．社会構成的な道徳教育の創造へ向けて　琉球大学教育学部紀要, **67**, 129-142.
臼井　東・茂呂雄二（2006）．社会文化的アプローチによる道徳性研究の可能性　筑波大学心理学研究, **32**, 1-9.
Wertsch, J. (1993). *Voices of the mind: Sociocultural approach to mediated action*. Harvard University Press.

（ワーチ，J. V.　田島信元・佐藤公治・茂呂雄二・上村佳世子（訳）（2004）．心の声
　　──媒介された行為への社会文化的アプローチ──　福村出版）
山岸明子（2009）．発達をうながす教育心理学──大人はどうかかわったらいいのか──
　新曜社
吉國陽一（2008）．社会文化的アプローチによる道徳の授業分析の可能性　日本教育学会
　大会研究発表要項，**67**，160-161.
吉國陽一（2009）．子どもの学習の道徳的次元についての研究─授業場面の分析を交えて
　日本教育学会大会研究発表要項，**68**，234-235.

第8章

安彦忠彦（2014）．「コンピテンシー・ベース」を超える授業づくり──人格形成を見すえ
　た能力育成をめざして──　図書文化
Bloom, B. S., Hastings, J. T., & Madaus, G. F.（1971）．*Handbook on formative and summative evaluation of student learning*. McGraw-Hill.
　（ブルーム，B. S.・ヘスティングス，J. T.・マドゥス，G. F.　梶田叡一・渋谷憲一・
　藤田恵璽（訳）（1973）．教育評価法ハンドブック──教科学習の形成的評価と総括的
　評価──　第一法規）
中央教育審議会（2016）．幼稚園，小学校，中学校，高等学校及び特別支援学校の学習指
　導要領等の改善及び必要な方策等について（答申）
Griffin, P., McGaw, B., & Care, E.（Eds.）（2012）．*Assessment and teaching of 21 st century skills*. Springer.
　（グリフィン，P.・マクゴー，B.・ケア，E.（編）三宅なほみ（監訳）益川弘如・望
　月俊男（編訳）（2014）．21世紀型スキル──学びと評価の新たなかたち──　北大
　路書房）
平野朝久（編著）（1997）．子どもの「学ぶ力」が育つ総合学習　ぎょうせい
Holzman, L.（2009）．*Vygotsky at work and play*. Routledge.
　（ホルツマン，L.　茂呂雄二（訳）（2014）．遊ぶヴィゴツキー──生成の心理学へ──
　新曜社）
上越市立大手町小学校（2017）．視覚的カリキュラム　http://www.ohtemachi.jorne.ed.jp/
　（2017年3月16日閲覧）
国立教育政策研究所（2014）．教育課程の編成に関する基礎的研究報告書7　資質や能力
　の包括的育成に向けた教育課程の基準の原理
Lobman, C., & Lundquist, M.（2007）．*Unscripted learning: Using improv activities across the K-8 curriculum*. Teachers College Press.
　（ロブマン，C.・ルンドクゥイスト，M.　ジャパン・オールスターズ（訳）（2016）．
　インプロをすべての教室へ──学びを革新する即興ゲーム・ガイド──　新曜社）
松倉利和（2014）．自己更新の学力をはぐくむ白紙単元学習　奈須正裕・久野弘幸・齊藤
　一弥（編著）知識基盤社会を生き抜く子どもを育てる──コンピテンシー・ベイスの
　授業づくり──（pp.197-208）　ぎょうせい
松下佳代（2007）．パフォーマンス評価──子どもの思考と表現を評価する──　日本標
　準
宮崎清孝（2005）．子どもの知的活動を引き起こす教師の仕事　宮崎清孝（編）総合学習
　は思考力を育てる（pp.202-249）　一莖書房
文部科学省（2011 a）．今，求められる力を高める総合的な学習の時間の展開──総合的

な学習の時間を核とした課題発見・解決能力，論理的思考力，コミュニケーション能力等向上に関する指導資料――（小学校編） 教育出版
文部科学省（2011 b）．今，求められる力を高める総合的な学習の時間の展開――総合的な学習の時間を核とした課題発見・解決能力，論理的思考力，コミュニケーション能力等向上に関する指導資料――（中学校編） 教育図書
文部科学省（2013）．今，求められる力を高める総合的な学習の時間の展開――総合的な学習の時間を核とした課題発見・解決能力，論理的思考力，コミュニケーション能力等向上に関する指導資料――（高等学校編） 教育出版
文部科学省（2017 a）．小学校学習指導要領
文部科学省（2017 b）．小学校学習指導要領解説 総合的な学習の時間編
文部科学省（2017 c）．中学校学習指導要領
文部科学省（2017 d）．中学校学習指導要領解説 総合的な学習の時間編
村川雅弘・鎌田明美（2015）．総合的学習の教育効果に関する追跡調査――鳴門教育大学附属中学校「未来総合科」卒業生及び元教員に対する面接調査を中心に―― 鳴門教育大学研究紀要，**30**，72-89．
村川雅弘・久野弘幸・野口 徹・三島晃陽・四ヶ所清隆・加藤 智・田村 学（2015）．総合的な学習で育まれる学力とカリキュラム（1）小学校編 せいかつか&そうごう：日本生活科・総合的学習教育学会誌（22），12-21．
中留武昭（2003）．カリキュラムマネジメントのデザインを創る――総合的な学習の時間のカリキュラム開発に焦点を当てて―― 中留武昭・論文編集委員会（編）21 世紀の学校改善――ストラテジーの再構築――（pp.146-164） 第一法規
奈須正裕（2002）．学校を変える教師の発想と実践 金子書房
二宮衆一（2015）．教育評価の機能 西岡加名恵・石井英真・田中耕治（編）新しい教育評価入門――人を育てる評価のために――（pp.51-75） 有斐閣
西岡加名恵（1999）．ポートフォリオ評価法とは何か 田中耕治・西岡加名恵 総合学習とポートフォリオ評価法 入門編――総合学習でポートフォリオを使ってみよう！―― 日本標準
西岡加名恵（2016）．教科と総合学習のカリキュラム設計――パフォーマンス評価をどう活かすか―― 図書文化
Rychen, D. S., & Salganik, L. H.（2003）．*Key competencies for a successful life and a well-functioning society*. Hogrefe & Huber.
　（ライチェン，D. S.・サルガニク，L. H. 立田慶裕（監訳）（2006）．キー・コンピテンシー――国際標準の学力をめざして―― 明石書店）
城間祥子（2009）．小学校における伝統芸能を媒介とした学習者共同体の形成過程 日本教育心理学会第 51 回総会発表論文集
諏訪市立髙島小学校学習指導研究会（2013）．子どもを見つめて 第 38 集 子どもが自己更新していく学習
田村 学（2014）．総合的な学習の時間がはぐくむ 21 世紀型学力 奈須正裕・久野弘幸・齊藤一弥（編著）知識基盤社会を生き抜く子どもを育てる――コンピテンシー・ベイスの授業づくり――（pp.132-142） ぎょうせい
田村知子（2014）．カリキュラムマネジメント――学力向上へのアクションプラン―― 日本標準
田村知子（2016）．マネジメントサイクルによるスパイラルアップ――評価・改善・計画・実施を確実につなごう―― 田村知子・村川雅弘・吉冨芳正・西岡加名恵（編著）

カリキュラムマネジメントハンドブック（pp.68-76）　ぎょうせい
田中耕治（2008）．教育評価　岩波書店

第9章

足立絵美・麻生　武（2007）．アンパンマンはテレビの中にいるの？――"子ども対話法"から見えてくる子どもたちの思考――　京都国際社会福祉センター紀要：発達・療育研究，**23**，57-73．

BPO・放送と青少年に関する委員会（2005）．青少年へのテレビメディアの影響研究（4年間追跡調査）――2003年度――（pp.1-18）

笠松寿史（2002）．テレビ番組における暴力表現の変化　福井大学教育地域科学部附属教育実践総合センター（編）福井大学教育実践研究，**27**，66-77．

小平さち子（2014）．調査60年に見るNHK学校教育向けサービス利用の変容と今後の展望――「学校放送利用状況調査」を中心に――　NHK放送文化研究所年報，**58**，91-149．

三田村章代・村野井　均（2000）．児童のアニメ理解――時間・空間移動の認識を中心に――　日本教育心理学会第42回総会発表論文集，647-648．

森田健宏（2002）．映像・ビジュアルデザイン　坂元　昂（監修）高橋秀明・山本博樹（編著）メディア心理学入門（pp.173-188）　学文社

村野井　均（2009）．幼児のテレビ理解の発達　北野幸子・角尾和子・荒木紫乃（編著）遊び・生活・学びを培う教育保育の方法と技術――実践力の向上をめざして――（pp.158-163）　北大路書房

村野井　均（2016）．子どもはテレビをどう見るか――テレビ理解の心理学――　勁草書房

村野井　均・藤井とし子（2016）．幼児向け番組におけるテレビを3次元に見る手がかりの分析　茨城大学教育実践研究，**35**，279-287．

村野井　均・佐藤美希・高橋孝之（2001）．学校と放送局が協力して児童・生徒の映像作を放送する試み――NHK福井放送局「発信マイスクール」――　福井大学教育地域科学部附属教育実践総合センター（編）福井大学教育実践研究，**26**，171-179．

中橋　雄（2014）．メディア・リテラシー論――ソーシャルメディア時代のメディア教育――　北樹出版

NHK放送文化研究所（2008）．子どもに良い放送プロジェクト調査結果
　http://www.nhk.or.jp/bunken/research/bangumi/kodomo/kekka.html

NHK世論調査部視聴率グループ（1991）．テレビ・ラジオ視聴の現況――平成2年11月全国個人視聴率調査から――　放送研究と調査，2月号，2-11．

NHK世論調査部　西久美子・塚本恭子・藤吉昌代・行木麻衣（2014）．テレビ・ラジオ視聴の現況――2014年6月全国個人視聴率調査から――　放送研究と調査，9月号，58-69．

日本小児科学会こどもの生活環境改善委員会（2004）．「子どもとメディア」の問題に対する提言　http://jpa.umin.jp/media.html

小谷昭美（2002）．ケーブルテレビ局を利用したPTAによる学校紹介　乾　昭治（監修）田代光一・村野井　均・宇野秀夫・大野木裕明（編）福井県教育工学研究会　学校で拓くメディア・リテラシー（pp.52-55）　日本文教出版

白井　常・坂元　昂（1987）．テレビは幼児に何ができるか――新しい幼児番組の開発――　日本放送教育協会

津田正夫・平塚千尋（編）（1988）．パブリックアクセス――市民が作るメディア――　リベルタ出版

山本博樹（1994）．理解を支える視覚技法の実態――CMの挿入位置の分析――　大阪学院大学流通経営学論集　第20巻第3号

横山　滋（2003）．0歳児の映像メディア接触　"子どもによい放送"プロジェクト　フォローアップ調査中間報告第1回調査報告書（pp.39-49）　NHK放送文化研究所

吉村敦子（2002）．ケーブルテレビを使って親子でテレビを見る試み　乾　昭治（監修）田代光一・村野井　均・宇野秀夫・大野木裕明（編）福井県教育工学研究会　学校で拓くメディア・リテラシー（pp.56-59）　日本文教出版

第10章

Bamberg, M.（1997）. Positioning between structure and performance. *Journal of Narrative and Life History*, **7**, 335-342.

Becker, H, S.（1963）. *Outsiders : Studies in the sociology of deviance*. Free Press.
　　（ベッカー，H. S.　村上直之（訳）（2011）．完訳　アウトサイダーズ――ラベリング理論再考――　現代人文社）

Burr, V.（1995）. *An introduction to social constructionism*. Routledge.
　　（バー，V.　田中一彦（訳）（1997）．社会的構築主義への招待――言説分析とは何か――　川島書店）

Butler, J.（1990）. *Gender trouble : Feminism and the subversion of identity*. Routledge.
　　（バトラー，J.　竹村和子（訳）（1999）．ジェンダー・トラブル――フェミニズムとアイデンティティの撹乱――　青土社）

Davies, B., & Harré, R.（1990）. Positioning : The discursive production of selves. *Journal for the Theory of Social Behaviour*, **20**（1），43-63.

Garfinkel, H.（1967）. Passing and the managed achievement of sex status in an "intersexed" person part 1. an abridged version. In H. Garfinkel, *Studies in ethnomethodology*（pp.116-185）. Prentice-Hall.
　　（ガーフィンケル，H. 他　山田富秋・好井裕明・山崎敬一（編訳）（1987）．エスノメソドロジー――社会学的思考の解体――（pp.234-322）　せりか書房）

Holzman, L.（2009）. *Vygotsky at work and play*. Routledge.
　　（ホルツマン，L.　茂呂雄二（訳）（2014）．遊ぶヴィゴツキー――生成の心理学へ――　新曜社）

亀井美弥子（2006）．職場参加におけるアイデンティティ変容と学びの組織化の関係――新人の視点から見た学びの手がかりをめぐって――　発達心理学研究，**17**（1），14-27．

Lave, J., & Wenger, E.（1991）. *Situated learning : Legitimate peripheral participation*. Cambridge University Press.
　　（レイヴ，J.・ウェンガー，E.　佐伯　胖（訳）（1993）．状況に埋め込まれた学習――正統的周辺参加――　産業図書）

美馬のゆり・山内祐平（2005）．「未来の学び」をデザインする――空間・活動・共同体――　東京大学出版会

中村桃子（2001）．ことばとジェンダー　勁草書房

西阪　仰（2010）．道具を使うこと――身体・環境・相互行為――　串田秀也・好井裕明（編）エスノメソドロジーを学ぶ人のために（pp.36-57）　世界思想社

岡田みさを（2006）．リソースの組み合わせとしてのインタラクション　上野直樹・ソーヤーりえこ（編著）文化と状況的学習——実践、言語、人工物へアクセスのデザイン——（pp.171-212）　凡人社
Sacks, H. (1972). An initial investigation of the usability of conversational data for doing sociology. In D. Sudnow (Ed.), *Studies in social interaction* (pp 31-73). Free Press.
　　（サーサス，G. 他　北澤　裕・西阪　仰（訳）（1997）．日常性の解剖学——知と会話——（pp.93-174）　マルジュ社）
佐伯　胖（1995）．文化的実践への参加としての学習　佐伯　胖・藤田英典・佐藤　学（編）．学びへの誘い（pp.1-48）　東京大学出版会
ソーヤーりえこ（2006）．社会的実践としての学習——状況的学習論概観——　上野直樹・ソーヤーりえこ（編著）文化と状況的学習——実践、言語、人工物へアクセスのデザイン——（pp.40-88）　凡人社
鈴木聡志（2007）．ワードマップ会話分析・ディスコース分析——ことばの織りなす世界を読み解く——　新曜社
上野直樹（2006）．仕事の中での学習——状況論的アプローチ——　東京大学出版会
Weider, D. L. (1974). Telling the code. In R. Turner (Ed.), *Ethnomethodology* (pp.144-172). Penguin.
　　（ガーフィンケル，H. 他　山田富秋・好井裕明・山崎敬一（編訳）（1987）．エスノメソドロジー——社会学的思考の解体——（pp.168-232）　せりか書房）
Willis, P. E. (1977). *Learning to labour: How working class kids get working class jobs*. Columbia University Press.
　　（ウィリス，P. E.　熊沢　誠・山田　潤（訳）（1996）．ハマータウンの野郎ども——学校への反抗労働への順応——　筑摩書房）
好井裕明（1999）．制度的状況の会話分析　好井裕明・山田富秋・西阪　仰（編）会話分析への招待（pp.36-70）　世界思想社

コラム①

Argyris, C. (1977). Double loop learning in organizations. *Harvard Business Review*, **9-10**, 115-126.
　　（アージリス，C.　有賀裕子（訳）（2007）．「ダブル・ループ」学習とは何か　DIAMOND　ハーバード・ビジネス・レビュー，**4**, pp.100-113）
Weick, K. E. (1995). *Sensemaking in organizations*. CA: Sage Publications.
　　（ワイク，K. E.　遠田雄志・西本直人（訳）（2001）．センスメーキングインオーガニゼーションズ　文眞堂）

コラム②

奈田哲也・堀　憲一郎・丸野　俊一（2012）．他者とのコラボレーションによる課題活動に対するポジティブ感情が知の協同構成過程に与える影響　教育心理学研究，**60**, 324-334.
奈田哲也・丸野俊一（2007）．協同問題解決場面での知的方略の内面化過程の検討——エラー分析を用いて——　発達心理学研究，**18**, 139-149.
Perfect, T. J., & Stark, L-J. (2008). Why do I always have the best ideas? The role of idea quality in unconscious plagiarism. *Memory*, **16**, 386-394.
Ratner, H. H., Foley, M. A., & Gimpert, N. (2002). The role of collaborative planning

in children's source-monitoring errors and learning. *Journal of Experimental Child Psychology*, **81**, 44-73.
Rogoff, B.（1990）. *Apprenticeship in thinking : Cognitive development in social context.* New York : Oxford University Press.
Sommerville, J. A., & Hammond, A. J.（2007）. Treating another's as one's own : Children's memory of and learning from joint activity. *Development Psychology*, **43**, 1003-1018.

人名索引

ア　行

アージリス（Argyris, C.）　207
會津律治　79
浅野俊哉　107
アズミチア（Azmitia, M.）　123
足立絵美　181
荒木紀幸　137
アリエス（Ariés, P.）　4
有元典文　43〜46

伊東昌子　78
岩佐信道　136

ウィーダー（Wieder, D. L.）　199
ヴィゴツキー（Vygotsky, L. S.）　2, 10, 12, 16, 18, 65, 110, 113〜118, 121, 122, 157
ウィリス（Willis, P. E.）　199
上野直樹　50, 51, 54〜56, 102, 199
梅本勝博　77

エドワーズ（Edwards, D.）　129
エンゲストローム（Engeström, Y.）　65〜67, 93, 106

オークショット（Oakeshott, M.）　139
大西文行　131
岡田みさを　197
オスターランド（Østerlund, C. S.）　86
小野田亮介　122

カ　行

ガーフィンケル（Garfinkel, H.）　200
香川秀太　77

亀井美弥子　193
柄谷行人　98

菊池真貴子　143
ギリガン（Gilligan, C.）　138
キング牧師（King, M. L. Jr.）　7

紅林裕子　75

コーエン（Cohen, R. L.）　133
コールバーグ（Kohlberg, L.）　132, 134, 137〜139
小平さち子　182
コワン（Cowan, N.）　36

サ　行

佐伯　胖　191

シェンクス（Shanks, D. R.）　35
ジョーダン（Jordan, B.）　64

スクリブナー（Scribner, S.）　25
スコット（Scott, P. H.）　121
スター（Star, S. L.）　67

ソーヤーりえこ　190, 199
ソマビル（Sommerville, J. A.）　211

タ　行

高垣マユミ　124
田島充士　112, 113, 117〜127
タッパン（Tappan, M. B.）　139〜142
田丸恵理子　76

田村知子　162
ダンジガー（Danziger, K.）　47

ティーズリー（Teasley, S. D.）　123
デイビス（Davis, B.）　193

徳舛克幸　77

ナ　行
中橋　雄　171
中原　淳　78

西岡加名恵　159
西阪　仰　195
二宮克美　131
ニューマン（Newman, F.）　18

ネグリ（Negri, A.）　96

野中郁次郎　70
野村亮太　128

ハ　行
バー（Burr, V.）　193
バーコウィッツ（Berkowitz, M. W.）　123
ハーツホーン（Hartshorn, H.）　131
パーフェクト（Perfect, T. J.）　209
ハーマンス（Hermans, H.）　141
ハーン（Haan, N.）　133
ハッチンズ（Hutchins, E.）　67, 69
バティア（Bhatia, S.）　142
バトラー（Butler, J.）　202
バドリー（Baddeley, A. D.）　37, 38
バフチン（Bakhtin, M. M.）　141
バンデューラ（Bandura, A.）　132, 133, 172

ピアジェ（Piaget, J.）　132, 134, 137, 139
ビーチ（Beach, K.）　74

フォアマン（Forman, E. A.）　125
福島真人　79
藤澤理恵　102
藤永芳純　131, 134, 136
ブッゼッリ（Buzzelli, C. A.）　143
ブランスフォード（Bransford, J. D.）　23～25, 27
フレンチ（Frensch, P. A.）　36, 37, 39

フロイト（Freud, S.）　131, 132

ベッカー（Becker, H. S.）　198
ヘンダーソン（Henderson, K.）　77

ホフマン（Hoffman, M. L.）　134
ホルツマン（Holzman, L.）　16, 56～58, 102, 204

マ　行
マーシャル（Marshall, H.）　76
松尾　剛　128
松倉利和　147
松本雄一　73

美馬のゆり　192
宮崎清孝　156

村川雅弘　154
村津啓太　122
村野井　均　187

モーティマー（Mortimer, E. F.）　117, 120
森田健宏　186
茂呂雄二　102

ヤ　行

山本博樹　184

横山　滋　175
好井裕明　195
吉國陽一　143

ラ　行

ラトナー（Ratner, H. H.）　209

リバー（Reber, A. S.）　30〜32

リンケ（Rincke, K.）　120

レイヴ（Lave, J.）　49〜52，54〜56，64，
　　83，189，190

ワ　行

ワーチ（Wertsch, J. V.）　138
ワイク（Weick, K. E.）　208
ワレン（Whalen, J.）　71

事項索引

ア 行

アイデンティティ 52, 190
アソシエーション 100
遊び 16
アプロプリエーション 142
在ること 13

閾下学習 35
閾上刺激 40
意識的気づき 26
意図的学習条件 27
インプロ 19

越境 65

カ 行

回顧の問題 35
外的表象 75
海馬 33
科学的概念 115
学習科学 23
学習環境のデザイン 203
学習の実験的領域 79
学習の社会性 8
学校制度での学習 5
活動 6
活動理論 65
過程の共通性 32
カテゴリー 198
カリキュラム・マネジメント 162
頑健性 30
感受性の基準 36

キー・コンピテンシー 151

擬一致 121
境界的なオブジェクト 67
教科学習 148
協働的な学習 157

偶発学習条件 27
グラウンドルール 128
クレショフ効果 178

形成的評価 159
系列学習課題 29
顕在学習 30

行為の誤帰属 209
交換論 99
公式な学習 23, 24
高次精神機能 114
コード 199
ことば主義 117

サ 行

再声化 125
再声化介入法 125
ザッピング 177

視覚的カリキュラム 164
自然発生的概念 114
実践共同体 49, 64
ジャーゴン 77
社会心理学理論 133
社会的学習理論 132
社会的交換 98
社会文化的アプローチ 139
状況的学習論 49

233

情報の基準　35
シングルループ学習　207
人工文法学習課題　28
診断的評価　159
シンボリック相互作用論　66

垂直次元　82
水平次元　82

生活的概念　114
精神分析理論　131
正統的周辺参加　64
セルフ・ナラティブ　193
潜在学習　4, 23, 26
潜在知識　26
線条体　32
センスメイキング　208
前頭前野　33
前部帯状回　33

総括的評価　159
総合学習　148
総合的な学習の時間　149
操作的トランザクション　123
側頭葉内側部　33
組織　207

タ　行

大脳基底核　32
立場　76
ダブルループ学習　207
短期記憶　36
探究的な学習　156

地位　76
知能指数の影響の受けにくさ　31
注意の焦点　37

中央実行系　36
長期記憶　36

テストリテラシー　181

統覚　114
動的システム制御課題　29
トランザクション対話　123

ナ　行

内観　26
内側前頭前野　33
成ること　13
ナレッジ・マネジメント　70

21世紀型スキル　151
日常学習　5
日常経験知　114
日常的な道徳言語　139
認知発達理論　134

年齢の影響の受けにくさ　30

脳画像　33
脳損傷　32

ハ　行

背外側前頭前野　33
発達の最近接領域　12, 117, 157
パフォーマンス　18, 58
パフォーマンス評価　161
汎用的能力　151

低い変動性　31
非公式な学習　23, 25
非トランザクション　123
表象的トランザクション　123

振る舞う　202
分散認知　67

放送教育　183
方法論　2
ポートフォリオ検討会　161
ポートフォリオ評価　161
ホワイトカラー　78

マ　行

マルチチュード　96

メソドロジー　2
メタ認知能力　160
メディア・リテラシー　169

目標に準拠した評価　159

ヤ　行

やりとり　195

ラ　行

リヴォイシング　125

ワ　行

ワーキングメモリ　36
分かったつもり　113

英　字

SECIモデル　70

執筆者紹介

【編者略歴】名前のあとの括弧内は執筆担当章を表す。

青山征彦（第4章）
あおやま まさひこ

1993年　筑波大学第二学群人間学類卒業
1998年　筑波大学大学院博士課程心理学研究科単位取得退学
現　在　成城大学社会イノベーション学部教授
主要編著書
『はじめての教育効果測定――教育研修の質を高めるために』（共著）（日科技連，2007）
『状況と活動の心理学――コンセプト・方法・実践』（共編）（新曜社，2012）
『越境する対話と学び――異質な人・組織・コミュニティをつなぐ』（共編）（新曜社，2015）

茂呂雄二（第1章）
もろ ゆうじ

1979年　東京教育大学教育学部心理学科卒業
1981年　筑波大学大学院博士課程心理学研究科単位取得退学
現　在　筑波大学人間系心理学域教授　博士（教育学）
主要編著書
『なぜ人は書くのか』（東京大学出版会，1988）
『具体性のヴィゴツキー』（金子書房，1999）
『状況と活動の心理学――コンセプト・方法・実践』（共編）（新曜社，2012）

【執筆者】名前のあとの括弧内は各担当章・コラムを表す。

五島史子（第2章）　文教大学非常勤講師
ご とう ふみ こ

広瀬拓海（第3章）　筑波大学大学院人間総合研究科
ひろ せ たく み

香川秀太（第5章）　青山学院大学社会情報学部准教授
か がわしゅう た

田島充士（第6章）　東京外国語大学大学院総合国際学研究院准教授
た じま あつ し

臼井　東（第7章）　KTC中央高等学院
うす い　あずま

城間祥子（第8章）　上越教育大学大学院学校教育研究科准教授
しろ ま しょう こ

村野井均（第9章）　茨城大学教育学部教授
むら の い ひとし

守下奈美子（第10章）　筑波大学大学院人間総合研究科満期退学　博士（学術）
もりした な み こ

岩木　穣（コラム①）　日立製作所研究開発グループ東京社会イノベーション
いわ き　ゆたか　　　　協創センタサービスデザイン研究部

太田礼穂（コラム②）　青山学院大学社会情報学部助教
おお た あや ほ

ライブラリ スタンダード心理学 =4
スタンダード学習心理学

2018年2月10日 ©　　　　初 版 発 行

編 者	青山征彦	発行者	森平敏孝
	茂呂雄二	印刷者	加藤純男
		製本者	小高祥弘

発行所　株式会社 サイエンス社

〒151-0051　東京都渋谷区千駄ヶ谷1丁目3番25号
営業 ☎(03)5474-8500(代)　　振替 00170-7-2387
編集 ☎(03)5474-8700(代)
FAX ☎(03)5474-8900

印刷 加藤文明社　　製本 小高製本工業(株)
《検印省略》

本書の内容を無断で複写複製することは，著作者および出版者の権利を侵害することがありますので，その場合にはあらかじめ小社あて許諾をお求め下さい。

ISBN978-4-7819-1415-2

PRINTED IN JAPAN

サイエンス社のホームページのご案内
http://www.saiensu.co.jp
ご意見・ご要望は
jinbun@saiensu.co.jp　まで．

スタンダード
社会心理学

湯川進太郎・吉田富二雄 編
A5 判・312 ページ・本体 2,600 円（税抜き）

本書は，社会的動物（ソーシャル・アニマル）であるわれわれ人間の心が社会といかに関わっているか，を示した社会心理学の教科書である．社会心理学の主要かつ基礎的な概念やメカニズム・理論などから，現代社会における重要な問題まで，幅広く紹介することを目指した．3 部構成とし，個人内過程，他者〜集団間関係，現代的問題について，それぞれ気鋭の著者陣によって執筆された．視覚的な理解のしやすさにも配慮してイラストや図解を多用し，2 色刷とした．はじめて学ぶ方はもちろんのこと，通信教育などで独習される方にもおすすめの一冊となっている．

【主要目次】
第0章　社会心理学とは何か
第Ⅰ部　個　　人
第1章　自己／第2章　対人認知／第3章　社会的感情／第4章　態度変容
第Ⅱ部　他者・集団
第5章　人間関係／第6章　社会的影響／第7章　集団間関係
第Ⅲ部　現代的問題
第8章　インターネット／第9章　性／第10章　キャリア／第11章　健康

サイエンス社

スタンダード 教育心理学

服部　環・外山美樹　編
A5判・240頁・本体2,400円（税抜き）

子どもを取り巻く環境が変化し，学びの質がより問われるようになった今日，教育の理解や改善のために教育心理学が果たすべき役割はますます高まっていると言えます．本書ではそのような情勢を踏まえ，発達，学習，動機づけ，記憶，知能，パーソナリティに関する基礎的な理論に加え，学級集団や心の問題など教育に関する事象について，気鋭の著者陣が幅広く解説しています．心理学専攻のみならず，教職課程や通信教育にもおすすめの一冊です．2色刷．

【主要目次】
第0章　教育心理学とは
第1章　発　　達
第2章　学　　習
第3章　動機づけ
第4章　記　　憶
第5章　知　　能
第6章　パーソナリティ
第7章　学級集団
第8章　教育評価──学習のアセスメント
第9章　心の問題と発達障害
第10章　学校カウンセリング

サイエンス社

スタンダード
感覚知覚心理学

綾部早穂・熊田孝恒 編
A5判・304頁・本体 2,600 円（税抜き）

感覚・知覚についての心理学的研究の起源は古代にまで遡ることができ，近世，近代から現代に至るまで盛んに研究が行われてきた．本書では，そのような感覚知覚心理学の歴史や方法論，各機能の詳細を，その基本から最新の知見について各領域で活躍する執筆陣が解説する．心理学専攻の方，通信教育で学びたい方にもおすすめの一冊である．2色刷．

【主要目次】

第0章　はじめに
第1章　近世感覚論事始
第2章　感覚知覚心理学の時流
第3章　発達的視点から見た感覚知覚心理学
第4章　嗅　　覚
第5章　知覚の体制化
第6章　視覚的特徴の統合
第7章　潜在的知覚
第8章　聴　　覚
第9章　クロスモーダル知覚
第10章　精神時間の測定